I0605892

HISTOIRE DES TECHNIQUES
sous la direction d'Anne-Françoise Garçon,
André Grelon et Virginie Fonteneau
36

Devenir technicien supérieur

Ouvrage publié avec le soutien du Centre nantais de sociologie
(UMR 6025) de Nantes Université

Sophie Orange

Devenir technicien supérieur

Le plafonnement des aspirations

PARIS
CLASSIQUES GARNIER
2024

Sophie Orange est professeure de sociologie à Nantes Université, membre du CENS (UMR 6025) et membre honoraire de l'Institut universitaire de France. Ses travaux portent sur les choix d'orientation et les parcours scolaires des élèves et étudiants des classes populaires, avec une focale sur les espaces ruraux.

ISBN 978-2-406-17541-4 (livre broché)
ISBN 978-2-406-17542-1 (livre relié)
ISSN 2118-8181

LISTE DES SIGLES

BEI	Brevet d'enseignement industriel
BEP	Brevet d'études professionnelles
BEPC	Brevet d'études du premier cycle
BT	Brevet de technicien
BTS	Brevet de technicien supérieur
BTSA	Brevet de technicien supérieur agricole
CAP	Certificat d'aptitude professionnelle
CFA	Centre de formation des apprentis
CIO	Centre d'information et d'orientation
CPC	Commission professionnelle consultative
CPGE	Classes préparatoires aux grandes écoles
DEB	Diplôme d'élève breveté
DUT	Diplôme universitaire de technologie
ENET	École nationale d'enseignement technique
ENP	École nationale professionnelle
IFSI	Institut de formation en soins infirmiers
IUT	Institut universitaire de technologie
LEP	Lycée d'enseignement professionnel
LP	Licence professionnelle
MEN	Ministère de l'éducation nationale
MESRI	Ministère de l'enseignement supérieur, de la recherche et de l'innovation
PCS	Professions et catégories socio-professionnelles
RAP	Référentiel des activités professionnelles
STAPS	Sciences et techniques des activités physiques et sportives
STG	Sciences et technologies de la gestion
STI	Sciences et technologies industrielles
STS	Section de technicien supérieur
UIMM	Union des industries métallurgiques et minières
VAE	Validation des acquis de l'expérience

INTRODUCTION

> « Avoir 30 ans en 2020 n'est pas à mon sens difficile, il faut savoir relativiser. Je pense qu'il y a plein d'opportunités à qui souhaite les saisir ou travailler. Le monde change et est plein d'opportunités. Pour moi, on vit mieux que nos parents. L'accès à la culture, aux loisirs… est démultiplié. Pour ma part, ils se sont presque sacrifiés pour me permettre mes études et j'espère pouvoir en faire de même pour garantir à ma fille le meilleur accès à ce qu'elle souhaitera et pourra faire. »
> Homme, né en 1990, Père : aucun diplôme, responsable de magasin, Mère : CAP, mère au foyer, BTS Bâtiment puis diplôme d'ingénieur du BTP et Master Administration des entreprises, Maître d'œuvre d'exécution, coordinateur travaux du bâtiment, CDI

Les techniciens supérieurs constituent-ils un groupe professionnel ? Peuvent-ils être considérés comme un groupe social ? Entre 2008 et 2010, dans le cadre de ma recherche doctorale, j'ai suivi une cohorte représentative de 900 étudiants entrés en Sections de techniciens supérieurs dans un lycée de l'Académie de Poitiers[1] (Orange, 2011a & 2013). Dix ans après, j'ai souhaité reprendre le travail où je l'avais laissé et savoir ce qu'ils étaient devenus. L'approche longitudinale constitue une bonne occasion pour appréhender la façon dont le diplôme du BTS trouve sa traduction dans la structure d'emploi, comment il se monnaye sur le marché du travail, à court et à moyen terme, en bref, comment un

1 199 étudiants de STS industrielles, 540 étudiants de STS tertiaires et 161 étudiants de STS agricoles.

titre se convertit effectivement en poste (Bourdieu, Boltanski, 1975). Comment leurs parcours professionnels se sont-ils construits à l'issue de leur formation ? Le suivi réalisé auprès de ces sortants de STS permet de regarder « à côté » des trajectoires scolaires plus fréquemment analysées, qu'elles se situent en haut de l'espace social (les élites), en bas (les classes populaires) ou qu'elles le traversent (les transfuges), et de prêter attention aux destinées effectives de cet autre enseignement supérieur.

LE BTS : HISTOIRE D'UN BÉGAIEMENT LÉGISLATIF

Les Sections de techniciens supérieurs constituent des formations majeures du paysage de l'enseignement supérieur français, accueillant chaque année plus d'un nouvel étudiant inscrit sur cinq, et ce de façon relativement constante depuis la seconde massification scolaire des années 1990[2]. Portes d'entrée centrales de l'enseignement supérieur, les STS demeurent malgré tout largement ignorées dans les travaux de recherche comme dans les débats politiques. Cette invisibilité tient pour partie à leur statut hybride, à la croisée des enseignements secondaire, professionnel et supérieur. Hébergées majoritairement dans des lycées, elles ne bénéficient pas du prestige symbolique accordé aux classes préparatoires aux grandes écoles, notamment du fait de la composition sociale et scolaire de leurs publics. Leur situation marginale au sein de l'enseignement supérieur est aussi tributaire de la difficile reconnaissance du titre de « technicien supérieur » au sein du système français de certifications, où le niveau « Bac+2 » ne fait plus vraiment sens. Mais ce grade comme cette appellation ont posé problème dès leur création.

2 Derrière cette apparente inertie, leur démographie s'est malgré tout transformée ces dernières années, en particulier depuis le début des années 2010, avec une stagnation puis un déclin de leurs effectifs par voie scolaire, conjointement à une augmentation forte du nombre d'apprentis, en lien avec le développement de l'apprentissage dans l'enseignement supérieur. À la rentrée 2022, parmi les 119 691 nouveaux entrants en STS, 60 % étaient ainsi inscrits par voie scolaire, contre 85 % à la rentrée 2010, parmi les 93 584 nouveaux entrants en STS d'alors. Cette évolution s'inscrit par ailleurs dans le mouvement de croissance actuelle de l'enseignement supérieur privé, puisque près de 80 % de ces contrats d'apprentissage sont portés par des formations privées.

À la fin des années 1940, la formation des techniciens en France laisse apparaître une série de manques. D'abord, les lois de 1942-1943, qui confèrent à l'État le monopole de la délivrance des diplômes et retirent par là-même ce pouvoir aux écoles, laissent un blanc dans la hiérarchie des titres, au niveau de la formation des techniciens (Brucy, 1998). Ensuite, l'élévation en 1947 du niveau du diplôme d'ingénieur – la formation passe de 4 à 5 ans –, renforce ce vide dans la structure des diplômes de l'enseignement technique. Enfin, la carence en matière de formation des techniciens, au sortir de la guerre, est aussi et surtout d'ordre quantitatif : en 1952, une enquête de l'Union des Industries Métallurgiques et Minières (UIMM) conclut au nombre insuffisant de techniciens dans l'industrie.

La création des brevets de technicien en 1952 complète pour un temps la gamme des niveaux de qualification de l'enseignement technique (*Ibid.* : 149). Au milieu des années 1950, une réforme de l'Enseignement public, et en son sein de l'Enseignement technique, est alors en préparation. Dans le même temps, le ministre de l'Éducation nationale insiste dans ses discours sur la nécessité de développer la formation des techniciens mais aussi celle de techniciens d'un type nouveau que sont les « techniciens supérieurs ». Les directeurs des Écoles nationales professionnelles (ENP) craignent alors pour la valeur de leur diplôme, le diplôme d'élève breveté (DEB). Inquiétés par les changements à venir, ils revendiquent la place laissée vacante par les écoles d'ingénieurs hissées désormais au rang de grandes écoles et cherchent à protéger leur exclusivité en matière de formation des techniciens. C'est ainsi qu'ils s'opposent aux ouvertures de nouvelles ENP, synonymes à leurs yeux de dévalorisation de leur formation, et entendent préserver leur monopole en rendant plus explicite et plus lisible l'intitulé de leur diplôme[3].

Le Président de la Société des anciens élèves des Écoles nationales professionnelles de l'époque, M. Bachard, pose en ces termes la question de sa dénomination : « La suivante a été suggérée : Brevet de technicien supérieur ». Cette appellation est-elle satisfaisante : ne court-on pas le risque, avec le temps, de voir d'autres établissements d'enseignement technique se prévaloir du niveau d'enseignement qu'ils dispensent, pour se réclamer, du droit de délivrer ce même brevet, dont la consonance n'a rien de spécifiquement ENP ? Quelle autre appellation conviendrait

3 *Cf.* Exposé de M. Ramirez, directeur de l'ENP de Creil à l'Assemblé générale des Anciens élèves des ENP de 1956, *Le technicien ENP*, n° 26, mars-avril 1956, p. 19.

mieux, parmi les innombrables qui tombent sous le sens, telle que « Brevet de Technicien Supérieur ENP » ; ou « Brevet supérieur de technicien ENP » ; ou encore « Brevet supérieur Ecnapro », etc.[4] ? ».

Le décret de 1957, qui organise la préparation dans les ENP et dans certains collèges techniques du BT continue de remettre en cause à la fois la valeur du DEB mais surtout l'équation qui faisait correspondre à une école un diplôme. En effet, les mêmes techniciens peuvent être désormais formés dans des établissements de nature différente. L'ouverture la même année des Écoles nationales d'enseignement technique (ENET) renforce la fracture entre l'école et le titre. En effet, dans ces écoles, peuvent coexister, sous une même direction, un centre d'apprentissage (préparant au CAP), une section de collège technique (préparant au brevet d'enseignement industriel (BEI), une section technique-mathématiques (TM) (préparant au baccalauréat technique), une section ENP (préparant au DEB), une section de technique spéciale (préparant au BT).

L'invention du BTS correspond à une période de bouleversement profond de l'enseignement technique, où les forteresses se fracturent, et durant laquelle s'opère le passage d'un signalement du niveau par l'école à un signalement par le titre. Le décret de 1959 relatif à la réforme de l'Enseignement public entérine les nouveaux titres de technicien supérieur breveté, aux côtés des titres de technicien breveté et d'agent technique breveté. Loin d'introduire un nouvel échelon dans la hiérarchie des diplômes de l'enseignement technique alors en place, cette réforme opère simplement un glissement dans les intitulés : le brevet de technicien devient le technicien supérieur breveté, les diplômés des ENP deviennent les techniciens brevetés et les diplômés des collèges techniques deviennent les agents techniques brevetés. La position dominante des ENP au sein de l'enseignement technique se trouve alors un peu plus remise en cause : à l'instar des collèges techniques, elles perdent leur nom pour prendre conjointement celui de « Lycée technique ». En 1961, le reclassement d'une partie et non de la totalité des brevets de technicien en brevet de techniciens supérieurs, continue de rendre difficilement lisible ce nouveau titre (décret du 2 août 1961). L'année suivante, en 1962, le brevet de technicien supérieur est (enfin) mis en application par le décret du 26 février, dont la date d'effet est

4 Éditorial, *Le Technicien ENP*, n° 20, mars-avril 1955, p. 5.

reportée à la rentrée 1962. Il faudra donc attendre juin 1963 pour que les premiers techniciens supérieurs brevetés sortent des rangs.

Né sous un autre nom (brevet de technicien), il faut donc une décennie à ce diplôme pour être accepté sous sa dénomination actuelle de « Brevet de technicien supérieur ». Car si le « technicien » ne fait pas à l'époque l'objet de controverse mais s'impose plutôt comme un enjeu et même une clé de voute de la reconstruction nationale d'après-guerre (Legoux, 1960), le « technicien supérieur » pose quant à lui un double problème : celui du lieu de sa formation, avec en filigrane la question du lien entre les écoles et les diplômes, et ensuite celui de sa définition-même, qui semble avoir été mise à l'ordre du jour après l'instauration de son titre. La naissance du BTS s'est donc non seulement faite en plusieurs étapes, mais encore sous des dénominations différentes. En outre, les délais de la mise en application des décrets ont fortement contribué à instaurer une confusion autour de la nature-même des techniciens supérieurs.

Si les tribulations législatives du BTS prennent alors fin, le débat sémantique et lexicologique autour de ce diplôme, mais aussi de sa place réelle comme symbolique au sein du système d'enseignement semble loin d'être clos, soixante ans après sa création.

LES SECTIONS DE TECHNICIENS SUPÉRIEURS
Circuits courts de formation et d'emploi

La croissance exponentielle des STS dans les années 1980, alors même que leur existence avait pu être remise en question un temps par la création des IUT en 1966 (Benoist, 2016), a fortement participé à l'allongement des scolarités de publics jusqu'alors tenus à l'écart des études supérieures. Par son déploiement dans les lycées et par son recrutement majoritaire de « nouveaux bacheliers » (Blöss, Erlich, 2000) issus des nouvelles filières technologiques et professionnelles du secondaire, les STS se sont progressivement imposées comme des formations post-bac de proximité. Situées jusque dans des lycées ruraux, ces filières facilitent l'accès à l'enseignement supérieur à des bacheliers qui n'auraient pas forcément poursuivi leurs études autrement, s'ils avaient dû gagner des établissements situés dans des villes universitaires, plus éloignés géographiquement mais aussi symboliquement (universités, écoles supérieures, classes préparatoires, etc.)[5].

Ces spécificités se retrouvent dans la composition de la cohorte d'étudiants suivis à partir de 2008. Ainsi, plus des trois quarts des étudiants enquêtés (78,6 %) sont originaires de Poitou-Charentes et, pour plus de la moitié, d'une commune de moins de 5 000 habitants (40,3 % dans une commune de moins de 2 000 habitants, 19,7 % dans une commune comptant entre 2 000 et 5 000 habitants).

Du point de vue de l'origine sociale, les 399 hommes et 501 femmes de la cohorte sont issus, pour près d'un tiers (31,33 %), de ménages à dominante ouvrière, de ménages monoactifs d'employé ou d'ouvrier ou de ménages inactifs, à l'aune de la « PCS Ménage » développée dans la refonte 2020 de la nomenclature des PCS (Amossé, Chardon, 2020). Parmi les professions les plus représentées chez les pères, se trouvent principalement les ouvriers (31,2 %), et notamment des ouvriers qualifiés de l'industrie, mais aussi des employés (13,2 %), pour la plupart exerçant dans l'administration publique (employés communaux, aides-soignants, agents EDF/GDF et SNCF, policiers) ou l'armée (gendarmes, militaires). Les agriculteurs sont également bien représentés (7,2 %), du fait des spécificités économiques de la région, mais aussi de la présence de STS agricoles au sein de l'échantillon. Les mères occupent quant à elles, pour près de la moitié des postes d'employées (47,5 %), avec un poids important de la Fonction publique (17 %), notamment comme secrétaires de mairie ou aides-soignantes. Elles sont également assez nombreuses à être assistantes maternelles (12 %). La part des ouvrières est moindre : 9 %. Enfin, 12 % sont mères au foyer.

Ces étudiants sont donc pour beaucoup issus des fractions des classes populaires plutôt stabilisées, du fait notamment du nombre important de fonctionnaires, même si 6 % des pères ouvriers sont au chômage (3,2 % sont en invalidité) comme 8 % des mères ouvrières (contre une moyenne respectivement de 3,5 % de chômage pour les pères et 3,8 % pour les mères sur l'ensemble de la cohorte). Par ailleurs, 15,4 % des étudiants ont des parents divorcés et 6,3 % ont des parents séparés ; 7,8 % seulement sont fils ou fille unique. Les étudiants étrangers sont

5 Ce sont ainsi 25,9 % des étudiants enquêtés qui avaient obtenu leur baccalauréat dans le lycée de leur BTS.

peu nombreux dans l'échantillon (1,6 %, soit 14 étudiants), en lien avec le fait que les STS sont les formations de l'enseignement supérieur qui accueillent le moins d'étudiants étrangers, mais aussi en raison du faible taux d'immigration en région Poitou-Charentes.

À l'échelle nationale, les STS constituent la filière de l'enseignement supérieur au recrutement le plus populaire : 46,5 % d'étudiants de père employé, ouvrier ou inactif, devant les Instituts de Formation aux Soins Infirmiers (IFSI) (42,7 %), les IUT (32,9 %) ou encore les filières lettres, sciences humaines et sociales des universités (30,4 %)[6]. Elles constituent par ailleurs la voie de projection privilégiée de ces publics. En 2008, dans l'Académie de Poitiers, 61,4 % des bacheliers poursuivant dans le supérieur dont le père était ouvrier avaient formulé au moins un vœu de STS, contre 44,1 % en direction de l'Université (Orange, 2013 : 34). Ce sont ainsi plus de 90 % des étudiants de la cohorte qui appartiennent à la première génération de leur famille à dépasser le baccalauréat[7], quand 59 % sont même les premiers de leur fratrie à le faire.

Une troisième singularité du recrutement des STS est l'origine scolaire de son public. Près des deux tiers des étudiants sont issus d'un baccalauréat technologique (51 %) ou professionnel (13,5 %)[8]. Les STS sont en effet les filières de l'enseignement supérieur qui accueillent le plus de bacheliers non généraux, devant les Instituts de Formation aux Soins Infirmiers (39,6 %) et les IUT (36,1 %), puis les filières universitaires comme Administration économique et sociale (AES) (34,3 %) ou Sciences et techniques des activités physiques et sportives (STAPS) (22,8 %). La moitié des enquêtés a connu au moins un redoublement au cours de sa scolarité secondaire.

S'enquérir du devenir de cette cohorte dix ans après permet donc d'enrichir l'étude des conséquences de la démocratisation scolaire sur les nouvelles générations de diplômés, en s'attachant à un public éloigné des centres urbains et des formations centrales de l'enseignement supérieur, plus souvent investigués par les travaux (Guéraut, 2017 & 2021 ; Truong,

6 Source : Enquête sur les conditions de vie des étudiants 2010, Observatoire de la Vie Étudiante.

7 Un peu moins de 40 % des enquêtés a un parent bachelier ou plus ; 12 % comptent deux parents bacheliers ou plus.

8 En 2008, ce sont 75,5 % des bacheliers technologiques et 23,4 % des bacheliers professionnels qui se sont inscrits dans l'enseignement supérieur l'année suivante, contre 99,7 % des bacheliers généraux. Source : MEN, *Repères et références statistiques*, 2009.

2015 ; Pasquali, 2014). S'intéresser à ces jeunes qui ont été « autrement » étudiants c'est aussi l'occasion d'éprouver une hypothèse soulevée sur la base des précédents questionnaires, concernant le rôle des STS dans la possible acculturation des jeunes des classes populaires aux nouvelles normes d'accès à l'âge adulte (allongement des scolarités, travail salarié masculin et féminin, extension des loisirs et du temps pour soi). En effet, l'analyse des situations professionnelles de l'immédiat après-BTS (en 2011 et 2012) avait donné à voir des trajectoires fondées sur des circuits courts de formation et d'emploi, où l'entrée dans l'enseignement supérieur puis dans l'emploi se faisait, pour un certain nombre d'enquêtés issus des milieux populaires ruraux – et notamment les jeunes femmes – à proximité de leur commune d'origine (Orange, 2017). Le retour sur enquête permet de continuer de documenter le rôle joué par les STS dans la démocratisation scolaire et l'ouverture de l'enseignement supérieur par la petite porte, pour ces étudiants marginaux scolairement et géographiquement, et d'analyser les effets de ces parcours rehaussés sur les trajectoires professionnelles suivies.

EST-CE DUR D'AVOIR 30 ANS EN 2020 ?

Il y a vingt ans, Christian Baudelot et Roger Establet ont bien montré toute la pertinence de s'arrêter sur l'âge de 30 ans pour analyser, par l'entrée de cohortes d'individus, les évolutions plus larges de la société française (Baudelot, Establet, 2000). Dans leur travail comparatif entre les trentenaires de 1968 et de 1998, le choix de cet âge biologique permettait de faire le point sur les positions et les trajectoires sociales une fois passée « l'âge des classements » de la jeunesse, à savoir « la séquence de trajectoire biographique au cours de laquelle les débutant(e)s/prétendant(e)s accèdent au marché du travail et au marché matrimonial, et y négocient une position professionnelle et une alliance matrimoniale » (Mauger, 2015 : 85). En 1968 comme en 1998, à 30 ans, l'entrée dans l'âge adulte est actée et les situations sociales semblent largement stabilisées : « Les jeux sont quasiment faits : la période de formation est achevée, la vie professionnelle et familiale assez engagée pour que les perspectives d'avenir commencent à s'y dessiner avec netteté. » (Baudelot, Establet, 2000 : 15) Choisir de nouveau ce cap biographique en 2020 permet de poursuivre le travail comparatiste et de mettre en regard les formes de scolarisation, d'emploi, de salaire, de conjugalité, de parentalité de ces trois époques pour en révéler les évolutions, les continuités et les ruptures selon le même repère temporel. Mais, si conserver le seuil de 30 ans permet d'étudier les recompositions des conditions d'accès à la stabilité sociale (Masclet *et al.*, 2020 : 75-76) au cours du temps, il conviendra néanmoins de s'interroger sur l'évolution du rythme du « vieillissement social » (Bourdieu, 1979 : 123) dans une société où la jeunesse continue de s'allonger (Galland, 2000 & 2011 ; Van de Velde, 2008) et où les frontières entre les âges peuvent avoir tendance à se brouiller (Hamel, Pugeault-Cicchelli, Galland, 2010). En effet, tandis que les âges moyens à la sortie de formation initiale, au premier emploi, au premier enfant ou au mariage tendent à augmenter, témoignant d'un étirement des cycles de vie, les bifurcations telles que les reprises d'études ou les phases de recohabitation chez les parents (Maunaye, Muniglia, Potin, Rothé, 2019) semblent également toucher toujours davantage les jeunes générations (Becquet, Bidart, 2013), rompant avec le séquençage traditionnel des étapes biographiques. En cela, il est nécessaire de se demander si l'âge de trente ans constitue encore aujourd'hui un âge où les jeux sont réellement faits.

Emprunter le modèle d'analyse de Christian Baudelot et Roger Establet, leur point d'observation comme leurs indicateurs de référence, ne doit pas nous exempter de les questionner. Les normes de l'accès à l'âge adulte sont-elles les mêmes en 2020 qu'en 1998 et, *a fortiori*, en 1968 ? Les rapports à l'emploi (Méda, Vendramin, 2013), à la famille, à la propriété (Lambert, 2015), à l'école (Barrault-Stella *et al.*, 2020) ou encore à l'État (Spire, 2018) et à la politique (Tiberj, 2017) sont-ils comparables ? Sans tomber dans l'écueil de la singularité des nouvelles générations[9], il s'agit de donner à voir les inflexions récentes, socialement produites, dans les aspirations des jeunes, ou, tout du moins une partie d'entre eux. À l'heure où les nouvelles formes d'emploi se développent

9 Julie Bene donne à voir les représentations accolées à cette génération Y (Yers, « Digital natives », « Millenials ») née à partir des années 1980 jusqu'à la moitié des années 1990 et à laquelle sont attribuées des comportements tout à fait spécifiques par les médias et les communicants (Bene, 2019).

massivement (Bernard, 2020), le salariat et le contrat à durée indéterminée constituent-ils toujours des références et des objectifs ? Alors que les façons de faire famille se sont fortement transformées au cours des dernières décennies, quels sont les nouveaux usages des cadres institutionnels de la conjugalité et de la parentalité par les nouveaux couples ? Alors que les commentateurs soulignent la défiance croissante des jeunes à l'égard de la classe politique, faut-il en déduire pour autant le désintérêt des nouveaux électeurs potentiels pour la politique et la chose publique ? Un des enjeux de ce coup de sonde est donc de ne pas plaquer mécaniquement un cadre d'analyse qui risquerait de produire artificiellement du « manque » ou du « retard ». Dans une démarche attentive aux évolutions normatives, en particulier pour une jeunesse issue de, et transformée par, la seconde massification scolaire des années 1990, il s'agit de prendre au sérieux les logiques propres et les catégories de pensée et d'action d'une partie des trentenaires, sans présumer *a priori* de leur caractère forcément « atypique ». Adapter les cadres d'analyse permet ainsi de se prémunir du double risque d'une lecture soit exotique soit misérabiliste des pratiques et représentations des enquêtés (Grignon, Passeron, 1989).

Une autre précaution analytique consiste à ne pas réifier les situations subjectives et objectives des individus étudiés sous le prétexte qu'ils ont partagé et continuent de partager une expérience commune, que Karl Mannheim appelle une « situation de génération » (Mannheim, 2011 [1928]). Pour le dire autrement, il s'agit de ne pas céder à la focalisation intergénérationnelle (ce que c'est que d'avoir 30 ans en 2020 versus avoir 30 ans en 1998 ou en 1968) et de mettre en évidence les disparités et les fractures sociales au sein des trentenaires (Peugny, 2020). En effet, la communauté d'expérience ne signifie ni communauté d'origine ni communauté de destin. Les jeunes femmes et jeunes hommes interrogés partagent d'être nés dans une période contemporaine de la chute du mur de Berlin, ils n'avaient pas dix ans quand la France est devenue pour la première fois de son histoire championne du monde de football et en avaient à peine plus quand les *Twin Towers* se sont effondrées. Leur socialisation politique s'est forgée dans un contexte de banalisation du Front national ; ils étaient âgés d'une douzaine d'années lorsque Jean-Marie Le Pen est parvenu au second tour des élections présidentielles. Leur adolescence a été marquée par les révoltes dans les banlieues de 2015

(Beaud, Pialoux, 2005) et la montée d'une problématique sécuritaire associée à la question identitaire (Mohammed, Talpin, 2018). Ils ont pu se frotter à de premières expériences militantes au lycée, au moment du mouvement contre le Contrat Première Embauche (Geay, 2009). Certains ont pu voter en 2007, lorsque Nicolas Sarkozy est devenu Président de la République. D'autres ont dû attendre 2012 et l'élection de François Hollande pour participer à leurs premières élections présidentielles, dont le mandat a rendu possible le mariage pour tous. Ils sont tous à peu près arrivés dans l'enseignement supérieur en 2008, au moment où le monde affrontait une nouvelle crise économique et financière, alors même qu'ils avaient le sentiment d'avoir toujours vécu dans un monde « en crise » (Baudelot, 1981 ; Baudelot, Mauger, 1994 ; Beaud, Mauger, 2017). Ils ont tous fait leur entrée sur un marché du travail marqué par un taux de chômage des jeunes massif et un allongement du temps de l'insertion professionnelle (Epiphane *et al.*, 2019). Ils ont poussé plus loin leurs études que leurs parents, pour un rendement incertain et, au moment même où ils cherchaient difficilement à entrer dans l'emploi, il leur a été signifié, par la réforme des retraites de 2010, qu'ils devraient y rester plus longtemps. En 2020, ils ont 30 ans, et le monde fait face à une crise sanitaire majeure avec l'épidémie de la Covid-19.

S'ils ont en commun une conjoncture économique et sociale particulière et des évolutions structurelles spécifiques, qui peuvent les différencier de personnes nées avant ou après eux, il n'en demeure pas moins qu'ils ont abordé ce contexte partagé plus ou moins armés, avec leurs différences sociales et leurs ressources inégales. La notion de « cohortes », permet d'éviter l'*a priori* homogénéisant de celle de « génération » (Chauvel, 2010) et de respecter les disparités d'expériences. Cette cohorte donc, au-delà d'une concordance temporelle, partage aussi un positionnement social commun, à un moment de leur parcours, à savoir d'être entré à la rentrée 2008 dans une classe de Section de techniciens supérieurs (STS) d'un lycée de l'Académie de Poitiers. Là encore, si l'espace des STS admet une stratification propre et une hiérarchie scolaire, sociale mais aussi symbolique de ses différentes filières (Orange, 2018a), il n'en demeure pas moins que du point de vue de l'espace scolaire dans son ensemble, on peut considérer qu'ils ont occupé une place objectivement comparable en 2008.

UNE GÉNÉRATION MARQUÉE PAR L'EXPANSION DE LA SCOLARISATION ET DU NUMÉRIQUE

Les natifs du tournant des années 1990 bénéficient d'une double ouverture de l'espace des possibles.

D'abord, arrivés en queue de comète de la seconde explosion scolaire des années 1985-1995, ils bénéficient de l'appel d'air provoqué par les scolarités allongées de leurs homologues légèrement plus âgés et débutent leur scolarité dans un contexte de relative banalisation de l'accès au baccalauréat (de 31 % d'une classe d'âge en 1986 à 63 % en 1995) (Poullaouec, Lemêtre, 2009 : 5). De même l'enseignement supérieur devient un horizon probable pour davantage d'élèves, doublant ses effectifs entre 1980 et 2000 (de 1 à 2 millions d'étudiants) (Orange, 2011b). Cette cohorte s'inscrit donc dans un contexte de desserrement du sens des limites scolaires, pouvant (et même devant) s'imaginer plus loin que leurs parents. En effet, Jean-Pierre Chevènement a lancé en 1985 l'objectif d'emmener 80 % d'une classe d'âge au baccalauréat, réaffirmé par la loi d'orientation sur l'éducation de 1989 (Beaud, 2002). La cohorte 1990 porte donc, parmi les premières et pour partie, le mandat de cette élévation du niveau d'éducation des jeunes. À la suite d'autres travaux qui ont pris pour objet cette nouvelle massification scolaire et ses effets sur les parcours (Truong, 2015 ; Pasquali, 2014), il semble utile de suivre le fil des trajectoires des entrants en STS en 2008 et de saisir, non seulement leurs positions sociales effectives un peu plus de dix ans après, mais aussi leurs prises de position. Ainsi, leurs goûts et leurs dégoûts (Caveng *et al.*, 2018) portent-ils l'empreinte de la démocratisation scolaire ? Leurs styles de vie, leurs pratiques culturelles, leurs habitudes éducatives, leur alimentation ou encore leur santé sont-ils marqués par ces cursus allongés et leur proximité, pendant plusieurs années, avec des élèves d'autres milieux sociaux ? Comment les systèmes normatifs sont-ils travaillés à la rencontre entre socialisation familiale et socialisation scolaire (Renard, 2013 ; Pasquier, 2005) ?

Ensuite, et c'est un autre marqueur de cette cohorte, ces jeunes ont grandi au moment d'une autre démocratisation : la démocratisation numérique. Si, en 1997, à peine un ménage sur cinq disposait d'un ordinateur et moins de 1 % de la population française utilisait internet, en 2008, au moment de la cinquième édition de l'enquête sur les *Pratiques Culturelles des Français*, les deux tiers des Français disposaient d'un ou de plusieurs ordinateurs et plus de la moitié bénéficiaient d'une connexion internet haut débit (Donnat, 2009). Les jeunes nés en 1990 se distinguent donc clairement de ceux de la décennie précédente, qui n'ont pas grandi en même temps qu'internet, mais ils diffèrent également de leurs homologues nés dix ans après, en l'an 2000, qui ont été socialisés directement dès leur naissance à l'ère numérique (Attias-Donfut, Segalen, 2020 ; Baillet, Croutte, Prieur, 2019)[10]. Est-ce à dire pour autant qu'il y aurait une fracture entre ces générations et que leurs pratiques et leurs représentations seraient foncièrement rendues différentes par le déploiement de ce nouveau *medium* ? Une précaution est de ne pas céder d'emblée aux sirènes de la rupture et de chercher à montrer les conséquences de cette autre démocratisation sur les recompositions des façons d'être et de faire des plus jeunes, en lien avec leurs appartenances sociales. Une fois encore, la communauté d'expérience numérique n'efface pas les disparités de condition de vie et le virtuel ne gomme ni les distances physiques ni les distances sociales (Pasquier, 2018). En contexte digital, les clivages demeurent prégnants voire peuvent se trouver renforcés, comme l'a attesté la situation sanitaire où le « tout distanciel » a pu rendre visibles et parfois renforcé des inégalités de tout ordre (Lambert, Cayouette-Remblière, 2021 ; Bonnéry, Douat, 2020).

Alors que le CREDOC (Centre de recherche pour l'étude et l'observation des conditions de vie) soulignait dans une étude de 2008 le recours important des jeunes aux nouveaux espaces de discussion et d'expression proposés par internet (blogs, réseaux sociaux, chats) (Bigot, Croutte, 2008), quelles incidences ces nouveaux outils peuvent-ils avoir sur les sociabilités des jeunes (Martin, 2004), le rapport au groupe de pairs, à la famille et plus largement à la politique et à la citoyenneté (Roudet, 2014) ?

10 91,9 % de la cohorte de départ déclaraient en 2008 avoir chez elles et eux un ordinateur, 75,2 % disposaient d'une connexion internet, 61,3 % utilisaient internet tous les jours ou presque, 47,2 % possédaient un profil Facebook. Si ces taux sont importants, ils restent très en deçà de l'usage actuel quasi généralisé d'internet et du numérique chez les jeunes via le développement des smartphones (le premier Iphone date de 2007) et des tablettes (le premier Ipad date de 2010). À titre de comparaison, 94 % des jeunes de 18 à 24 ans ont participé à des réseaux sociaux en ligne au cours des 12 derniers mois en 2019, contre 65 % en 2009.

Plus largement, il importe de s'interroger sur la vision du monde social de ces trentenaires et la place qu'ils pensent y occuper (Pélage, Poullaouec, 2007). Là où la vision triangulaire du monde social continue de dominer les représentations des classes populaires (Collovald, Schwartz, 2006 ; Masclet *et al.*, 2020), comment cette cohorte, principalement issue de ces milieux et engagée dans des mobilités sociales ascendantes, cartographie-t-elle la société ? De qui se sentent-ils proches, et, à l'inverse, de qui cherchent-ils à se distinguer ?

UN NOUVEAU RAPPORT AU TRAVAIL DES TRENTENAIRES ?

En 2008, le premier questionnaire proposé aux étudiants leur demandait : « Que signifie pour vous l'expression "réussir sa vie ?"[11] ». Cette question, résolument ouverte, permet de dessiner la façon dont les jeunes se projetaient alors dans l'avenir et les objectifs qu'ils visaient. Malgré le caractère limité voire lapidaire des réponses, généralement réduites à une phrase, elles disent quelque chose des déterminants de la réussite, jugés importants par les répondants. À l'instar de ce qui avait été recherché dans l'enquête « Bonheur et travail » (INSEE et DARES) au cours des années 1990, un enjeu de ce type de questionnement est de mettre à l'épreuve l'air du temps et de recueillir plutôt que de présumer les rapports au bonheur ou à l'avenir des individus[12]. Sans se plonger dans une analyse textuelle approfondie (Lebart, Salem, 1994), il s'avère que, au dépouillement des réponses, le travail y occupait une place très importante dans la réussite des jeunes interrogés. Plus des deux tiers (67,2 %) y faisaient ainsi référence, sous un vocable ou sous un autre (métier, emploi, travail, professionnel/le, boulot, job). Le travail semble donc constituer un élément important dans les projets de vie de cette cohorte, en dépit des discours dominants. Cette fréquence de la

11 Christian Baudelot avait ainsi, dans les années 1980, posé la question à des élèves de LEP (Baudelot, 1988).

12 Une version transformée de cette question apparaît en effet dans l'enquête « Bonheur et travail » conduite entre 1996 et 1999 et ouvrait le questionnaire : « Qu'est-ce qui pour vous est le plus important pour être heureux ? » (Baudelot *et al.*, 2003).

mention du travail dans les réponses admet par ailleurs une différence notable entre les sexes, puisque ce sont 76,9 % des jeunes femmes qui l'évoquent contre 53,9 % des jeunes hommes. Ce différentiel est moins à interpréter comme une plus faible importance accordée au travail que comme un témoin de son évidence (voire sa nécessité) dans les trajectoires masculines et d'un rapport pouvant de fait être plus instrumental. Pour les femmes, au contraire, il semble bien que, même au début du XXIe siècle, il faille encore revendiquer cette contribution du travail à leur réussite personnelle.

La « fin du travail » décrétée par les essayistes[13] (Méda, 2001), du fait de la montée des contrats précaires et le contexte de chômage de masse, méritait ainsi que l'on s'y arrête un peu et que l'on oppose un peu de consistance empirique aux analyses à l'emporte-pièce (Baudelot *et al.*, 2003 : 41 et suivantes). À la fin des années 2000, l'opposition massive au Contrat Première Embauche (CPE) alimente l'idée aussi récurrente que non étayée que les « jeunes ne veulent plus travailler », à laquelle semble répondre le slogan de la campagne de 2007 de Nicolas Sarkozy : « Travailler plus, pour gagner plus ».

La référence majeure au travail est notamment à mettre en lien avec l'injonction récente, portée par le système scolaire, à la professionnalisation et à l'insertion (Pinto, 2008 ; Kavka, 2021). Les élèves puis étudiants sont ainsi sommés par l'institution de se projeter dans l'emploi[14]. La réussite dans la vie n'est associée aux études ou à l'obtention d'un diplôme que pour 22 jeunes femmes (4,7 %) et 12 jeunes hommes (3,3 %). Cet impératif bien compris se retrouve également dans les motivations à l'entrée en STS, puisque le « caractère professionnalisant de la formation » constitue la raison la plus citée, avec 42,2 % des répondants[15].

---

13 Pour une critique, voir : Méda Dominique, « Quelques notes pour en finir (vraiment) avec la "fin du travail" », *Revue du MAUSS*, n° 18, 2001, p. 71-78.

14 On pourrait opposer que le contenu des réponses peut ainsi pour partie s'expliquer par une forme de bonne volonté. Mais que les répondants soient mus par le souci de la « bonne réponse » et que leurs témoignages reflètent tout autant sinon plus le cadre normatif dans lequel ils évoluent, plutôt que leurs « propres » aspirations constitue un faux problème dès lors qu'on conçoit que les aspirations sont socialement construites, notamment sous l'effet des institutions (Orange, 2013).

15 Enquête « Parcours STS 2008-2011 », Questionnaire P1, 2008. Les enquêtés pouvaient choisir deux réponses parmi sept possibles : La volonté de suivre une formation courte ; La proximité de de ce type de formation ; La structure de type « lycée » ; Le caractère très généraliste de la formation ; Le caractère très professionnalisant de la formation ; Le niveau et la reconnaissance du diplôme ; Les possibilités de poursuite d'études.

Surtout, le travail arrive bien en tête de la contribution à la réussite, au regard d'autres sphères sociales. La « famille », second marqueur fort et lui aussi fortement genré, est évoquée par 41,9 % des femmes et 32,2 % des hommes. Les « enfants » ne sont mentionnés que par 7,1 % des femmes et 5,3 % des hommes. La « maison » ne réunit que 5,3 % des femmes et 6,1 % des hommes, quand la santé n'est convoquée que par respectivement 3,2 % et 3,9 % d'entre elles et eux.

La quête du plaisir et du bonheur constitue un élément important dans le rapport à l'avenir en général, et en particulier dans le rapport au travail. Avoir un travail est une condition souvent nécessaire de la réussite mais pas suffisante, encore faut-il que celui-ci plaise : « Avoir un métier intéressant où on prend du plaisir. », « Avoir un travail qui me plaît. », « Avoir un travail qui nous plaît, qui gagne beaucoup. Se lever le matin en ayant le plaisir d'aller au travail. », « C'est d'avoir réussi ses études, avoir un travail qui me plaît, et une famille heureuse. ». Les jeunes de la cohorte aspirent à se sentir bien dans leur vie professionnelle et personnelle, lorgnant ici sur la norme des classes moyennes et supérieures. Ce sont ainsi 21,8 % des femmes et 15,6 % des hommes qui associent la réussite au fait d'être « heureux », et 26,3 % des femmes et 15,3 % des hommes qui en appellent au « plaisir » (« plaît »/« plaisir »).

Un autre enseignement intéressant de ces réponses est la part non négligeable de références à la stabilité (« stable »/« stabilité ») de la part des enquêtés (21,4 % des femmes ; 20,0 % des hommes), donnant à voir un objectif partagé par beaucoup à s'établir de manière durable et à prendre sa place dans le monde social. 10 % des jeunes femmes et 8,6 % des jeunes hommes aspirent à une bonne « situation ».

Dix ans plus tard, il s'agit de s'arrêter et de procéder à une étude qui articule trois niveaux d'épaisseur. D'une part, l'analyse synchronique permet de faire le point sur la situation objective de ces trentenaires et les positions sociales qu'ils occupent effectivement, en lien avec leur diplôme. D'autre part, la démarche diachronique permet de reconstruire les parcours en train de se faire et de confronter les aspirations aux réalisations. Enfin, une approche plus attentive à la dimension subjective des positions et des parcours donne à voir la façon dont ces anciens étudiants jugent et jaugent leurs trajectoires, par comparaison notamment avec celles de leurs parents.

« Mon cursus me semble être un cas d'école : études terminées, CDI signé avant d'avoir terminé mon dernier diplôme, en 9 ans je suis passée de technicienne à chargée d'études puis adjointe au responsable d'agence dans la même entreprise, propriétaire depuis 5 ans. Mes parents (éleveurs et producteurs de fromage de chèvre) sont fiers de moi !

En réalisant des études supérieures, j'avais le souhait de "réussir" pour ne pas galérer comme mes parents… À 30 ans, j'ai une autre vision des choses : mes parents sont très heureux de leur choix et je suis maintenant très fière de leur travail qui est beaucoup plus méritant que le mien ! »

(Femme, 1989, BTS Gestion et maîtrise de l'eau, LP Diagnostic et aménagement des ressources en eaux, Adjointe d'agence)

REVISITER SA PROPRE ENQUÊTE

Les travaux de revisite en sociologie font l'objet d'une actualité certaine. Plusieurs chercheurs ont pris pour objet des enquêtes classiques de la sociologie et se sont attachés à en restituer les conditions de réalisation (Pasquali, Laferté, Renahy, 2018 ; Pasquali, 2012). Les entreprises de revisite de ses propres enquêtes sont peut-être moins nombreuses. Si certains chercheurs ont pu mobiliser ponctuellement, dans le cadre de leurs travaux plus récents, d'anciens enquêtés et ainsi accéder à l'épaisseur temporelle de leurs trajectoires (Truong, 2015 ; Masclet *et al.*, 2020), la reprise d'un terrain achevé de longue date constitue une démarche plus rare car, de fait, tributaire d'un certain nombre de conditions de possibilité, logistiques, temporelles mais aussi juridiques. Retrouver et ré-interroger des enquêtés plusieurs années après qu'ils ont fait l'objet d'une première investigation nécessite en effet de pouvoir les localiser et les contacter. Et quand bien même les coordonnées sont connues, il se peut qu'elles ne soient plus valides au moment de la nouvelle enquête[16].

La difficulté tient ici pour beaucoup à ce que le renouvellement de l'enquête n'a pas été prévu au départ et donc n'a pas fait l'objet d'une préparation spécifique pour s'assurer la « conservation » des enquêtés. D'autres chercheurs ont pu entreprendre des ré-interrogations successives

16 La mise en œuvre de l'enquête récurrente Générations du Céreq se heurte ainsi aux problématiques de localisation et de contact des enquêtés, plusieurs années après leur sortie de formation, et au phénomène bien connu d'attrition (Cissé, 2019).

auprès d'un même échantillon, de façon programmée, comme c'est le cas de Claire Bidart, Alain Degenne, Daniel Lavenu, Lise Mounier, Didier Le Gall, Anne Pellissier qui ont mené une enquête qualitative longitudinale sur l'entrée dans l'âge adulte auprès d'un panel de jeunes résidant dans l'agglomération de Caen, interrogés à quatre reprises. En 1995, ce sont 87 jeunes âgés de 17 à 23 ans qui ont été interviewés, puis 74 d'entre eux ont poursuivi leur participation à l'enquête en 1998, 67 en 2001 et enfin 60 en 2004 (Bidart, 2008). Récemment, Géraud Lafarge a développé un ambitieux programme de suivi d'étudiants d'école de journalisme, sept ans après leur sortie de formation (Lafarge, 2019). Il explicite bien dans son ouvrage les techniques qu'il a dû mettre en œuvre pour retrouver la trace de ses anciens enquêtés, ayant notamment recours aux traces numériques qu'ils ont laissées sur les réseaux sociaux (Cointet, Parasie, 2019).

Dans le cadre de la présente recherche, composée d'un volet quantitatif (questionnaire en ligne passé principalement entre octobre et novembre 2020) et d'un volet qualitatif (entretiens approfondis réalisés principalement en février et mars 2021), il a fallu également produire un travail assez fastidieux de repérage des enquêtés[17]. Cette enquête dans l'enquête a conduit à avoir recours à des modes de prise de contacts variés. La phase empirique de cette recherche s'est déroulée entre octobre 2020 et mars 2021, dans un contexte d'épidémie sanitaire marqué par des périodes de restrictions dans les déplacements. Le télé-travail imposé à une partie des enquêtés a permis de pouvoir en solliciter certains pour des entretiens sur leur temps de travail, par téléphone. Pour d'autres qui le souhaitaient et le pouvaient, des autorisations dérogatoires de déplacement ont permis de les rencontrer en face à face, dans le respect des gestes barrières. Sur les 900 étudiants constituant la cohorte de départ, 347 enquêtés ont répondu à l'interrogation « BTS+10 » : 318 ont répondu entièrement au questionnaire, 29 y ont répondu partiellement. Le taux de réponse est donc de 38,5 %, ce qui est relativement positif au regard du temps passé depuis le début de l'enquête[18]. Cette nouvelle

17 Voir aussi, pour un autre exemple de reconstitution d'une cohorte : Cayouette-Remblière Joanie, « Reconstituer une cohorte d'élèves à partir de dossiers scolaires. La construction d'une statistique ethnographique », *Genèses*, n° 85, 2011, p. 115-133.

18 Ce taux de retours est d'autant plus positif qu'il est supérieur à celui de la 4e interrogation de l'enquête initiale (P4), diffusée par mail durant l'année scolaire 2010-2011, et qui avait recueilli 297 réponses. Les données avaient alors été complétées par une exploitation

interrogation des enquêtés s'est appuyée sur un questionnaire en ligne diffusé via l'interface *Limesurvey*.

Si le contexte sanitaire lié à la crise de la COVID-19, rendant les interactions et les déplacements plus complexes voire impossibles, a fortement contribué à banaliser les enquêtes à distance en sciences sociales[19], via des formulaires en ligne, ce *modus operandi* n'a pas été choisi ici pour des raisons conjoncturelles. La dispersion géographique anticipée des enquêtés, la nature des coordonnées – essentiellement des adresses mail – dont je disposais mais encore la volonté de mener seule ce projet plaidaient pour ce procédé. L'enquête par questionnaires en présentiel constitue la méthode à privilégier autant que possible, en ce qu'elle donne accès à des informations essentielles sur les enquêtés, en contrôlant la population interrogée, mais aussi la réception des questions et le sens donné aux réponses (situation et conditions de remplissage, *hexis* des répondants, discussions informelles, interventions de l'enquêteur) (Bessière, Houseaux, 1997). En bref, le face à face permet de faire « l'expérience » de l'enquête par questionnaires (Weber, 1997). Comme le dit Florence Weber : « Pour comprendre ce que l'on mesure, il faut savoir quand et comment s'effectue cette réduction nécessaire » (1997 : 120). Néanmoins, il est apparu que ces manques pouvaient être quelque peu compensés dans le cadre de cette enquête. En effet, ce questionnaire trouvait à s'inscrire dans une recherche au long cours, où les enquêtés avaient été rencontrés physiquement à au moins trois reprises. Ils se retrouvaient donc en relation avec une enquêtrice déjà connue et pris dans une certaine routine d'interrogations, même si la précédente datait de près de dix ans. Les interrogations antérieures avaient par ailleurs permis de recueillir une somme de renseignements importante sur eux, qui permettait de contrôler ou mieux interpréter certaines réponses, en les réinscrivant dans un profil et une trajectoire déjà documentés.

Une grande majorité des répondants a témoigné de son vif enthousiasme pour cette nouvelle enquête, et manifesté une certaine surprise aussi bien sur le temps écoulé depuis le BTS que sur ma détermination à continuer cette recherche.

---

nominative des réponses à l'enquête Insertion dans la Vie Active (IVA) du Ministère de l'Éducation nationale.

19 Voir notamment la première publication issue de l'enquête VICO et portant sur le premier confinement 2020 (Mariot, Mercklé, Perdoncin, 2021).

« Ça fait bizarre de se dire que ça fait déjà 10 ans qu'on a fait notre BTS ? ? ? ? »

« Merci pour cette enquête, qui même 10 ans après prouve que vous avez pris votre étude au sérieux »

« Bravo pour votre travail… 10 ans après ! J'ai été surprise de recevoir ce mail. »

« Tout d'abord je voulais vous dire que j'ai été ravie de découvrir votre mail… Je me suis tout de suite souvenue de vous et de notre entretien (à l'époque chez mes parents). J'adore votre projet ! Bravo également pour votre parcours. »

« Cela m'a fait plaisir de voir votre mail et ça m'a replongé quelques années en arrière, alors merci pour ces quelques souvenirs qui ont refait surface. »

« Je me souviens de vous et je suis contente de vous avoir permis de faire votre étude sur les étudiants en BTS. »

L'interrogation « BTS+10 » s'inscrit dans le prolongement de 5 autres interrogations par questionnaires de la cohorte de départ. Les 3 premiers questionnaires ont été administrés en présentiel, pendant des heures de cours, alors que les étudiants étaient scolarisés en STS. Le 4e questionnaire, portant sur la situation au sortir du BTS a été administré par mail. Un phénomène d'attrition classique des enquêtes longitudinales s'observe entre les passations P1 et P4, lié à la fois à une diminution du taux de répondants et à la disparition statistique d'un certain nombre d'enquêtés, mais aussi à la disparition « réelle » d'individus, ayant abandonné le cursus en BTS au cours des deux années[20], ou ayant redoublé et se trouvant de fait en décalage avec la progression théorique et modale de la cohorte. Le 5e questionnaire, portant sur la situation à l'année n+2 après le BTS a également fait l'objet d'une passation par mail. Le plus faible taux de répondants au questionnaire P5 par rapport au questionnaire P6 (dit « BTS+10 ») s'explique par l'emploi unique du mail pour recontacter les enquêtés et par la réalisation d'un seul rappel.

Suite à la phase quantitative, une campagne d'entretiens a été réalisée auprès de 16 répondants au questionnaire : 9 ont été rencontrés en face à face (ou présentiel, pour utiliser la terminologie du contexte sanitaire actuel) et 7 ont été interrogés par téléphone. Les profils ont été choisis de façon à faire varier autant que possible le sexe (homme, femme), le

20 À signaler qu'un questionnaire spécifique pour les étudiants ayant abandonné au cours de la 1re année de BTS a été diffusé auprès des étudiants dont les coordonnées étaient connues, et a été rempli par 35 enquêtés (soit un taux de réponse de 29,2 % pour 120 enquêtés ayant effectivement abandonné).

domaine du BTS préparé (tertiaire, industriel, agricole), le type de parcours suivi (abandon en cours de STS, arrêt au BTS, poursuite d'études)[21].

Phase de l'enquête	N° du questionnaire	Situation de la cohorte	Thématique principale du questionnaire	Modalité de passation	Dates de passation du questionnaire	Effectifs de répondants
Cohorte thèse	P1	Entrée en BTS, rentrée 2008	Choix d'orientation et styles de vie étudiante	Présentiel	Novembre-Décembre 2008	900
	P2	Entrée en 2e année de BTS	Retour de stage. Expérience professionnelle et rapport au travail	Présentiel	Septembre-Octobre 2009	699
	P3	Fin de la 2e année de BTS	Rapport aux apprentissages, rapport à l'avenir et point de vue sur la société	Présentiel	Mars 2010	634
	P4	Année suivant le diplôme	Situation à l'issue du BTS	En ligne	Octobre 2010-Juillet 2011	297
Enquête exploratoire « RURELLES »	P5	Année n+2 après le diplôme	Situation 2 ans après le BTS : travail, famille et mobilité géographique	En ligne	Octobre-Décembre 2012	150
Enquête BTS+10	P6	Année n+10 après le diplôme	Avoir 30 ans en 2020. Trajectoires scolaires, professionnelles et familiales	En ligne	Octobre 2020-Mars 2021	347

TABLEAU 1 – Détail des différentes phases de suivi de la cohorte 2008.

21 Sauf mention contraire, les données statistiques mobilisées dans l'ouvrage sont issues de l'enquête « BTS+10 ».

N°	Prénom d'anonymat[22] / Identifiant cohorte	Sexe	Spécialité BTS	Plus haut (et dernier) diplôme obtenu	Année de naissance	Diplômes et professions des parents	Situation actuelle (Poste, Statut, Salaire net mensuel, ancienneté)	Date et durée de l'entretien (Modalité)
1	Anthony	Masculin	Conception de produits industriels	BTS	1988	Père : aucun diplôme, ouvrier spécialisé dans la presse invendue Mère : BEP, employée à Leroy Somer	Technicien planning en CDI 1 800 €, 8 ans	5 et 6/11/20 3h15 (téléphone)
2	Christophe	Masculin	Travaux publics	BTS	1989	Père : BEP, trompettiste Mère : Baccalauréat, sans emploi	Chef d'agence d'un site de production industrielle béton, CDI, 2 300 €, 4 ans	05/02/21 2h12 (présentiel, sur son lieu de travail)

22 Les prénoms d'anonymat ont été choisis en croisant les informations issues du moteur de recherche établi par Baptiste Coulmont : http://coulmont.com/bac/index.html, qui permet de proposer un prénom fictif socialement proche, et du palmarès des prénoms 1990, qui permet de s'assurer un prénom fictif à la popularité similaire.

3	Benjamin*	Masculin	Après-vente automobile	BTS Certificat de qualification professionnelle chef d'agence des matériaux de construction	1989	Père : CAP, PDG d'une PME de 19 salariés (garage) Mère : BTS en diététique, secrétaire comptable	Gérant d'une PME de 29 salariés, chef d'entreprise (garage poids lourds et autocars) 2 400 €, 2 ans	10/02/21 2h32 (présentiel, sur son lieu de travail)
4	Fanny	Féminin	Travaux publics	LP Métiers du BTP CAP Maroquinerie en reprise d'études	1989	Père : aucun diplôme, ouvrier mécanicien Mère : CAP, coiffeuse salariée	Au chômage	15/02/21 2h28 (présentiel, chez ses parents)
5	Laurie	Féminin	Gestion et maîtrise de l'eau	Master gestion de l'eau et de l'agriculture	1989	Père : CAP, cadre agricole Mère : Bac+2, comptable	Professeur des écoles suppléante dans l'enseignement privé, CDD 1 100 €, <1 an	16/02/21 1h49 (présentiel, à son domicile)

6	Sarah	Féminin	Gestion et protection de la nature	BTS	1987	Père : certificat d'études, chef d'équipe en génie civil dans les centrales nucléaires Mère : certificat d'études, « elle n'est pas au chômage mais elle fait des petits boulots »	Éducatrice nature, auto-entrepreneuse 1 400 €, 3 ans	17/02/21 2h21 (présentiel, sur son lieu de travail)
7	Angélique	Féminin	Assistant de gestion PME-PMI	Bac STG Abandon en 2e année de STS	1989	Père : CAP, chef d'équipe dans une usine agroalimentaire Mère : brevet des collèges, assistante maternelle en invalidité	Mère au foyer	19/02/21 3h (présentiel, à son domicile)

8	Coralie	Féminin	Analyses agricoles, biologiques et biotechnologiques	Bac STL Échec au BTS	1988	Père : BEP, agent de maîtrise en miroiterie Mère : Baccalauréat, secrétaire médicale	Technicienne de laboratoire en sciences de la reproduction, CDI 1 450 €, 8 ans	22/02/21 1h57 (présentiel, à son domicile)
9	Romain	Masculin	Comptabilité et gestion des organisations Échec au BTS	Bac hôtellerie	1989	Père : certificat d'études, conducteur poids lourd dans une société de travaux publics Mère : Baccalauréat, secrétaire dans une collège (fonctionnaire)	Conducteur de ligne dans l'industrie automobile, CDI 1 550 €, 3 ans	01/03/21 2h49 (téléphone)
10	Mickaël	Masculin	Bâtiment	Ingénieur du BTP et Master Administration des entreprises	1990	Père : aucun diplôme, responsable magasin Gamm'Vert Mère : CAP, mère au foyer	Maître d'œuvre d'exécution, coordinateur travaux du bâtiment, CDI 2 800 €, 7 ans	01/03/21 1h13 (téléphone)

11	Delphine	Féminin	Assistant de gestion PME-PMI	BTS	1990	Père : CAP, artisan couvreur-zingueur Mère : Baccalauréat, gestionnaire de rayon dans une grande surface	Chargée de partenariat, CDI 1 650 €, 9 ans	02/03/21 1h19 (téléphone)
12	Sandra	Féminin	Économie sociale et familiale	FC Assistant gestionnaire d'un établissement d'hébergement sanitaire et social (niveau LP)	1989	Père : Baccalauréat, cadre SNCF Mère : ne sait pas, assistante maternelle	Assistante de direction au niveau régional d'un groupe de gestion d'ÉHPAD, CDI 1 750 €, 8 ans	03/03/21 1h02 (téléphone)
13	Alissya*	Féminin	Services en espace rural	Bac pro Service en milieu rural Abandon en 1re année de STS	1989	Père : certificat d'études, décédé Mère : certificat d'études, ouvrière non qualifiée	Ambulancière/taxi en invalidité, CDI 1 800 €, 10 ans	04/03/21 0h59 (téléphone)

14	Mélodie*	Féminin	Assistant de manager	BTS	1989	Père : certificat d'études, ouvrier non qualifié Mère : CAP, ouvrière qualifiée	Agent administratif des finances publiques, fonctionnaire 1 600 €, < 1 an	06/03/21 2h52 (présentiel, au domicile de ses parents)
15	Ludivine	Féminin	Assistant de gestion PME-PMI	CAP coiffure en cours Échec au BTS	1989	Père : ne sait pas, régleur dans l'entreprise Mère : Bac+2, reconversion en documentaliste (avant professeur de mode)	En apprentissage, mention complémentaire couleur/coupe	08/03/21 2h38 (présentiel, à son domicile)
16	Jonathan	Masculin	Électrotechnique	BTS	1990	Père : Baccalauréat, responsable logistique Mère : BEP, fonctionnaire	Conducteur de machine à commandes numériques, CDI 1 220 €, 4 ans	11/03/21 2h36 (téléphone)

* Les enquêtés marqués d'un astérisque avaient déjà été rencontrés lors d'un précédent entretien entre 2008 et 2011.

TABLEAU 2 – Synthèse des entretiens réalisés dans le cadre de l'enquête « BTS+10 ».

UNE INSTABLE STABILITÉ STATUTAIRE

Au terme du recueil des données, le constat de l'hétérogénéité des situations actuelles des enquêtés peut frapper, malgré la proximité scolaire et géographique de leur trajectoire en 2008. Si tous sont passés par un point commun de l'espace des formations, au même moment de leur parcours biographique, ils se retrouvent en 2020 à occuper des situations scolaires, professionnelles ou encore résidentielles diverses.

Untel est fonctionnaire de la Marine nationale à Brest, diplômé d'un BTS Comptabilité et gestion des organisations, puis d'une licence professionnelle, percevant un salaire de 1 800 € nets par mois ; untel est artiste-tatoueur auto-entrepreneur en Charente, diplômé d'un BTS Assistant de gestion PME-PMI puis d'un master Management et stratégie commerciale, percevant un salaire moyen de 4 250 € nets par mois ; unetelle est chercheuse-modélisatrice en CDI (localisation non précisée), diplômée d'un BTS Analyses agricoles, biologiques et biotechnologiques puis d'un doctorat en sciences agronomiques, percevant un salaire de 2 600 € nets par mois ; untel est magasinier en CDD dans la Vienne, diplômé d'un BTS Analyses agricoles, biologiques et biotechnologiques, percevant un salaire de 1 200 € nets par mois ; unetelle est assistante administrative et comptable en CDI dans les Deux-Sèvres, diplômée d'un BTS Assistant de gestion PME-PMI, percevant un salaire de 1 500 € par mois ; untel est métrologue en CDI dans le Maine-et-Loire, diplômé d'un BTS Assistant de gestion PME-PMI puis d'une Licence professionnelle Animateur Qualité, Sécurité, Environnement et Développement Durable, percevant un salaire de 1 700 € nets par mois ; unetelle est enseignante en école maternelle en CDD au Japon, diplômée d'un BTS Assistant de manager et d'une Licence Professionnelle Management des Organisations du Sport et des Loisirs, percevant un salaire équivalent à 1 600 € par mois.

Pour autant, derrière cette dispersion apparente, des régularités sont notables. Si l'allongement des scolarités protège tendanciellement des situations les plus précaires sur le marché du travail (notamment du chômage), les situations statutaires atteintes dessinent des petites classes moyennes marquées par une relative instabilité. Le devenir des sortants de STS donne ainsi à voir des parcours scolaires non forcément linéaires et les carrières dans l'emploi de ces trentenaires laisse apparaître des trajectoires elles aussi découpées, où la stabilité est souvent transitoire. D'abord, l'entrée en STS est souvent marquée par une tension entre deux nécessités : celle de prolonger ses études et celle de poursuivre un projet professionnel précis. Le temps du BTS s'apparente pour beaucoup à un temps de conciliation de ces deux objectifs, où le titre va dicter le poste visé plutôt que l'inverse (Partie I). L'entrée sur le marché du travail vient ensuite mettre à l'épreuve un diplôme qui bénéficie d'une reconnaissance effective variable suivant les secteurs professionnels, dans un contexte de valorisation affichée des profils plutôt que des titres, conduisant les anciens diplômés à s'interroger sur la valeur de leur parcours scolaire (Partie II). La dynamique des carrières sur près de dix années met encore en lumière les contradictions rencontrées par les trentenaires entre aspirations et réalisations, donnant à voir des progressions professionnelles freinées et les poussant, pour certains, à remettre en cause une stabilité pourtant acquise (Partie III). Le rapport au monde de ces anciens étudiants apparaît alors fortement plafonné, les rétributions matérielles et symboliques de leurs engagements scolaires et professionnels leur paraissant insuffisantes. À chacune des étapes de leur parcours et dans chacune des dimensions considérées, l'ambivalence du titre du BTS, entre études courtes et études longues, entre technicien et ingénieur, produit des effets sur les positionnements incertains des diplômés, conscients d'être allés plus loin scolairement que leurs parents et d'avoir ouvert leur espace des pensables, mais se considérant dans le même temps limités dans leur espace des possibles professionnels, financiers et sociaux (Partie IV).

PREMIÈRE PARTIE

LE SENS DE LA POURSUITE D'ÉTUDES

Extrait du questionnaire BTS+10 : « Les années de BTS ont été mes meilleures années en tant qu'étudiante, apprendre avec du concret, stage de travail à l'étranger, cela fait grandir. Je ne regrette rien. Toutefois, je pense que le secteur tertiaire à partir du lycée m'a été imposé car je ne savais pas quoi faire… et ces dernières années malgré mes expériences professionnelles toujours très bien passées, toujours de bons retours de mon travail, et bien je ne suis pas sûre que cela me corresponde réellement… »
Femme, née en 1988, professions des parents non communiquées, BTS Assistant de manager, Technicienne Administrative service Recouvrement Contentieux au chômage

Une habitude de l'analyse des parcours scolaires et professionnels est de les saisir *a posteriori*, une fois ceux-ci achevés. Les grandes enquêtes de la statistique publique comme les recherches menées par les sociologues se fondent ainsi le plus souvent sur une restitution rétrospective des scolarités, au moyen de questionnaires ou d'entretiens biographiques. Plus rares sont les études longitudinales (Cayouette-Remblière, Geay, Lehingue, 2018), plus coûteuses en temps et en moyens humains et financiers, qui permettent de suivre ensemble les projections subjectives et les positions objectives (Orange, 2012a). Les parcours scolaires sont donc évalués le plus souvent après-coup, sur la base des titres effectivement acquis et du point de vue de la situation sociale actuellement occupée, et les aspirations non réalisées peuvent alors faire les frais de l'illusion biographique (Bourdieu, 1986). Les analyses des parcours scolaires et de la prolongation des études en milieu populaire, depuis la seconde massification, concluent souvent sur un rapport instrumental ou utilitaire à l'école et aux diplômes des enfants d'ouvriers et d'employés, pensés comme moyen d'accès au marché du travail (Bautier, Charlot,

Rochex, 1992 ; Erlich, 1998). Cela expliquerait que ces profils d'élèves se portent de manière privilégiée vers les formations professionnalisantes du secondaire puis du supérieur (Delès, 2018), là où les enfants de cadres pourraient développer un rapport plus désintéressé aux apprentissages (le savoir pour le savoir).

Pouvoir suivre au cours du temps les scolarités projetées comme réalisées, comparer les choix scolaires en train de se faire et le regard que les individus portent dessus dix ans après permet de saisir le rapport spécifique que les jeunes enquêtés entretiennent avec les diplômes, ce qu'ils et elles en disent et en font, et qui ne correspond pas forcément aux usages canoniques des parcours et des titres scolaires (Berthelot, 1993). C'est enfin mesurer différemment les certifications, non seulement à rebours mais aussi en actes, chemin faisant. Car si la norme des diplômes traverse désormais l'ensemble des classes sociales (Poullaouec, 2010) et que l'impératif de certification contribue fortement à l'allongement des scolarités (Millet, Moreau, 2011), cela ne signifie pas pour autant que le rapport aux études des classes populaires se soit aligné sur les façons de penser et de faire des classes supérieures.

L'analyse conjointe, en actes et rétrospective, des parcours scolaires des anciens étudiants de STS, permet ainsi de rendre compte des attentes des enquêtés et de leur famille vis-à-vis de l'école, tout en saisissant des indices du travail de l'école sur leurs aspirations.

DES PARCOURS SCOLAIRES À REBOURS

Si l'entrée dans des formations professionnalisantes peut laisser croire à un ajustement fort entre les études suivies et le projet de métier visé, l'enquête fait apparaître une réalité plus complexe des trajectoires de sortie d'école et d'entrée dans l'emploi des anciens étudiants de STS, où « avoir un diplôme » n'est pas forcément équivalent à « avoir un métier », du point de vue des situations effectives des enquêtés mais aussi et surtout dans leurs représentations et projections. Cette approche déconnectée des aspirations scolaires et professionnelles est le produit à la fois des logiques spécifiques d'orientation de ces jeunes issus majoritairement des classes populaires, mais aussi du rôle de l'école dans la production des destins professionnels.

LE BTS : UN NOUVEAU SEUIL SCOLAIRE

L'accès à l'enseignement supérieur constitue une expérience majoritaire pour ces jeunes nés au tournant des années 1990[1], quand ce n'était le cas que d'un peu plus de 40 % des individus nés 20 ans plus tôt. Suite à la création du collège unique en 1975, l'espérance de scolarisation à l'âge de 2 ans a sensiblement augmenté entre 1985 et 1995, passant de 17 ans à 19 ans[2]. La durée des études a ensuite stagné puis diminué entre 1997 et 2008, à la faveur de la baisse du nombre de redoublements dans le secondaire (Dalous *et al.*, 2014). La durée de scolarisation est ensuite repartie à la hausse, en lien avec la réforme du baccalauréat

1 54,9 % des personnes âgées de 27 à 31 ans en 2020 ont eu accès à l'enseignement supérieur. Source : Insee (enquête Emploi), traitements MENJ-MESRI-DEPP (Masson, 2020).

2 Fiche « Durée de scolarisation », *in Insee Références*, édition 2018.

professionnel à partir de la rentrée 2009[3], conduisant davantage de jeunes à ce diplôme et suscitant également plus de poursuites d'études dans le supérieur. Pour les enfants nés en 1990, l'espérance de scolarisation calculée à 2 ans était proche de 18,5 ans.

Si l'accès au supérieur s'est fortement élargi, le fait d'y obtenir un diplôme est loin d'être systématique, puisque 20 % des bacheliers 2008 entrés dans l'enseignement supérieur en sont sortis non diplômés (Papagiorgiou, Ponceau, 2018). Par ailleurs, cet accès demeure fortement ségrégatif (Goux, Maurin, 1997), puisque ce sont 86,2 % des trentenaires de 2020, fils et filles de père cadre supérieur qui disposent d'un titre de l'enseignement supérieur contre seulement 29,4 % des enfants de père ouvrier[4]. Contre le discours ambiant d'une baisse continue du niveau, qui déplore la banalisation du baccalauréat, nécessité est de rappeler que chez les enfants de père ouvrier nés en 1990, près de la moitié n'est pas parvenue jusque-là (46,3 %) ; près d'un tiers sortant du système scolaire avec un CAP ou un BEP, et un peu plus de 10 % ne disposant d'aucun diplôme. C'est à la lumière de ces éléments qu'il faut donner sens aux parcours d'entrée en STS de cette cohorte : 17,0 % des diplômés du supérieur de cet âge sont sortis avec un BTS comme plus haut diplôme, soit 12,0 % des enfants de père cadre et 25,2 % des enfants de père ouvrier. Ces chiffres confirment le constat déjà posé des STS comme horizon modal de l'enseignement supérieur chez les classes populaires (Orange, 2010). Au sein de l'espace de l'enseignement supérieur, les Sections de techniciens supérieurs (STS) pèsent ainsi environ 10 % des effectifs étudiants et 25 % des flux de nouveaux étudiants chaque année.

Si le BTS constitue une fin d'études privilégiée par les enfants de la démocratisation scolaire, le passage par une STS ne signifie pas toujours accéder ou s'arrêter à ce diplôme. Parmi les enquêtés de la cohorte, dont l'âge moyen de fin d'études est de 23 ans[5], 10,7 % ont abandonné le BTS dans lequel ils étaient entrés en 2008, avec ou sans réorientation ;

---

3 Le baccalauréat professionnel est, à partir de cette date, préparé en 3 ans au lieu de 4 jusqu'alors, décomposés en 2 années de BEP et 2 années de baccalauréat professionnel. Les étudiants de notre enquête titulaires d'un baccalauréat professionnel sont également tous titulaires d'un BEP (Bernard, Troger, 2012).

4 Enquête Emploi 2019.

5 Ce chiffre se situe logiquement au-dessus de l'âge moyen de fin des études initiales de l'ensemble des individus nés au tournant des années 1990, soit 20,5 ans (Enquête Emploi 2019). Sur l'évolution de l'âge médian de fin d'études selon les générations, voir aussi Chauvel (1998).

48,1 % ont quitté le système scolaire une fois le BTS obtenu ; 41,2 % ont poursuivi leurs études à l'issue du diplôme. Au final, 7,8 % ont pour niveau d'études le plus élevé un baccalauréat ou équivalent, 46,4 % un niveau Bac+2, 32,3 % un niveau Bac+3 ou +4, 13,0 % ont obtenu un master ou équivalent et, enfin, 0,6 % ont atteint le doctorat.

La distribution des parcours au sein de notre enquête diffère quelque peu des données nationales, puisque parmi les bacheliers entrés en STS en 2008, 27 % sont finalement sortis sans diplôme de l'enseignement supérieur (Merlin, 2020), et seulement 22 % ont obtenu un diplôme de niveau supérieur ou égal à Bac+3[6]. La sous-représentation des « décrocheurs » au sein des répondants tient probablement à leur très faible intégration à l'enquête initiale, où ils n'ont répondu qu'à un seul questionnaire en début de STS et, pour quelques-uns (n=35), à un questionnaire spécifique aux situations d'abandon un an plus tard, contrairement aux poursuivants, qui ont complété jusqu'à cinq questionnaires entre 2008 et 2012. L'absence de souvenir de l'enquête, le plus faible taux de coordonnées connues et permettant donc de les recontacter, auxquels s'ajoute un rapport sans doute plus négatif à l'expérience du BTS et une situation actuelle peut-être plus précaire, expliquent probablement cette faible participation. Le taux de sortants à l'issue du BTS parmi les répondants (48,1 %) est en revanche comparable à la moyenne nationale (50,0 %).

Même si les effectifs limités invitent à la prudence interprétative, il semble bien que l'origine scolaire et sociale pèse fortement sur le niveau de diplôme le plus élevé atteint par la cohorte. La sortie sans diplôme de STS, qu'il s'agisse d'un abandon en cours de formation ou d'un échec à l'examen sans redoublement, est le fait de 17,7 % des bacheliers professionnels de la cohorte, contre 11,3 % des bacheliers technologiques et 6,8 % des bacheliers généraux. Quant à la poursuite à l'issue du diplôme, pour ceux qui ont obtenu le BTS en 2010 ou l'année suivante, elle est majoritaire pour les bacheliers généraux (63,6 %), et concerne environ deux bacheliers technologiques sur cinq (41,4 %) et un bachelier professionnel sur cinq (19,1 %). Cette différenciation scolaire des parcours recouvre une différenciation sociale : la majorité des enquêtés dont le père est ouvrier ne dépassant pas le niveau bac+2, quand les deux tiers

---

6 Source : MENESR-DGESIP/DGRI-SIES – panel de bacheliers 2008, in *L'état de l'Enseignement supérieur et de la Recherche en France*, n° 8 – juin 2015.

des enfants de cadre obtiennent au moins un bac+3 et un peu moins d'un tiers au moins un bac+5.

Cette diversité des destinées scolaires selon les origines sociales se donnait déjà à voir en 2008, dans le niveau de diplôme souhaité par les jeunes entrant en STS. Ainsi, les enfants de cadre étaient tendanciellement plus nombreux à se projeter au-delà du BTS que les enfants d'ouvrier : 60 % des premiers contre un peu moins de 52 % des seconds. L'enquête de 2020 confirme que les pesanteurs scolaires et sociales rejouent à plein au sortir de la formation, comme le donnaient déjà à voir les résultats de la quatrième interrogation par questionnaires menée en 2011. En effet, non seulement moins des deux tiers des aspirants à une poursuite d'études parviennent à concrétiser ce projet, mais encore ces réalisations semblent tendanciellement moins nombreuses pour les enfants d'ouvrier que pour les enfants de cadre supérieur.

LES ÉTUDES POUR LES ÉTUDES

L'entrée d'un certain nombre d'enquêtés de la cohorte originelle en STS s'est fondée sur la nécessité bien intériorisée de disposer de titres scolaires plus élevés qu'auparavant – et notamment que leurs parents – pour accéder au marché du travail et à ses emplois qualifiés (Beaud, 2002). Appartenant très souvent à la première génération de leur famille à accéder à l'enseignement supérieur voire même étant les premiers de leur fratrie à le faire, ils ont conscience que la prolongation des études constitue désormais une norme. Pour autant, la façon dont ces anciens étudiants ont poursuivi leurs études, notamment après le baccalauréat, montre qu'ils ont moins visé un métier ou une profession, dans une logique de projection, que parfois littéralement « suivi » leurs études, dans une démarche de continuité avec leur cursus antérieur. Pour ces élèves et leur famille, qui ne disposent pas forcément d'une connaissance précise des hiérarchies et segmentations internes au système scolaire, de la valeur différentielle des établissements et des filières, les trajectoires scolaires ont souvent été guidées par une logique de longueur ou de durée, gérée au coup par coup, plutôt que par des stratégies anticipées en vue d'atteindre tel diplôme bien spécifique. C'est ainsi que l'on peut comprendre les encouragements des parents à ce que leurs enfants aillent « loin » ou « le plus loin possible », repoussant la fin des études chaque fois qu'une poursuite d'études est possible et non forcément de manière programmée au préalable.

L'enjeu de pousser « au-dessus » du baccalauréat conduit à choisir une formation souvent pensée comme une prolongation des études plutôt que dans un objectif professionnel armé. Ce sont ainsi près des deux tiers des étudiants de la cohorte 2008 (60,8 %) qui avaient pris la décision d'entrer en STS « en terminale » ou « au dernier moment[7] ». Les propos de Jonathan rendent bien compte de cette logique progressive de conduite des parcours scolaires, mise en œuvre par un certain nombre d'enquêtés rencontrés. Malgré son échec au baccalauréat et des velléités professionnelles divergentes, il intègre l'année suivante la STS Électrotechnique de son lycée, « la suite normale de [son] bac » STI Génie Électrique :

> *Et vous, à la base, vous ce n'était pas ce que vous aviez envisagé ? Vous aviez en tête de poursuivre après le bac, plutôt en BTS et dans l'informatique. Et vous aviez un projet professionnel qui était lié à ça ou pas ?*
>
> Un projet professionnel, pas tant que ça. C'est juste qu'avec un copain on aimait bien l'informatique et il était aussi dans le bac comme moi et en fait on avait décidé d'aller tous les deux dans l'informatique puisqu'on aimait tous les deux l'informatique. Après on n'avait pas imaginé plus loin, parce que bon l'avenir a fait qu'on a… Dans l'informatique, on aime bien créer des sites internet, etc. On en avait créé un en commun. Bref on a fait des choses après, mais dans le coup on n'avait pas non plus tracé un avenir lointain. C'était déjà aller dans une branche et voir si au final ça plaît ou ça plaît pas. C'est un peu le problème des cursus.
>
> *Bien sûr. Mais c'était important pour vous de poursuivre après le bac ?*
>
> Important… Moi j'aurais bien aimé travailler, travailler. Le seul souci c'est qu'aujourd'hui on sait très bien que même un bac ce n'est pas grand-chose. Et encore moi il y a dix ans c'était : « il faut aller au-dessus ». Donc oui un minimum de bac+2, c'est vrai que ça aide. Après, pour ce que j'en ai fait aujourd'hui, bon ça c'est une autre histoire, mais dans le coup… C'est encore une autre histoire, ce n'est pas encore la suite, mais bon je veux dire qu'aujourd'hui ça ne m'a pas servi à grand-chose. Sinon je me doute que pour plein d'autres personnes ça ouvre beaucoup de portes.

L'entrée en Section de techniciens supérieurs après le baccalauréat répond pleinement de cette logique des « petits pas scolaires », où les choix

7 Questionnaire P1, automne 2008. Sous-population des primo-étudiants : n=758.

s'opèrent au plus près de la filière d'origine. La présence des classes de STS jusque dans les lycées ruraux permet autant qu'elle suscite la réalisation de véritables parcours de proximité, scolaires comme géographiques. Ces formations couvrent en effet amplement le territoire : à la rentrée 2008, elles étaient présentes dans 931 communes de France métropolitaine, contre 218 pour les universités et leurs antennes délocalisées, 173 pour les IUT ou encore 175 pour les classes préparatoires aux grandes écoles[8]. L'expansion très forte des STS dans les années 1980 et la banalisation du BTS dans le paysage de l'enseignement supérieur se sont d'ailleurs notamment fondées sur le recrutement d'une « nouvelle population disponible scolarisable[9] » constituée des bacheliers des classes populaires rurales, peu enclins à entreprendre des études supérieures dans les villes universitaires.

Le rapport cursif aux études de ces élèves d'origine populaire et rurale doit donc aussi se comprendre comme le produit de prescriptions de la part des établissements, cherchant à retenir les élèves dans leurs STS. Simon, rencontré en 2010 alors qu'il était en deuxième année de STS Conception et industrialisation en microtechniques, dans une ville moyenne de la Vienne, se souvient des conditions de sa poursuite d'études à l'issue d'un baccalauréat STI Microtechniques : « Je commençais à me demander si c'était vraiment ce que je voulais continuer. Et puis on m'a proposé de faire un BTS. On ne nous a pas forcés la main mais un petit peu parce qu'ils manquaient d'élèves ». Il dit encore, pour expliciter sa démarche d'alors : « j'ai pris la voie de la simplicité, j'ai suivi ce qu'il y avait dans la continuité de mon lycée. [...] j'ai pris ce qui venait au plus près ». Cette poursuite d'études menée comme une véritable « suite » des études, encouragée par l'institution scolaire, s'arrime donc au point d'origine des élèves plutôt qu'au point d'arrivée escompté. La remarque d'un étudiant de STS Bâtiment en 2008, ne parvenant pas à répondre à la question des motivations principales à son choix du BTS, et s'agaçant face à l'enquêtrice (moi) : « Et si c'était parce qu'il faut faire des études ! » (Orange, 2012b) exprime bien l'incompréhension éprouvée face à un questionnement de l'ordre du « pour quoi ? », quand la logique adoptée est celle du « parce que » (ce qui se fait).

8 *Atlas régional*, 2008-2009, MESRI.

9 J'emprunte cette expression et ce cadre d'analyse à Jean-Pierre Briand et Jean-Michel Chapoulie, qui montrent comment le développement de l'offre de formation contribue à la production de la demande scolaire (Briand, Chapoulie, 1992).

Ces poursuites d'études de proximité rendues possibles par les STS pour ces jeunes qui n'auraient pas forcément pu assurer et assumer le coût financier mais aussi symbolique du départ vers les établissements et villes universitaires rencontrent aussi de façon heureuse un rapport à l'orientation scolaire vécu sur un mode collectif plutôt que distinctif (Van Zanten, 2009). En effet, la réponse des bacheliers populaires à l'impératif de poursuite d'études s'opère ainsi souvent selon un principe de conformité qui consiste à « faire ce qui se fait » plutôt qu'à dessiner une trajectoire personnalisée, comme c'est le cas dans les milieux supérieurs. Simon raconte encore son entrée en BTS, portée par l'élan de la camaraderie :

> *Et en 1re et terminale, ça vous plaisait ?*
> Ça me plaisait… j'étais plus jeune. Donc oui ça me plaisait. J'avais pas regardé, je suivais la classe, les copains. Voilà, c'était un effet de groupe. Un effet de groupe. On s'est suivis, on a été plusieurs de terminale à faire le BTS qui est à Descartes, donc pareil, la voie de la simplicité.

Simon mûrit ainsi au cours de ses deux années de STS un projet professionnel en total décalage avec sa formation, n'ayant aucune idée de métier en première année, puis visant le « secteur sportif » en début de seconde année pour enfin affirmer le souhait de devenir « coach sportif » quelques mois avant l'examen terminal. Il envisage d'ailleurs alors d'intégrer le Centre de ressources, d'expertise et de performance sportives (CREPS) de Poitiers l'année suivante.

La déconnexion des études réalisées et du métier souhaité s'explique dès lors par la façon dont ces étudiants ont pu vivre leur parcours scolaire avec le sentiment, pour nombre d'entre eux, d'avoir dû poursuivre leur scolarité sans vraiment avoir prise dessus. Pour certains, l'orientation précoce vers des filières technologiques ou professionnelles de l'enseignement secondaire (Palheta, 2011 & 2015 ; Chauvel, 2011), suite à des difficultés scolaires rencontrées dans la voie générale, semble moins leur avoir permis de satisfaire une attirance pour un secteur d'emploi spécifique et un goût des savoir-faire concrets, que leur avoir appris, très tôt, que leur espace des possibles scolaires ne se superposait pas avec leurs désirs professionnels[10]. Cette intériorisation anticipée du

10 53,5 % des étudiants de la cohorte sont issus d'un baccalauréat technologique et 17,5 % sont issus d'un baccalauréat professionnel.

sens des limites participe à alimenter un rapport particulier à l'école, non pas strictement utilitaire, en vue d'accéder à un emploi, mais paradoxalement plutôt désinstrumentalisé, où le destin scolaire échappe aux élèves et étudiants et où le projet professionnel se conçoit à part. L'étirement des scolarités porté pour partie par l'école contribue ainsi à déconnecter pour certains élèves les aspirations professionnelles et les réalisations scolaires.

Les discours sont nombreux qui témoignent de cet impératif des études longues qui s'est édicté aux nouvelles générations de bacheliers et d'étudiants, sans forcément que le lien avec un emploi défini soit clairement considéré. Les attentes des parents s'expriment sur un mode générique (« avoir un diplôme »), avant même de penser à un métier spécifique. Qui plus est, la scolarisation d'une partie de ces étudiants dans des petites communes rurales contribue encore à renforcer le rapport distancié entre les études d'une part et l'emploi futur d'autre part. Laura, titulaire d'un BTS Comptabilité et gestion des organisations, rencontrée en 2012, insistait alors sur l'importance pour sa mère, vendeuse en quincaillerie, que sa fille « ait des diplômes », avant même d'avoir un métier. Habitant une petite commune de Charente, elle ne cessait de vanter auprès du voisinage la réussite scolaire de sa fille, qui prenait d'autant plus de valeur dans ce type d'espace géographique que ses habitants sont tendanciellement moins diplômés que dans les espaces urbains. La façon dont ces anciens élèves ont mené leur parcours scolaire – ou ont été menés par lui – explique cette appréhension particulière et relativement contre-intuitive de la norme des diplômes chez ces familles populaires rurales, qui consiste au final à faire et vivre « les études pour les études ».

LE TEMPS DE L'OUVERTURE DES POSSIBLES

La dynamique des parcours scolaires s'apprécie encore dans l'évolution des aspirations exprimées et leur confrontation aux titres obtenus. Le suivi de cohortes au long cours oblige à ne pas se contenter de déduire hâtivement les trajectoires des propriétés sociales ou des intentions des individus, mais rappelle l'importance des configurations familiales, territoriales ou encore scolaires dans lesquelles ces propriétés et intentions s'expriment et les effets socialisateurs des institutions.

D'abord, un premier résultat important et inattendu[11] de l'analyse longitudinale a été de mettre en évidence une augmentation des aspirations scolaires entre le début et la fin de la formation pour environ un quart des étudiants. Concrètement, un étudiant enquêté sur quatre, exprimant à l'entrée en STS l'objectif d'arrêter ses études une fois le BTS obtenu, formulait finalement un souhait de poursuivre son cursus quelques mois avant l'examen final. Ce résultat contredit tout à la fois l'idée selon laquelle l'entrée en STS serait le produit d'une intention de contourner le premier cycle universitaire, puisque le souhait de poursuivre se dessine en cours de cursus, mais aussi celle selon laquelle les étudiants de STS se projettent nécessairement dans une insertion professionnelle immédiate (Delès, 2018). Cette élévation des aspirations était tout particulièrement marquée dans les établissements ruraux, alors même que leur marginalisation géographique comme institutionnelle des grands pôles universitaires pouvait laisser présager un certain découragement scolaire. L'enquête (Orange, 2013) a permis de montrer, au contraire, que la séparation d'avec les autres institutions d'enseignement supérieur, évitant la comparaison avec les ressources, les attributs ou encore le niveau scolaire des autres étudiants, a pu contribuer à mettre en suspens les hiérarchies scolaires et sociales des filières du supérieur et a fait oublier un temps la position des STS en bas et un peu à l'écart de cet espace (Convert, 2003). Dix ans après, ces profils de « convertis scolaires » pèsent toujours un quart des répondants à la nouvelle interrogation. La moitié d'entre eux a effectivement entrepris une poursuite d'études à l'issue du diplôme.

C'est par exemple le cas pour Amélie[12], titulaire d'un baccalauréat professionnel comptabilité, qui entre en STS Comptabilité et gestion des

11 Une hypothèse forte de l'enquête doctorale était que les Sections de techniciens supérieurs pouvaient jouer un rôle de modération des aspirations (« cooling out effect ») sur leurs étudiants, du fait de leur situation géographique comme symbolique à part des institutions et des lieux centraux de l'enseignement supérieur, dispensant des cursus long. Cette hypothèse était empruntée à ce qu'ont pu observer des sociologues américains à propos des *Community colleges*, équivalents fonctionnels des STS aux États-Unis (Brint, Karabel, 1989 ; Burton, 1960).

12 Père : sans diplôme, ouvrier ; mère : sans diplôme, au foyer.

organisations dans un lycée rural de Charente avec l'objectif d'arrêter ses études une fois le BTS obtenu et de chercher un emploi de secrétaire ou de comptable. En début de seconde année, son projet n'a pas changé et elle ne se projette pas plus loin que le Bac+2. Pourtant, quelques mois après, au printemps 2010, elle envisage désormais d'intégrer l'année suivante une licence professionnelle Management des organisations à l'IUT de Limoges, ville dont elle est originaire. Lauréate du BTS avec une moyenne de 11,45, elle est acceptée dans la formation souhaitée et poursuit donc ses études jusqu'au Bac+3. Elle justifie alors cette décision par le souhait de pouvoir prétendre à des emplois plus intéressants, mais aussi par le soutien de ses proches, de sa classe et de ses professeurs. Le lycée Anatole Baju, relativement éloigné des villes universitaires, accueillant moins de 500 élèves à la rentrée 2018, et ne proposant qu'une seule classe de STS, fait partie des établissements au sein desquels le plus de cas de « conversion scolaire » a pu être observé parmi les inscrits.

Élodie, étudiante en STS Assistant de gestion PME-PMI d'un autre lycée rural de Charente[13], admet la même évolution dans ses aspirations. Issue d'un baccalauréat Sciences et technologie de la gestion obtenu dans une ville moyenne du département, elle est hébergée à l'internat pendant les deux années de sa formation au BTS. En début de première année comme en début de seconde année, elle ne voit pas plus loin que le diplôme, ni scolairement (elle souhaite arrêter ses études), ni professionnellement (elle n'a aucune idée du métier qu'elle entend exercer : « je ne sais pas », « secteur tertiaire »). Pourtant, à la fin de la seconde année, elle veut continuer son cursus en LP Ressources Humaines à l'IUT de Poitiers, portée par « la bonne ambiance pendant les cours ». Élodie mettra malgré tout un terme à ses études l'année suivante, n'étant pas acceptée dans cette formation. La concurrence avec les sortants d'IUT et de Licence, la difficulté à trouver un employeur pour ceux qui visent des formations en apprentissage ou alternance ou encore le coût financier d'une poursuite qui oblige désormais souvent à la mobilité et à l'installation dans une ville universitaire, ont ainsi raison de près de la moitié de ces aspirations nouvelles.

Ensuite, l'échec au BTS, qui concerne environ 16 % de ces convertis aux études supérieures longues, vient aussi grever les trajectoires. Ludivine[14],

---

13 Père : CAP, employé ; mère : BEP, mère au foyer.

14 Père : diplôme non renseigné, régleur ; mère : Bac+2, professeur de mode en lycée professionnel.

titulaire d'un bac STG, qui était dans la même classe qu'Élodie, dévoile aussi en deuxième année des projets nouveaux, souhaitant entrer en Licence des administrations territoriales à l'IUT d'Angoulême, alors qu'elle ne visait pas plus loin que le BTS l'année précédente. Interrogée dix ans après, elle déclare une évolution de ses aspirations contradictoire à ce que les questionnaires avaient recueilli à l'époque, assurée d'être entrée en STS avec l'objectif déjà présent de la licence et l'abandonnant entre la première et la seconde année, l'été où elle a « rencontré [son] mari actuel » : « Tout s'est fait et j'ai vraiment lâché les études et je voulais travailler parce que j'en avais marre de faire des études ». Son échec au BTS en 2010, renouvelé en 2011 après un redoublement dans un autre établissement, met un terme à ce projet de poursuite.

UNE LOGIQUE DE LA PRÉVOYANCE SCOLAIRE

Au-delà du cadre spatial spécifique des STS, c'est aussi leur cadre temporel qui agit et entre en résonnance avec les logiques d'orientation de ses étudiants. La courte durée de la formation permet la mise en œuvre d'une logique d'orientation de l'ordre de la prévoyance scolaire, où les décisions se rejouent chaque année. Le BTS constitue en cela un « à venir » scolaire inscrit dans le « présent [scolaire] directement perçu » (Bourdieu, 1977 : 19), pour reprendre la distinction opérée par Pierre Bourdieu avec un rapport au temps de l'ordre de la prévision, fondé quant à lui sur le calcul et l'anticipation. Le suivi de Simon, évoqué plus haut, étudiant en STS Conception et industrialisation en microtechniques dans la Vienne, permet de rendre compte de ces conduites de parcours. Il a poursuivi ses études dans le droit prolongement de son baccalauréat STI (« il y a le BTS derrière »). Rencontré en mars 2010, soit trois mois avant l'examen terminal, il rejette strictement la possibilité de repousser encore la fin de ses études : « les licences, c'est non, on oublie, totalement. » Lors de l'entretien, il se livre à un exercice probabiliste : « Sur la promotion 2010, je pense qu'ils vont en avoir quatre ou cinq au grand maximum qui vont continuer. On va compter deux qui vont pas avoir leur BTS, sur dix. » Lui se projette au CREPS, pour devenir coach sportif. L'IUT ou l'Université se situent hors de l'espace des possibles pour lui, en partie car ses enseignants lui attribuent un « manque d'autonomie », qu'il a intériorisé :

> La seule raison que tout le monde m'a évoquée pour ça, c'était « manque d'autonomie ». On savait très bien… enfin moi je savais très bien que si on me lâchait en amphithéâtre, que je ferais rien pendant un an. Ah oui ça c'était sûr. C'était sûr. Et aussi pourquoi la licence c'est non. Parce que ça veut dire plus de monde, ça veut dire un peu d'amphi, c'est même pas la peine. Ah non non non, c'est… on irait à tour de rôle à 10, on se mettrait à 10, y en aurait 2 qui iraient en cours, et puis on ferait un turn over, et puis on passe les cours et puis voilà. C'est… ce serait un truc comme ça ou j'en sais rien.
>
> *Il y en a d'autres qui sont dans votre cas et qui ne veulent pas aller en licence parce qu'ils ont un peu peur ?*
>
> Je pense que ceux qui veulent y aller ne se rendent pas compte. Parce que ça fait quand même depuis… nous on a quand même connu un circuit où est-ce qu'on était accompagné jusqu'en terminale, parce que là il y a moins d'autonomie. Puis après on est rentré dans le cycle supérieur où on était des toutes petites classes. C'est pas comme par exemple en seconde où on était 38. Donc poser une question quand on est 38, ou que le prof vienne, c'est pas pareil. Je pense qu'ils ne se rendent pas compte, parce que se retrouver… je sais pas combien peut contenir un amphi, mais un amphi, peut-être 120 personnes, 150 peut-être, je sais pas mais… Moi je me vois pas et il y en a certains de la classe que je vois pas non plus aller là-dedans. Pas du tout. Je ne sais pas comment ils vont faire.
>
> *Vous ça vous ferait peur ?*
>
> Être lâché comme ça : peur non, mais je prendrais peut-être les cours pendant un mois, histoire de… ou peut-être vouloir me dire : « bon allez tu t'y mets », puis après… (soupir).

De son point de vue, la poursuite d'études à l'université est clairement irréaliste et s'apparenterait à « une année de licence pour ne rien faire ». Dans l'attente des résultats, il se voit offrir deux propositions d'emploi, l'une pour être surveillant de ligne chez Valeo, l'autre pour travailler chez Thalès. L'entrée au CREPS n'est plus à l'ordre du jour. Or, à la fin de la première phase de l'enquête longitudinale, en 2010, la dernière information disponible est celle de son échec au BTS. Les opportunités professionnelles qui lui ont été offertes et le revers scolaire qu'il a subi laissent penser que son parcours en STS est fortement remis en cause, faisant même douter de son maintien en formation pour repasser l'examen l'année suivante. Or, dix ans plus tard, il apparaît que Simon a non seulement accepté de repousser son entrée sur le marché du travail en redoublant sa formation, mais encore qu'il a également poursuivi son cursus en licence professionnelle puis en master 1 Qualité Sécurité et Environnement, et enfin obtenu un master spécialisé Responsable amélioration continue et performance industrielle d'une école d'ingénieurs. L'échec au BTS et le rallongement de la formation n'ont pas modéré les aspirations scolaires de Simon. Au contraire, ce temps supplémentaire semble avoir joué comme un temps de formulation de nouveaux projets scolaires, un « à venir » directement construit dans l'expérience présente, ouvrant l'espace des possibles plutôt que le fermant.

Selon cette logique, c'est moins que les étudiants rebattent régulièrement les cartes de leur parcours, qu'ils ne les posent au coup par coup. Nicolas est entré en STS Comptabilité et gestion des organisations dans le lycée de son baccalauréat avec l'objectif de « pousser » son cursus d'un cran de plus : « la seule chose qu'il y avait à côté de chez moi [c'était un BTS compta], donc c'est pour ça que j'ai fait un BTS compta ». Il n'accorde à ce diplôme ni de crédit professionnel ni de valeur élective, souhaitant quitter dès que possible le monde de la comptabilité, mais vise l'obtention d'un « Bac+2 pour rentrer dans l'armée et être dans une école de sous-officier ». Cependant, il ouvre progressivement le champ à un nouveau recul de la fin des études, lorgnant sur une possible Licence professionnelle Ressources humaines, dans laquelle il pourrait mettre à profit ses lectures de livres de psychologie, discipline à laquelle il s'adonne « en loisirs ». Il se refuse néanmoins à multiplier les candidatures et affiche une franche lassitude des études (« les devoirs, les machins, toujours être pris pour des élèves »). Nicolas aussi échoue à l'examen terminal. Pourtant, dix ans après, c'est bien titulaire d'une licence professionnelle qu'il a quitté le système scolaire.

Audrey, revenant sur son entrée en STS Assistant de gestion PME-PMI dans un petit lycée des Deux-Sèvres, après une première expérience avortée de STS Assistant de direction, ne se projetait pas plus loin que le diplôme :

> *Et vous êtes rentrée en BTS en disant : « Je m'arrêterai au BTS » ?*
>
> Non je ne savais pas.
>
> *Vous ne saviez pas du tout ?*
>
> Au début je me suis dit : « je me lance et puis on verra bien en fait ». Je savais pas du tout ce qui m'attendait. Et puis on ne peut pas prévoir. Je voulais pas non plus trop prévoir parce que je savais pas du tout dans quoi je m'embarquais, si je réussirais ou pas.

Pendant sa formation, elle s'est « laissée un peu porter par les évènements » comme elle dit, intéressée progressivement par la poursuite en licence, à la faveur d'une bonne cohésion de classe :

> Oui oui, ça a été sympa, ça a été… Disons que c'est une petite ville, c'est convivial. Et c'était une petite classe, un petit groupe, donc forcément on s'est senti comme une petite famille en fait. C'était très convivial. J'ai trouvé ça par rapport à d'autres lycées à La Rochelle ou même aux lycées de Niort, c'était plus une bonne entente. On avait un bon groupe donc du coup ça s'est fait très facilement. C'était super sympa là-bas. Les petites villes du coup c'est sympa. […] on avait tous nos appartements les uns à côté des autres du coup vu que c'était une petite ville. Donc on se voyait souvent, ça a créé une bonne dynamique, un bon groupe. Il y avait vraiment une bonne entente donc du coup au final ça a été bien, ça a été bénéfique.

Quelques mois avant l'examen, elle candidate en Licence professionnelle Entreprenariat et Management de projets à Niort, cette formation constituant alors non plus un « avenir abstrait », mais « un avenir pratique, le possible de la potentialité objective » (Bourdieu, 1977 : 27) : « c'est dans la continuité, il suffit de garder le rythme ».

L'analyse de ces parcours montre bien comment les différentes orientations prises sont envisagées de manière séquencées, la seconde n'étant envisagée qu'une fois la première effectuée. Si les choix successifs sont vécus sur le mode de la continuité symbolique avec le choix qui précède – la Section de Techniciens Supérieurs dans le prolongement du lycée, la Licence dans le prolongement du BTS –, dans les faits, la poursuite d'études en Licence, en obligeant au déplacement vers une ville et un établissement universitaires ou une école, vient rompre avec la continuité pratique qui avait pu avoir cours dans l'entrée en STS. Ce n'est ainsi pas anodin si Céline, étudiante en STS Professions immobilières dans une ville moyenne de la Vienne, parle de « partir en Licence » quand elle évoque la suite possible de son parcours, par opposition à un choix post-bac qui a finalement plutôt consisté à rester en BTS. Ces éléments contribuent à expliquer la part importante de projets de poursuite d'études avortés, du fait des contraintes matérielles et financières qu'ils posent.

La place des STS à la marge, institutionnelle comme symbolique, de l'enseignement supérieur participe aussi à freiner les aspirations. Ce n'est ainsi pas rare que les étudiants témoignent d'un rappel à l'ordre scolaire au moment de prétendre à l'entrée d'une nouvelle formation.

C'est le cas pour Mickaël, diplômé d'un BTS Bâtiment, encouragé par ses enseignants à postuler à des écoles d'ingénieurs. Il dépose alors deux dossiers, l'un à destination d'une grande école d'ingénieur généraliste de Toulouse et l'autre dans une école spécialisée dans le BTP du pays basque. Sa première candidature est rejetée d'emblée, plombée selon Mickaël par le fait de venir d'un BTS : « vous venez d'un BTS, votre dossier ne nous intéresse pas ». Il éprouve alors directement le sens de la hiérarchie scolaire et considère que s'il était passé par un IUT ou une classe préparatoire, le résultat aurait été différent. Fils d'un responsable de magasin sans diplôme et d'une mère au foyer titulaire d'un CAP, cette réponse négative sonne comme un rappel aux origines, scolaires et sociales : « les études ce n'est pas fait pour nous ». Or, la seconde école, moins bien classée dans l'ordre du prestige, le convoque à l'oral où il s'appuie sur des dispositions extra-académiques (et notamment « la gouaille » selon ses mots) pour se distinguer :

> Je dis la gouaille mais c'est parce qu'à l'oral... C'est marrant parce qu'avec le recul après on en parle avec des copains de promo, en fait c'est que le dossier venant de BTS, on ne va pas dire qu'il partait de derrière, mais en face, il y avait des dossiers d'IUT, il y avait de la prépa. Il y avait quand même des mecs qui, avec le recul, franchement, étaient des monstres, des cerveaux, des têtes. Mais ce qui marrant, c'est de regarder après avec le recul les listes d'attente. Certaines de ces personnes-là en réalité étaient sur liste d'attente. Alors que pour le coup j'avais été pris direct. Vraiment je pense aussi [que dans cette école] c'est vraiment l'état d'esprit de l'école, c'est qu'ils ne recherchent pas qu'un dossier, que des notes, ils recherchent vraiment un état d'esprit, ils cherchent des gens à l'aise, des gens qui vont avoir un contact facile.

Cette forme de « casier scolaire » joue aussi pour Anthony, dans l'appréhension de la suite de son BTS Conception de produits industriels. Issu d'un baccalauréat professionnel, il cherche à mettre à distance les possibles emplois d'ouvriers (« je voulais pas rester sur des machines ») en entrant en STS. Confronté à des étudiants principalement titulaires d'un baccalauréat technologique, il éprouve beaucoup de difficultés dans certaines matières et passe de justesse en seconde année. Son engagement dans le travail est salué par ses enseignants et il se prend à s'imaginer en école d'ingénieurs :

> En BTS, j'étais le premier élève qu'ils voyaient débarquer en BTS qui venait de bac pro. Donc ils m'ont dit « c'est courageux » et la plupart ils venaient de

> bac STI, tout ça et il y en a certains qui venaient de bac F [technologique]. Le niveau en maths était très élevé déjà, enfin élevé pour le BTS. [...] Et donc BTS, je m'assois avec le bac F et je sympathise avec lui et il m'aide un peu mais c'est compliqué cette première année. Je choisis quand même de passer en deuxième année. Ils m'avaient proposé, comme je bossais beaucoup, ils m'ont dit : « soit tu redoubles ta première année mais c'est bête parce que tu peux redoubler ta deuxième année en ayant passé le BTS ». Et vu un petit peu ce que c'était l'examen, ils me font passer en deuxième année. Ce serait quelqu'un d'autre, ils me disent : « on ne le ferait pas passer, c'est que tu bosses et puis tu as un bac pro ». Donc je loupe la première. La deuxième ça se passe beaucoup mieux, je m'accroche et j'envisage même une école d'ingénieurs.

Or, la reconnaissance dont il bénéficie en interne, au sein de la Section de techniciens supérieurs, et qui a sans doute contribué à élever le niveau de ses aspirations, ne vaut pas en dehors, où il subit une dévaluation objective mais aussi subjective liée à son origine scolaire :

> Donc je fais des cours le samedi matin, je viens à l'école d'ingénieurs, ils font des cours de préparation. [...] Donc je fais ces cours, je m'accroche, je travaille, je travaille. Je passe le concours d'école d'ingénieurs, j'ai l'écrit et je décroche le BTS... Oui. Et puis il y a l'oral de BTS. Et là moi l'oral c'est vraiment le truc où je m'effondre en fait. Comme je n'ai pas confiance en moi, je me dis : mais moi je viens d'un bac pro, qu'est-ce que je fous là. Et je m'effondre en fait, je ne sais pas quoi dire, je tremble. Donc je suis recalé. Et je n'ai pas envie de faire une licence. La plupart font des licences. Il y en a beaucoup qui disaient que je visais trop haut mais pour moi il n'y avait pas d'autre solution. C'était soit ça, soit rien.

La situation hiérarchiquement marginale des STS au sein de l'enseignement supérieur peut ainsi contribuer à freiner après-coup des poursuites d'études qu'elles ont pu faciliter au départ.

Suivre les anciens étudiants de STS sur un peu plus d'une décennie permet de se colleter à la compréhension de la mécanique de la causalité du probable, c'est-à-dire comprendre plus finement les logiques qui trament les parcours scolaires. Ainsi, les décalages qui affleurent parfois entre les pentes scolaires entamées par les étudiants au moment où l'enquête les a laissés en 2011 et les aboutissements effectivement réalisés dix ans plus tard conduisent à considérer sérieusement les pratiques spécifiques des élèves d'origine populaire portés par la massification scolaire.

LE TITRE PUIS LE POSTE

L'insertion professionnelle des jeunes est régulièrement évaluée par le prisme de la relation formation-emploi, soit en étudiant la correspondance entre la qualification et le statut, soit en comparant la spécialité de formation et le secteur d'activité (Dumartin, 1997 ; Lainé, 2005). Surtout, c'est le plus souvent une posture téléologique qui est engagée, considérant l'entrée dans l'emploi selon un prisme linéaire, orientée vers un état de nécessaire stabilisation professionnelle à court ou à moyen terme. Si ce questionnement est d'abord un problème public avant d'être un problème sociologique (Dubar, 2001), la façon dont se projettent les jeunes dans l'emploi et la manière dont ils y sont effectivement projetés constituent des observations utiles pour comprendre leur rapport au travail et à la carrière professionnelle. L'analyse en miroir des parcours envisagés (au moment de la STS) et des parcours effectivement réalisés (dix ans plus tard) permet ainsi de repérer des indices – notamment temporels – du travail de la socialisation scolaire sur la construction des projets et des vocations (Darmon, 2013 ; Serre, 2015). L'approche longitudinale met au jour la prégnance des cassures et des bifurcations dans les trajectoires, et montre que les hypothèses de linéarité comme de finitude des carrières constituent des cadres analytiques parfois peu opérants.

LA MÉCANIQUE DES DESTINÉES PROFESSIONNELLES

Là où l'interrogation rétrospective élude le plus souvent les aspirations manquées et restitue un récit mis en cohérence avec les positions finalement occupées, la démarche diachronique permet de rendre compte de la mécanique de production des projets professionnels. Par exemple, en 2011, soit un an après l'examen du BTS, ce ne sont plus que deux tiers des aspirants contrariés à la poursuite d'études[1] qui affirmaient qu'ils auraient préféré poursuivre[2]. Dix ans plus tard, en 2020, ils sont un peu moins de la moitié à le déclarer et à indiquer qu'ils en ont été empêchés[3]. Plus largement, la campagne d'entretiens effectuée dix ans après le diplôme révèle tous les projets et les aspirations oubliés ou effacés. Plusieurs enquêtés rencontrés ont ainsi témoigné de leur surprise au rappel de métiers évoqués ou de formations envisagées plusieurs années auparavant, et qui, sans les traces des questionnaires ou entretiens antérieurs, ne seraient pas apparus dans la discussion (Mercklé, Octobre, 2015). Ces opérations de croisement et de confrontation permettent donc de montrer que le parcours scolaire dicte souvent le métier, plutôt que l'inverse, pour ces publics dont il est fréquemment admis qu'ils se projettent mieux et avant les autres dans l'emploi[4].

Anthony, technicien planning chez Alsthom, ayant arrêté ses études après l'obtention de son BTS Conception de produits industriels, évoque en premier lieu dans l'entretien qu'il « voulai[t] faire médecine ». Il raconte l'histoire d'une orientation malgré lui, sommé de faire un BEP après son échec au brevet des collèges : « Mais moi je n'étais pas du tout manuel. Je me suis orienté vraiment alors… J'ai pris le livre des orientations, j'ai regardé un titre qui me plaisait et je l'ai pris au pif. Je me suis orienté comme ça. » Plus tard dans l'entretien, il dresse un premier bilan de son parcours scolaire : « Je n'ai jamais eu l'occasion de faire ce que j'aimais. Moi ce qui m'intéresse c'est la psychologie. Je suis resté toujours un peu [dans la] médecine. » L'entretien se déroule par téléphone. Sur mes notes prises pour préparer l'échange, après avoir relu les anciens questionnaires d'Anthony, j'ai retranscrit les métiers qu'il envisageait à chacune des interrogations :

P1 (Automne 2008) : « je ne sais pas »
P2 (Automne 2009) : « Police »

1 *I. e.* qui déclaraient au printemps 2010 souhaiter poursuivre leurs études après le BTS.

2 44 sur 64 répondants au questionnaire P4, sous-population des aspirants à la poursuite en P3 qui sont finalement sortis du système scolaire en P4.

3 35 sur 73 répondants au questionnaire 2020, sous-population des aspirants à la poursuite en P3 qui sont finalement sortis du système scolaire en P4.

4 Ce type d'analyse invite plutôt à une exploitation « qualitative » des matériaux statistiques, les opérations de catégorisation et d'agrégation contribuant à écraser les processus singuliers. Ceci étant, le matériau statistique permet d'attester la régularité de ces processus d'ajustement progressif des devenirs professionnels aux parcours scolaires.

P3 (Printemps 2010) : « Policier ou professeur »

À aucun moment, dans le déroulé rétrospectif de son parcours scolaire, Anthony n'évoque ces deux métiers. S'il se souvient bien avoir échoué une première fois au BTS avant de le repasser l'année suivante, s'il se rappelle son envie continue, du début à la fin de la STS, de poursuivre ses études à l'issue du diplôme, il ne parle ni de la police ni du professorat dans notre discussion, alors même que son petit frère est lui-même professeur de français. Vers la fin de l'entretien, j'aborde le sujet :

> *J'ai vu en regardant un ancien questionnaire que vous aviez rempli, que vous aviez mis que vous vouliez travailler dans la police à un moment.*
> Ah bon ?
> *Oui.*
> J'ai tellement d'idées. (Rires.) Un moment je voulais travailler dans la police, c'est vrai.
> *En deuxième année vous aviez dit que vous vouliez être policier ou professeur.*
> Ou professeur ! ? C'est fou comme on change ! Mais il y a un moment où je voulais oui être expert. Oui j'avais regardé beaucoup ce truc-là de... En fait on pouvait passer un concours de psychologie et après faire *profiler*.
> *Ah oui !*
> Et ça, ça me plaisait beaucoup. Faire juste le concours et d'être expert par exemple.

La situation professionnelle de Delphine, née en 1990, titulaire d'un baccalauréat Sciences et technologies de la gestion (STG) puis d'un BTS Assistant de gestion PME-PMI, montre encore bien le décalage qui peut exister entre les aspirations et les réalisations, et comment la trajectoire scolaire consiste parfois plus à se faire à sa place qu'à faire sa place. Pendant les deux années de STS dans un lycée d'une petite ville des Deux-Sèvres, elle affiche un objectif professionnel constant et assuré, celui de travailler avec les animaux, tout à fait orthogonal aux débouchés de sa formation. En première année, elle pense ainsi à devenir « assistante vétérinaire » (P1). En début de seconde année, elle sait qu'elle veut toujours « travailler avec les animaux » (P2). En fin de deuxième année, quelques mois avant l'examen final, elle reconnaît bien la forme de schizophrénie professionnelle dans laquelle elle est prise : « métier avec les animaux (aucun rapport avec ce que je réalise actuellement) ». Moins d'un an après avoir obtenu son diplôme, et suite à une première expérience de CDI dans une grande surface, elle est recrutée par une entreprise d'une cinquantaine de salariés, qui fait de la vente par correspondance de mobiliers et d'équipements de la maison, et dans laquelle elle est toujours actuellement, soit près de neuf ans plus tard. Dans le récit de son insertion professionnelle qu'elle livre en entretien, elle n'évoque à aucun moment le secteur animalier. Elle en parle simplement à la fin de l'entretien, lorsqu'elle explicite ses passions et le fait qu'elle a un chien, deux tortues, un pogona, des poissons d'eau de mer et qu'elle a par le passé eu des serpents et un caméléon. Transparaît plutôt dans son discours la nécessité permanente d'aller vers les emplois du secteur administratif, en lien avec sa formation. Ce parcours où l'origine scolaire dicte les devenirs scolaires puis professionnels, commence dès le lycée, où la présence dans la filière STG limite déjà les intérêts possibles :

> Alors moi j'ai fait un bac STG. Après, c'est vrai que je n'avais pas forcément d'idée de ce que je voulais vraiment faire après. Et puis j'aimais bien tout ce qui était management, comptabilité. En fait j'aimais un peu tout : la comptabilité, le management, tout ça et j'ai trouvé que ce BTS correspondait un petit peu à ce que je voulais faire puisqu'il était assez large. Enfin pas forcément à ce que je voulais faire mais à ce que je voulais voir en fait. Donc je trouvais qu'il était assez large donc je me suis orientée vers ce BTS.

Quelques mois après l'obtention du diplôme, alors qu'elle fait ses premiers pas sur le marché du travail, elle porte un regard très satisfait sur sa formation, qu'elle juge « complète [et] qui [lui] permet de pouvoir postuler pour diverses offres dans le secrétariat et l'assistanat ». C'est moins ce qu'elle voulait faire que ce qu'elle devait faire qui s'est imposé progressivement à elle, renvoyant inconsciemment les vocations et les passions du côté des loisirs.

La prise en charge des projets professionnels par l'école s'observe ainsi dans la façon dont les étudiants ont pu être progressivement conduits à adopter les possibles professionnels liés à leur formation, alors même que beaucoup font souvent montre, en début de cursus, d'un certain détachement entre ce qu'ils étudient et les métiers auxquels ils aspirent. Ces différents exemples invitent encore à déconstruire l'association mécanique des projets professionnels et des orientations scolaires, en rappelant le rôle des institutions dans la construction et l'encadrement de ces projets, mais aussi les effets de l'injonction au projet professionnel crédible sur les déclarations dans le cadre d'un questionnaire.

FAIRE SON MÉTIER OU SE FAIRE À SON MÉTIER

À l'entrée en STS, en 2008, 17,6 % des enquêtés déclaraient ne pas savoir ce qu'ils voulaient exercer comme métier plus tard et 14,2 % n'ont pas répondu à cette question, rappelant que le fait d'être inscrit dans une formation professionnalisante ne signe pas l'existence d'un projet professionnel précis[5]. Par ailleurs, le recensement précis des projets professionnels déclarés par les étudiants dans le cadre des trois interrogations en cours de formation, montre que ceux qui affichent un projet systématiquement concordant avec le diplôme préparé ne représentent pas plus de 50 % environ des effectifs à chaque fois.

Ainsi, les cas sont nombreux de variations dans les projets, s'éloignant plus ou moins de sa formation. Tel étudiant entré en BTS Commerce international qui souhaite d'abord devenir « Commercial à l'étranger » (P1), puis « Pépiniériste » (P2) et enfin « Responsable ressources humaines dans la marine » (P3). Telle autre étudiante, entrée en STS Assistant de manager, et qui se projette d'abord dans « La gendarmerie » (P1), pour ensuite coller davantage à sa formation en visant un « Zoo ou pépinière en assistante manager » (P2), et change finalement complètement de projet et souhaite en fin de STS devenir « Ambulancière ou un métier qui est au contact avec les personnes. » (P3).

Tel étudiant entré en STS Analyses agricoles, biologiques et biotechnologiques, qui souhaite successivement devenir « Ingénieur en recherche et développement » (P1), puis « Adjoint biologiste » (P2) et enfin « Responsable de laboratoire » (P3), autant de projets en cohérence avec sa formation, mais aux statuts et missions différents. En affinant la granulométrie on voit ainsi les projets se préciser eux-mêmes en cours de formation : telle étudiante entrée en STS Économie sociale et familiale qui envisage d'abord de devenir « Conseillère en Économie sociale et familiale », avant de définir un public particulier en seconde année :

5 Une enquête réalisée en 1996 auprès d'une cohorte de 6 436 bacheliers, montrait ainsi que les STS et les IUT n'étaient pas les formations qui accueillaient le plus d'étudiants disposant d'un projet professionnel (respectivement 54,5 % et 45,7 %) ; tandis que les filières plus académiques présentaient des taux bien supérieurs, et en particulier l'Université (69,8 % et 59,1 % en CPGE) (Laurent, Lemaire, 2003 ; Bodin, Orange, 2013 : 65 et suivantes).

« Social : personnes âgées ou handicapées », et enfin de déterminer plus clairement un métier : « Animatrice en maison de retraite. ».

Ensuite, les réponses anormales ou inclassables (Caveng, Darbus, 2016), peuvent aussi venir questionner les représentations inscrites dans l'interrogation. Ainsi, certaines réponses alertent sur le véritable sens des questions et sur la nature de ce qui est effectivement recueilli comme information. Lorsqu'un répondant en STS Travaux publics indique successivement, dans ses questionnaires P2 et P3, dans une forme de lucidité sociale, « BMX[6] pro mais c'est plutôt un rêve qu'un projet. » puis « Un métier qui me passionnerait or on ne peut pas allier métier et passion. », il rappelle d'une certaine manière à l'ordre l'enquêtrice sur le caractère sibyllin de la question posée : veut-elle savoir ce qu'ils voudraient faire ou ce qu'ils vont faire ? En d'autres termes, mesure-t-elle vraiment les aspirations « pures et parfaites » des enquêtés ou bien déjà un premier effet de l'apprentissage du sens des limites et de l'acceptation du destin probable ?

La reconstitution des réponses aux questionnaires successifs donne ainsi à voir des effets d'adaptation réaliste (Zunigo, 2008) où les étudiants en viennent à adopter progressivement des projets en affinité avec leur formation, faisant eux-mêmes le deuil des aspirations désajustées et s'alignant peu à peu sur l'espace des probables. Telle étudiante en STS Assistant de manager déclare ainsi d'abord vouloir devenir « bibliothécaire » (P1) avant de céder à un principe de réalité et d'admettre « bibliothécaire ou secrétaire » en deuxième année (P2). Dix ans plus tard, après avoir validé son BTS puis une licence professionnelle Ressources Humaines avec renforcement de la paie, elle est assistante en ressources humaines dans une entreprise. Une autre étudiante inscrite en STS Comptabilité et gestion des organisations souhaite être « écrivain » en début de deuxième année (P2) puis concède quelques mois plus tard : « expert-comptable ou écrivain » (P3). En 2020, elle est comptable dans une association sportive.

Les différences de structuration des filières de formation et l'inégale reconnaissance des qualifications dans l'emploi selon les secteurs (Meron, Omalek, Ulrich, 2009) expliquent pour partie les différenciations de projection dans un métier précis. Ainsi cet étudiant en STS Fluides, énergie, environnement semble donner à voir sa bonne volonté adéquationniste

6 Bicycle Motocross.

en répondant au premier questionnaire, et paraissant laisser la formation décider pour lui : « Un métier en rapport avec ma formation mais je ne sais pas encore lequel. » Pour justifier son choix d'entrer en STS après son baccalauréat STI passé dans le même établissement, il a indiqué dans le premier questionnaire : « Suite du baccalauréat et diplôme reconnu. » À l'issue du stage de première année, il déclare que cette expérience a été pour lui l'occasion « De mieux comprendre en quoi consistait le métier auquel [le] destine le BTS » et « De mieux définir [son] projet professionnel[7] ». En début de 2e année, il souhaite travailler dans la « Climatisation », puis propose un projet plus précis en fin de 2e année : « Technico-commercial dans le froid et la climatisation ». Il déclare également, en fin de formation, avoir une opportunité d'embauche en CDI dans une entreprise dans laquelle il a fait un stage. Dix ans plus tard, il est effectivement « technico-commercial » dans cette même entreprise, recruté dès l'obtention du BTS.

Les étudiants des filières industrielles, dont les spécialités renvoient à des postes et des métiers relativement bien balisés, présentent ainsi davantage de projets professionnels en cohérence avec leur formation (76,3 % d'entre eux)[8] que leurs homologues des autres filières (respectivement 69,0 % des étudiants de STS tertiaires et 60,7 % des étudiants de STS agricoles).

Ce sont aussi 38,1 % des étudiants en filière industrielle pour qui le stage de 1re année a été une occasion « De trouver une opportunité d'embauche à l'issue de votre diplôme », contre 28,7 % de ceux de filières agricole et 24,6 % de ceux de filière tertiaire[9]. En fin de seconde année, parmi ceux souhaitant arrêter leurs études à l'issue du diplôme de BTS, les étudiants sont 34,1 % à déclarer disposer d'une opportunité d'embauche d'une de leurs entreprises de stage, contre 16,5 % des étudiants en filière tertiaire et 11,4 % en filière agricole. Ce sont encore 22,7 % des premiers qui indiquent s'être vu proposer un CDI avant la fin de formation, contre 10,2 % des seconds et 22,9 % des troisièmes[10].

7 Réponses au questionnaire P2.
8 Questionnaire P3, printemps 2010.
9 Questionnaire P2, automne 2009. N=696 répondants.
10 Questionnaire P3, printemps 2010. N=255 répondants.

LA DÉCONNECTION FORMATION/EMPLOI

Si le travail socialisateur des formations contribue fortement à l'ajustement progressif du souhaitable ou faisable, cela ne signifie pas pour autant que cet alignement s'opère à chaque fois. Par exemple, les aspirations de Fanny annoncées à la rentrée 2008 dans le cadre du premier questionnaire, laissent penser à une concordance parfaite entre l'emploi visé (conductrice de travaux) et le parcours scolaire entrepris (STS Travaux publics puis souhait d'intégrer une licence Travaux publics). Fanny déclare par ailleurs que l'entrée en STS correspond à son premier vœu. À l'écouter, plus de dix ans après, se donne à voir le rôle de l'école dans la définition initiale puis la maturation d'un devenir professionnel. Dans son parcours d'études jusqu'à la licence, Fanny a moins aspiré à une formation ou à un métier qu'elle n'a été aspirée. Pour autant, son récit ne décrit pas tant une orientation subie qu'une orientation qui lui demeure extérieure et qui l'enveloppe progressivement, ici encore, « parce qu'il fallait faire quelque chose ».

Benjamine d'une fratrie de deux enfants, Fanny et sa sœur sont les premières de leur famille à accéder au baccalauréat puis à l'enseignement supérieur. Son père, Portugais, est arrivé en France à l'âge de dix-sept ans. Sans diplôme, il a travaillé comme ouvrier agricole puis ouvrier non qualifié. Sa mère, titulaire d'un CAP, était coiffeuse salariée jusqu'à sa retraite. Fanny est encouragée à rejoindre la voie professionnelle après son redoublement en 3e. Elle parvient malgré tout à repousser l'échéance et entre en seconde générale option SES. Elle se heurte alors de nouveau aux verdicts scolaires :

> Je bossais toujours très bien mais apparemment ça ne marchait pas. (Rires.) Et de là j'ai passé un test. Dans le cadre du lycée, ils nous faisaient aller au CIO[11] et on faisait un test et le test est ressorti qu'il fallait que je me dirige… alors je ne sais plus ce qu'il y avait. Il y a toujours eu une idée de voyage de toute façon. Ça, je pense que je l'ai dans le sang. Et une idée de… je ne sais plus ce qu'il y avait… Je ne sais pas si c'était vraiment de bâtiment ou… Je ne sais plus exactement. Toujours est-il qu'en gros, il fallait que je fasse un bac technologique. J'ai pris la liste des bacs technologiques qui existaient,

11 Centre d'information et d'orientation.

> j'ai fait : ça non, ça non, ça non, ça ce serait cool mais non, bon il reste celui-là. Allez c'est parti !

Le discours de Fanny laisse poindre une croyance assez partagée dans les milieux populaires dans le caractère inné des destinées scolaires et professionnelles (Lemêtre, Orange, 2020) que les outils d'orientation permettraient de révéler. Cette adhésion à une idéologie du don, qui considère que certains sont faits ou au contraire ne sont pas faits pour certains parcours, certains apprentissages ou plus largement l'école, se trouve dès lors validée et renforcée par les verdicts scolaires. Fanny passe donc un baccalauréat STI qu'elle qualifie de manière amusée de « bac à sable », pour avoir beaucoup travaillé le sable et la granulométrie. Ne sachant pas quoi faire comme études ensuite, mais sachant qu'elle devait en faire, moins du fait d'une pression parentale, que parce que c'est ce qui se fait, elle se laisse encore une fois guider par l'institution et candidate « naturellement » dans une STS proposée dans son lycée :

> Et après je ne savais pas ce que je voulais faire et comme dans l'établissement il y avait deux BTS, un Bâtiment et un Travaux publics, et que le Bâtiment il y avait moitié moins de places que le Travaux Publics, j'ai fait : « bon je vais faire Travaux Publics », j'ai plus de chance d'être prise dans le BTS. Même si je savais concrètement que dans le BTS Travaux Publics il n'y avait pas forcément un pourcentage de réussite qui était très élevé.
>
> *Ah oui ?*
>
> Je crois qu'une année sur les vingt-quatre élèves, ils ont peut-être eu cinq reçus. C'était hallucinant. C'était une ambiance particulière à Agrippa d'Aubigné.
>
> *Pourquoi vous êtes restée alors, parce que vous auriez pu aller ailleurs dès le bac ?*
>
> Pfff… Pourquoi ? Parce qu'il fallait faire quelque chose, je pense. C'était aussi simple. Sauf que c'est bien de faire les choses parce que c'est simple et que c'est à côté, mais en fait je n'étais pas bien, ça ne me correspondait pas.
>
> *Vous n'étiez plus avec les mêmes personnes ?*
>
> Si si, il y en avait beaucoup qui étaient… la moitié des élèves qui avaient passé leur bac en même temps que moi. Et en fait ça ne me correspondait pas, jusqu'au point où je me suis dit : en cours on avait, je ne sais plus, j'avais passé toute la journée sur un projet et en fait j'étais au fond de la classe et je me disais « mais qu'est-ce que je fous là ? » Donc là je me suis dit : « ça ne va pas le faire ». C'est pas bon de se dire ça. Et là j'ai commencé à chercher ce qu'il y avait d'autre en fait. Et en même temps je ne voulais pas gâcher entre guillemets ce que j'avais fait avant.

Portée par cet impératif abstrait d'allonger les études, elle se réoriente à la fin de la 1re année de STS dans un autre lycée pour préparer un BTS Étude et économie de la construction. Se formant à un métier plus administratif, au service des architectes, elle ne s'y retrouve pas davantage. Et pourtant :

> Ça c'est quelque chose qui ne me convenait pas, même si vraiment j'ai toujours trouvé ça très intéressant. C'est pour ça qu'après j'ai bifurqué.
> *Mais vous avez quand même continué en licence ?*
> Oui, j'ai fait la licence. La licence je l'ai faite parce que j'avais l'opportunité de la faire. C'est-à-dire que l'entreprise, j'avais déjà fait un stage chez eux, mon stage de BTS. Et il me dit : « si tu veux faire ta licence, nous on veut bien te suivre derrière ».

Après son diplôme, elle ne travaille que très peu de temps dans le domaine de la construction. La proposition d'un poste pérenne – qu'elle refuse – par l'entreprise belge dans laquelle elle a fait ses stages marque le début de sa bifurcation. Elle passe alors plusieurs années à alterner les saisons au centre d'assistance mutualiste situé près de chez elle et à voyager le reste de l'année. Elle prolonge finalement un séjour prévu pour six mois à Barcelone, se retrouve à travailler « avec une femme qui faisait des bijoux en cuir » et décide d'en faire son métier. De retour en France en 2018, elle débute un CAP maroquinerie qu'elle valide quelques mois avant notre rencontre. Actuellement en phase de création de sa propre entreprise de maroquinerie, elle dissocie clairement les études qu'elle devait faire, pour atteindre un niveau de diplôme (« Ma licence je suis contente, je l'ai faite. J'ai obtenu mon diplôme. »), de celles qu'elle a faites pour l'activité professionnelle qu'elle souhaite effectivement exercer (« même si après je suis revenue sur un CAP au final et que c'est le CAP que je vais le plus utiliser. »).

PLUS HAUT OU DERNIER DIPLÔME ?

Un résultat de cette approche dépliée des parcours d'études est ainsi le nombre très important de reprises d'études dans la décennie suivant la fin du cursus initial. Ce sont ainsi 63 enquêtés (soit 18,2 %, près d'un enquêté sur cinq) qui ont repris une formation après une première sortie du système scolaire, confirmant l'importance de ne pas se résoudre à une appréhension linéaire et continue des scolarités. L'augmentation des reprises d'études quelques années après la sortie de la formation initiale constitue une caractéristique importante des nouvelles générations de diplômés, puisque les données du Céreq montrent que 16 % des jeunes diplômés de l'enseignement supérieur en 2010 ont repris des études dans les trois années qui ont suivi, lorsque cette pratique concernait une proportion moitié moindre des diplômés du supérieur à la fin des années 1990 (Mora, 2015)[12].

Cette tendance à l'imbrication des temps scolaires et des temps professionnels, propre aux nouvelles cohortes, tranche avec une plus grande imperméabilité de ces séquences pour les générations antérieures. Cette idée que l'école n'est, pour les nouveaux diplômés, jamais forcément tout à fait finie, au moins subjectivement, s'exprime dans l'enquête puisque près de la moitié des trentenaires n'excluent pas de reprendre leurs études ou une formation ultérieurement : 7 % affirment qu'ils le feront assurément, 13 % déclarent qu'ils le feront sans doute et 30 % ne savent pas encore. Ainsi, le dernier diplôme obtenu n'est au final ni assurément le dernier, ni assurément le plus haut.

Une étudiante a ainsi poursuivi ses études en CAP Petite enfance, après avoir échoué au BTS ESF[13] en 2010 ; une autre, ayant quant à elle obtenu son BTS ESF en 2010, a continué son cursus en BP Préparatrice en pharmacie, décroché en 2013. D'autres présentent des parcours de sur-place certificatif, soit que la formation engagée est effectivement du même niveau de qualification, soit qu'elle n'a pas été menée à son terme (« J'ai eu le BTS, j'ai continué en DCG[14] mais n'ai pas validé ce dernier » ; « J'ai obtenu le BTS et j'ai commencé une licence de droit que j'ai arrêtée au 1er semestre. » ; « J'ai continué mes études mais je n'ai pas eu mon diplôme ensuite »). Une étudiante a continué ses études après le BTS Analyses agricoles, biologiques et biotechnologiques en intégrant un Institut de Formation aux Soins Infirmiers, soit un autre diplôme de niveau bac+2.

12 Source : Céreq, base comparable Génération 2004 (351 500 jeunes) et Génération 2010 (363 000 jeunes). Sortants de l'enseignement supérieur en 2004 et 2010 (hors IUFM) en France métropolitaine. Champ : France métropolitaine.

13 Économie sociale et familiale.

14 Diplôme de comptabilité et de gestion.

De ce fait, la caractérisation des individus selon leur niveau de diplôme ne constitue pas une opération de codification simple ni neutre. Les usages de la statistique publique comme la pratique des sociologues s'accordent sur le repérage du plus haut niveau de diplôme pour qualifier un individu (Duru-Bellat, Fournier-Mearelli, Kieffer, 1997). Pour autant, la réduction du parcours scolaire à cette variable repose sur le présupposé que les trajectoires d'études suivent la hiérarchie des certifications et que les diplômes se montent et ne se redescendent pas (Lemêtre, Orange, 2017). Comme le rappelle à juste titre le bilan méthodologique de l'Enquête Génération 2010 du Céreq : « Le plus haut diplôme obtenu ne correspond donc pas toujours au niveau de formation de la classe de sortie, par exemple du fait des échecs aux examens et abandons en cours d'études. Pour un petit nombre d'individus, le diplôme de sortie peut également ne pas être le plus haut diplôme, du fait de réorientations vers des formations de niveau inférieur au cours du parcours scolaire. » (Barret *et al.*, 2019) Pour autant, dans cette enquête récurrente comme dans d'autres (Enquête Emploi, Enquêtes Formation et Qualification Professionnelle – FQP, etc.), la variable retenue dans les analyses est bien celle du plus haut niveau de diplôme, qui aplanit les parcours et invisibilise les prolongations à rebours de la hiérarchie des certifications. Certains enquêtés ont de fait poursuivi ou repris leur cursus vers des formations de niveau de qualification inférieur ou égal à un diplôme précédemment obtenu.

Ce sont ainsi 19 anciens étudiants qui ont poursuivi leurs études « vers le bas », c'est-à-dire dans une formation dont le niveau de certification est inférieur à celui déjà atteint. De même, 13 diplômés du BTS ont poursuivi vers une autre formation de niveau de sortie Bac+2 ou encore 4 sortants sans diplôme de BTS se sont réorientés vers des études de niveau baccalauréat. Ces poursuites d'études à contre-sens sont certes minoritaires, mais correspondent malgré tout à un peu plus de 10 % de la population enquêtée, ce qui en fait donc une fraction non tout à fait négligeable[15].

15 Surtout, la façon dont la question était posée dans le questionnaire, à savoir : Quel est le niveau de diplôme de votre dernier diplôme ?, visant justement à rompre avec une conception ascensionnelle des scolarités et des niveaux de diplôme, pouvait contribuer à invisibiliser des pratiques de descente, lorsque les informations n'étaient pas connues par le biais des interrogations précédentes.

Surtout, il semble que ces usages cumulatifs et non forcément ascensionnels de la grille des diplômes constituent une spécificité du rapport à l'école des nouvelles générations qui accèdent aux études longues, dont la longueur des parcours ne correspond justement pas forcément à leur hauteur. Les routines statistiques en vigueur peuvent conduire à une forme de démesure des parcours scolaires et à leur standardisation *a priori* dans des formats linéaires et strictement graduels (Orange, 2018b). Une attention portée à ces marges statistiques permet de donner à voir ces usages hétérodoxes des niveaux de qualification.

Lorsqu'une enquêtée, étudiante en STS Économie sociale et familiale, répond à la fin de la 2e année : « Je ne sais pas puisque je ne veux pas faire le même métier toute ma vie, je veux pouvoir évoluer. », elle ouvre la voie à une réflexion sur la pertinence d'une interrogation somme toute très téléologique (Zunigo, 2010) (« le » métier visé) et invite, à la suite d'autres travaux (Barbier, Seiller, 2015), à étudier le rapport des nouvelles générations à la « carrière » dans un métier ou un secteur professionnel unique. Cette nouvelle configuration générationnelle n'est toutefois pas sans ambiguïté et contradiction. D'un côté, elle semble exprimer et nourrir le sentiment d'une plus grande liberté à l'égard de l'enchaînement canonique école-travail, ou encore remettre en cause la linéarité du processus d'insertion professionnelle et de la carrière. D'un autre, elle contribue à se démarquer de parcours de stabilisation rapides et durables, et maintient potentiellement les anciens diplômés dans une forme d'incertitude statutaire.

DEUXIÈME PARTIE

ÊTRE (OU NE PAS ÊTRE) UN TECHNICIEN SUPÉRIEUR

> Ce titre de technicien supérieur est, à notre avis, un titre malheureux. Les employeurs arrivent bien souvent à se demander en quoi ce technicien ou agent technique qu'ils désirent, peut être supérieur.
> Témoignage d'un diplômé de BTS, *Le Technicien*, n° 41, Octobre 1965.

Les jeunes générations sont confrontées à des difficultés structurelles d'insertion dans l'emploi, qui tendent à s'accroître[1]. Les qualificatifs de « génération sacrifiée » (Beaud, Mauger, 2017 ; Chevalier, 2018) ou de « génération précaire » (GENERATION PRECAIRE, 2006) ont pu être employés pour nommer ces jeunes dont les débuts dans la vie active, à l'aube des années 2000, sont marqués par l'instabilité. Qu'en est-il précisément pour la strate des jeunes passés par l'enseignement supérieur court en 2008 ? Comment les ressources scolaires mais aussi sociales jouent-elles sur l'accès à l'emploi durable ? (Calmand, Epiphane, 2012) Quelles sont les conditions de possibilité d'une carrière professionnelle et en quoi les nouvelles modalités d'accès, de stabilisation et d'évolution dans l'emploi peuvent-elles contribuer à remettre en cause ce modèle ? (Monchatre, 2007)

Au moment de l'interrogation en 2020, la situation majoritaire des enquêtés est la présence sur le marché du travail : 85 % des répondants sont en emploi, 5 % sont au chômage, 2 % sont en congé parental. Parmi les 8 % restants, certains se trouvent en formation ou en stage, d'autres sont parents au foyer ou d'autres encore sont en situation d'invalidité ou longue maladie. Si la jeunesse peut être définie comme l'âge des classements, c'est-à-dire « le temps qu'il faut pour trouver sa place »

1 Les résultats des éditions successives de l'enquête Génération du Cereq montrent que le taux d'accès rapide et durable à l'emploi à durée indéterminée à 5 ans a diminué fortement entre les sortants 1998 et les sortants 2010, passant de 40 % à 32 % (de 51 % à 45 % pour les niveaux bac+2) (Mora, 2018).

(Mauger, 1995 : 28), et notamment sur le marché du travail, les enquêtés semblent très majoritairement l'avoir trouvée en 2020.

Leurs parcours d'insertion professionnelle donnent à voir malgré tout la prégnance de l'expérience du chômage[2]. Si 27,8 % des enquêtés indiquent n'avoir connu aucune période de chômage depuis leur sortie de formation[3] et si un quart des enquêtés actifs (25,3 %)[4] occupent le même emploi depuis au moins huit ans, témoignant d'une insertion durable rapide, 17,1 % d'entre eux ont connu plus d'une année de chômage toutes séquences cumulées au cours de la décennie passée. C'est encore près d'un répondant sur dix (9,8 %) qui a occupé sept emplois ou plus depuis la fin de ses études et 28,6 % des répondants actifs qui ne sont dans leur poste actuel que depuis moins de deux ans. L'ancienneté médiane dans l'emploi occupé est de trois ans. Un différentiel est notable entre jeunes femmes et jeunes hommes, puisque 30,9 % d'entre elles sont dans le même emploi depuis au moins huit ans, contre seulement 16,8 % d'entre eux[5].

Les résultats de l'enquête *Génération* confirment par ailleurs que pour les sortants du système scolaire en 2010, les diplômés de l'enseignement supérieur ont été moins touchés par une augmentation des périodes de chômage liée à la crise de 2008 que les diplômés du secondaire (Epiphane *et al.*, 2019).

---

2 Pour ceux qui n'ont pas repris d'études ou de formation par la suite, les trois quarts (76,5 %) sont entrés sur le marché du travail en 2011 ou avant. Enquête BTS+10, 2020-2021. n=268 répondants.

3 Enquête BTS+10, 2020-2021. n=334 répondants. Il se peut qu'il y ait une part de reconstruction *a posteriori* qui conduise à minorer les durées effectivement passées au chômage.

4 Enquête BTS+10, 2020-2021. n=297 répondants.

5 Le niveau de diplôme atteint n'explique pas ce différentiel puisque hommes et femmes se répartissent de façon comparable en fonction du plus haut diplôme atteint.

PRISES DE POSITIONS PROFESSIONNELLES

Le positionnement des individus dans les hiérarchies professionnelles croise tout à la fois des questionnements propres à la sociologie de l'éducation et des relations entre formation et emploi (Giret, 2015 ; Tanguy, 2008), mais aussi des débats classiques à la sociologie de la mobilité sociale et aux façons de la mesurer (Sinthon, 2018 ; Hugrée, 2016). Avant toute autre chose, il s'agit d'abord pour le sociologue d'une opération très concrète de distribution des enquêtés dans la nomenclature des PCS, outil de classification sociale majeur de la statistique publique comme de la recherche en sciences sociales[1].

LE SENS DU PLACEMENT

Alain Desrosières rappelle les réflexions des travaux des années 1970 et 1980 sur les enjeux bien réels associés à cette activité très pratique de codification à partir des données brutes, qui n'a rien d'évident ou de mécanique :

> Dans toutes ces recherches, deux questions distinctes bien que très liées sont soulevées : celle de la définition théorique et pratique des classes, et celle du codage, c'est-à-dire du travail concret d'affectation d'un cas à une classe. Un des apports de ces recherches est précisément de montrer que la première phase (définition des classes) ne peut jamais être pensée indépendamment de

1 Si cette nomenclature fait régulièrement l'objet de critiques et a subi plusieurs rénovations jusqu'à la dernière en date de 2020, elle demeure un outil incontournable de mesure de la stratification sociale, du fait de son utilisation aussi bien par les chercheurs, les statisticiens que les institutions publiques ou privées, mais aussi pour des raisons de comparabilité dans le temps (Pénissat, Perdoncin, Bodier, 2018).

> la seconde. Celle-ci est, en définitive, une des plus suggestives du travail du sociologue statisticien, ce qu'ignore en général l'épistémologique théoricien et logicien : les critères les plus rigoureux sont souvent balayés par l'exploration d'une pile de questionnaires. (Desrosières, 2008 : 158)

Ainsi, et malgré toutes les précautions d'usage engagées par le sociologue, qui reposent notamment sur le recueil d'informations les plus précises possibles et le croisement des indicateurs, cette opération conserve une part irréductible de contingence et d'interprétation (Hugrée, De Verdalle, 2019). Comme Jean-Pierre Briand invite à le faire, il est important de chercher « à caractériser plus systématiquement les *catégories de perception* de la structure sociale qui sont propres aux codeurs et influencent évidemment les classements réalisés » (Briand, 1984).

Une spécificité des « techniciens supérieurs », diplômés d'un BTS, est que leur nom ne correspond à aucune identité objective dans la structure professionnelle. Il n'existe par exemple aucune mention des « techniciens supérieurs » dans la nomenclature des PCS au niveau le plus fin, alors que les cadres, les ouvriers et les employés sont institués en groupe socioprofessionnel (niveau le plus agrégé) tandis que les techniciens et ingénieurs sont crédités d'une catégorie socio-professionnelle (2e niveau). Le constat est le même dans l'arborescence du Répertoire Opérationnel des Métiers et des Emplois (ROME), déclinant 11 118 appellations de métiers dans 532 fiches ROME : seules 8 occurrences de l'expression « technicien supérieur » existent dans les appellations de métiers, tandis qu'on décompte 101 désignations d'employés, 153 d'ouvriers, 356 d'ingénieurs ou encore 672 de techniciens. Cette rapide opération de dénombrement donne un premier aperçu de la faible consistance de ce qualificatif dans les taxinomies professionnelles.

Plus largement, les techniciens supérieurs ne constituent pas un groupe professionnel, au même titre que les ingénieurs (Bouffartigue, Gadéa, 1997), ou encore un groupe social, à l'instar des cadres (Boltanski, 1982). La multiplicité des institutions qui les forment (2139 pour la rentrée 2008 : 1 345 lycées publics, 402 établissements privés sous contrat et 393 établissements privés hors contrat) les empêche par ailleurs de développer un même esprit de corps que, par exemple, les anciens élèves de l'École nationale supérieure d'Arts et Métiers (Cuche, 1988). Ils ne peuvent pas non plus être appréhendés comme un archipel d'emplois revendiquant la même dénomination, à l'image des employés (Chenu, 1990).

Il n'est dès lors pas étonnant de ne retrouver aucune évocation d'un quelconque statut, fonction ou poste de « technicien supérieur » dans les situations professionnelles renseignées par les anciens étudiants de STS. Comme le constatait déjà Paul Bouffartigue : « Le titre de technicien supérieur a cette faiblesse de n'être pour l'essentiel qu'un diplôme. À la différence du titre d'ingénieur, il n'implique aucune garantie dans l'accès à une éventuelle fonction professionnelle qui serait clairement identifiable comme celle de technicien supérieur » (1994 : 4).

L'objectivation du devenir des étudiants de sections de techniciens supérieurs achoppe ainsi assez rapidement sur les intitulés de poste déclarés par les enquêtés, et qui conduisent à un classement plus ou moins aisé.

Ces difficultés statistiques recouvrent des écarts de positionnement professionnel bien réels entre les sortants de STS de l'enquête, suivant leur domaine de spécialité. D'un point de vue général, dix ans après l'année du BTS, les diplômés occupent majoritairement des postes de professions intermédiaires (60,8 %, soit près des deux tiers des enquêtés) et les écarts entre secteurs professionnels apparaissent relativement limités : c'est le cas de 57,6 % des anciens étudiants du secteur industriel, 60,2 % des anciens étudiants du secteur tertiaire et 66,7 % des anciens étudiants du secteur agricole. Pour autant, les autres destinées donnent à voir des disparités fortes puisque ce sont 22,0 % des sortants de la voie industrielle qui émargent à des positions de cadres supérieurs, contre 11,8 % de leurs homologues de la voie agricole ou encore seulement 7,5 % de ceux de la voie tertiaire. À l'inverse, une part importante des étudiants issus de la voie tertiaire se retrouvent dans des emplois d'ouvriers ou d'employés (26,3 %), contre seulement 13,8 % de leurs homologues de la voie industrielle ou encore 9,8 % de la voie agricole. Ces écarts ne peuvent être imputés à une part plus élevée ou plus faible de poursuivants à l'issue du BTS ou d'abandons avant le diplôme suivant le domaine de spécialité, puisque leur proportion est à peu près la même dans les trois secteurs. Ils expriment en revanche très nettement une inégalité de reconnaissance des titres scolaires, qui s'observe et se rejoue à chaque niveau de sortie.

Ainsi, pour les sortants directs d'un BTS, ce sont 78,1 % des « techniciens supérieurs » industriels qui occupent un emploi de profession intermédiaire, contre respectivement 61,1 % et 51,6 % des « techniciens supérieurs » agricoles et tertiaires. Si l'accès au statut de cadre supérieur est réduit quelle que soit la provenance (3,1 % pour la voie industrielle, 2,2 % pour la voie tertiaire et aucun de la voie agricole), les destinées d'employés et d'ouvriers sont quant à elle inégalement distribuées (38,7 % pour la voie tertiaire, 16,7 % pour la voie agricole et 15,6 % pour la voie industrielle). Sur le plan des salaires, des écarts sont également notables puisque les salaires médians des anciens de BTS tertiaire, agricole et industriel sont respectivement de 1 600 € nets mensuels, 1 800 € et 2 100 €.

Les titres professionnels du tertiaire bénéficient en effet d'une reconnaissance bien plus faible que ceux du secteur industriel dans les organisations de travail, et le BTS ne fait pas exception (Jobert, Tallard, 1995).

L'affiliation plus forte des diplômes aux postes de travail dans la voie industrielle garantit ainsi davantage l'accès aux métiers de cadres moyens, tandis que les anciens diplômés du tertiaire se heurtent à une plus grande subsidiarité de leurs certifications. Ces variations ne semblent pas liées aux tailles des entreprises d'emploi puisque celles-ci sont comparables selon les secteurs d'activité.

Il est possible de distinguer les figures qui ressortent des situations professionnelles recueillies et qui permettent d'incarner les devenirs professionnels des anciens de BTS. Les techniciens ou concepteurs en bureau d'études, les techniciens de maintenance ou encore les conducteurs de travaux constituent des profils récurrents des sortants des filières industrielles ; les comptables, les assistants, les chargés de clientèle ou les agents immobiliers sont des métiers régulièrement occupés par les sortants des filières tertiaires ; enfin, les techniciens de laboratoire, les chargés d'études ou encore les techniciens en traitement des eaux représentent des destinées modales des sortants des filières agricoles.

LE SENS DU CLASSEMENT

La nomenclature des PCS s'accorde mieux aux professions masculines, plus finement spécifiées et hiérarchisées, qu'aux emplois féminins. Les divers « techniciens », « technicien qualité », « technicien de maintenance industrielle », « technicien planning » ou encore « technicien bureau d'études », se codent facilement chez les professions intermédiaires. En revanche, les « assistantes » (29), les « adjointes » (7), ou encore les quelques « collaboratrices » ou « chargées de… » ne bénéficient pas d'un rangement évident. En effet, ces professions aux intitulés sibyllins et présentant une certaine labilité statutaire autant théorique (le classement dans la grille hiérarchique) qu'effective (ce qu'est réellement le contenu de leur activité)[2] obligent à une démarche de (re)qualification. Pour ces métiers très féminisés de l'administration des entreprises (Amossé, 2004), les frontières sont ainsi poreuses entre employés et cadres intermédiaires (Chenu, 1997). En 1990, Josiane Pinto pointait déjà ce flou de classification en soulignant que « les professions détaillées où peuvent être classées des secrétaires dans les enquêtes de l'INSEE sont au nombre de sept » (Pinto, 1990 : 33). Les référentiels des activités professionnelles (RAP) (Bouyx, 2014) des différents diplômes de BTS, élaborés dans le cadre des commissions professionnelles consultatives (CPC), annonçaient d'ailleurs déjà des contours plus labiles pour les types d'emplois accessibles aux diplômés du tertiaire. En effet, dans ces documents, qui cherchent à décrire les activités que le diplômé sera conduit à réaliser, les titulaires d'un BTS du secteur industriel sont presque systématiquement appelés « technicien supérieur » ou « technicien » dans les postes et les tâches visés, tandis que les diplômés d'un BTS du secteur tertiaire sont plutôt désignés comme des « professionnels polycompétents », des « collaborateurs » et très souvent des « assistants ».

Des recherches récentes ont ainsi souligné la proximité en termes de niveau de diplôme et de salaire d'un certain nombre de travailleurs appartenant à la catégorie socio-professionnelle des « professions intermédiaires administratives et commerciales des entreprises » (Masclet *et al.*, 2020 : 52) avec d'autres classés dans la PCS des « employés administratifs d'entreprise ». De même, la porosité de ces catégories est encore soulignée par Guillaume Burnod et Alain Chenu, donnant à voir des différences de codage importantes entre le recensement de la population et l'enquête Emploi (Burnod, Chenu, 2001).

---

2 Dans leur questionnement sur le rôle de la profession de secrétaire dans les trajectoires d'insertion des jeunes, Catherine Béduwé et Bernard Fourcade considèrent conjointement les deux catégories « PCS 5411 : secrétaires au niveau employé » et « PCS 4615 : secrétaires de direction » de la nomenclature des PCS 82 (Béduwé, Fourcade, 2002).

En s'appuyant sur le cas des agents immobiliers, Lise Bernard confirme le décalage qui peut exister entre les distinctions produites par la nomenclature des PCS et celles effectivement opérantes et/ou subjectivement vécues dans les milieux professionnels concernés (Bernard, 2021). Sa démarche vise alors à repartir des libellés des professions pour distinguer finement un groupe professionnel que la nomenclature des PCS contribue soit à invisibiliser, soit à disperser/regrouper artificiellement. Le désajustement entre les grilles professionnelles et les grilles statistiques, constaté par la chercheuse, semble pouvoir s'appliquer tout autant aux métiers de l'assistanat administratif.

Les informations connues sur les 27 femmes et 2 hommes concernés par le qualificatif d'« assistant » donnent ainsi à voir des écarts de rémunération importants, avec une amplitude de près de 1 000 euros entre l'assistante administrative payée le moins (1 200 € nets mensuel) et l'assistante administrative payée le plus (2 123 € nets mensuel), non clairement toujours imputables à l'ancienneté, à la taille de l'entreprise ou encore au diplôme détenu. Une assistante comptable administrative en CDI, titulaire d'un BTS Assistant de gestion des PME-PMI, recrutée en 2017 dans une entreprise de 1 à 49 salariés, perçoit un salaire de 1 280 €, quand une diplômée du même BTS, employée en CDI comme assistante administrative et comptable dans une structure de taille comparable depuis moins d'un an, est rémunérée 2 123 €. Où placer ces deux individus dans la grille des PCS, quand leur libellé d'emploi est quasi-identique mais que l'une perçoit un salaire tout juste au-dessus du SMIC, tandis que l'autre dépasse le revenu médian des titulaires d'un diplôme de bac+3 interrogés dans cette enquête ?

Il semble que le problème ne tient pas seulement au manque d'informations connues et que la meilleure précision de la position professionnelle ne saurait résoudre totalement le décalage entre classements statistiques et classements effectifs (Henrotin *et al.*, 2016). D'abord, la labilité des grilles hiérarchiques voire leur méconnaissance dans certaines petites entreprises peut produire des écarts de salaire importants et contribuer à séparer dans la nomenclature des PCS des enquêtés qui ont le même statut. Ensuite, les différences entre la fiche de poste et le travail réel peuvent participer à l'inverse à rassembler des individus qui font le même métier sur le papier, mais qui objectivement n'ont pas les mêmes missions ni les mêmes responsabilités (Magro, 1993).

L'exemple de Sandra est ici tout à fait éclairant. Après avoir obtenu son BTS Économie sociale et familiale en 2010 à Niort, elle prépare ensuite à Nantes en un an un certificat d'assistant gestionnaire de structures d'accueil et d'établissement sanitaires et sociales, équivalent bac+3. Elle est alors rapidement recrutée comme adjointe de direction d'un ÉHPAD dans sa région d'origine. Très vite, elle est promue par le directeur régional du groupe, qui en fait son assistante de direction :

> En fait, l'ÉHPAD pour lequel je travaillais faisait partie d'un groupe qui gère plusieurs établissements, que ce soit publics ou ÉHPAD. Du coup, c'est géré en région, par un directeur régional et en fait, il voulait absolument une assistante de direction à ses côtés et ils ont pensé à moi. Donc je gère maintenant les établissements de la région, dont celui pour lequel j'ai commencé.

Dix ans plus tard, elle occupe toujours ce même poste, très polyvalent, qui la place objectivement au-dessus hiérarchiquement des responsables d'établissements :

> Je gère les établissements, en fait je suis un support entre le siège et les établissements donc je fais le lien entre les deux, je gère tout ce qui est les dossiers RH au niveau des directeurs. Je m'occupe du recrutement. Je gère toutes les réclamations des familles. Je fais des documents de *reporting* en fait, entre le siège et les résidents ; on leur demande souvent des tableaux. Je m'occupe des formations. Je fais tellement de choses… Je gère les budgets des résidences.
>
> *Mais vous faites ça toute seule ?*
>
> Avec le directeur régional.
>
> *D'accord mais vous n'avez pas de secrétaire ou de comptable ou de gestionnaire qui travaille pour vous ?*
>
> Non.

Les responsabilités, l'autonomie dans le travail comme les activités de son quotidien professionnel la positionnent sans nul doute *a minima* dans un statut de cadre intermédiaire, en cohérence avec le niveau de diplôme dont elle dispose. À l'entendre préciser ses missions, les responsabilités qu'elle endosse comme l'autonomie dont elle dispose dans son travail, on pourrait même être tentée de la placer au niveau des cadres supérieurs administratifs des entreprises, puisqu'elle supplée pour de nombreuses tâches le directeur régional. Mais son salaire (1 750 € nets mensuels), certes supérieur au SMIC, la rapproche plutôt du salaire moyen des employés en France[3].

La confirmation par l'enquêtée dans l'entretien qu'elle est reconnue au niveau « agent de maîtrise » ôte tout doute quant à son codage dans la catégorie « 46 » de la PCS à 2 chiffres.

Pour autant, si le positionnement statistique est évident, il masque un double décalage avec, d'une part, le contenu d'activité, qui tire vers le haut, et d'autre part, un salaire, qui tire vers le bas. À cela s'ajoute la hiérarchie officielle interne à l'entreprise, qui rebat les cartes de la hiérarchie effective. En effet, si Sandra supervise et forme les responsables d'ÉHPAD et leurs adjoints, elle dispose d'un statut et d'une rémunération inférieurs. Par ailleurs, l'apparente promotion qu'elle a obtenue rapidement après son arrivée dans la structure, la faisant passer d'adjointe de résidence à assistante du directeur régional, constitue objectivement un déclassement statutaire.

> Jusqu'à il y a deux ans j'étais technicienne hautement qualifiée et maintenant je suis passée agent de maîtrise, mais voilà c'est notre grille de salaire. C'est un peu mieux mais je suis bien en dessous d'un adjoint de résidence, et c'est moi qui les forme. (Rires.)
>
> *Alors les adjoints de résidence, ce que vous avez occupé comme poste au début, statutairement c'est plus élevé que ce que vous faites là ?*
>
> Oui. Et encore plus avec la crise sanitaire puisqu'il leur a apporté le Ségur[4]. Tous nos établissements ont eu une augmentation de salaire ; les salariés ont deux cent seize euros par mois supplémentaires et moi comme je fais partie du siège, je ne suis pas concernée. Ça a creusé encore plus l'écart.
>
> *Et eux alors c'est quoi leur statut du coup, les adjoints des directeurs ?*
>
> Ils sont cadres.
>
> *[…] Et du coup vous ne vous êtes jamais dit : je retourne adjointe de directeur ?*
>
> Disons qu'il y a des contraintes quand même sur… Déjà moi, comme hiérarchiquement je suis un peu supérieure aux directeurs, je pense que d'être adjointe ce serait compliqué vu que je les connais bien. C'est moi qui gère en fait leurs dossiers administratifs, tout ça donc je pense que les rapports seraient un peu compliqués dans ce sens-là. Et de deux, étant dans un groupe privé, on travaille le week-end. Et moi actuellement je ne travaille pas le week-end.
>
> *Oui, bien sûr.*

---

3 En 2018, le salaire mensuel net moyen en EQTP des employés dans le secteur privé était de 1 690 € (1 655 € pour les femmes, 1 762 € pour les hommes), contre 2 353 € pour les professions intermédiaires (2 180 € pour les femmes, 2 500 € pour les hommes) et 4 214 € pour les cadres (3 683 € pour les femmes, 4 511 € pour les hommes) (Sanchez Gonzalez, Sueur, 2020).

4 Prime issue d'une consultation des acteurs du système de soins français qui s'est déroulée du 25 mai 2020 au 10 juillet 2020.

Pour ma vie de famille, voilà.

Je comprends. Et donc en termes de salaire, quel est votre salaire ?

Alors j'ai deux mille trois cents euros bruts.

Et par exemple un adjoint d'établissement ?

Il commence sans ancienneté – donc moi j'ai dix ans – à deux mille quatre cents, plus deux cents euros de prime Ségur. Ça leur fait deux mille six cents bruts au départ.

Et sans ancienneté. Et un directeur d'établissement ?

Ils sont environ à quatre mille euros.

Oui mais ils ont peut-être des diplômes supplémentaires eux ?

Ils ont un master 2. Même les adjoints maintenant on leur demande un master 2.

D'accord, maintenant il faut un master 2.

Enfin dans notre groupe en tout cas.

Et pas pour vous, alors tant mieux puisque vous n'en avez pas, mais vous n'êtes pas reconnue alors que vous faites quelque chose qui est supérieur hiérarchiquement ?

J'ai pensé passer… Enfin il y a six mois j'ai pensé faire une VAE pour avoir le master 2, sauf que maintenant ils demandent d'avoir une expérience de direction sur un établissement pour avoir cette VAE. Je pourrais le justifier parce que j'ai travaillé un peu sur un établissement, mais bon voilà il faudra que je m'y penche plus à mon retour de congé maternité.

Cette petite incursion dans les coulisses de la production statistique rappelle le caractère construit des nomenclatures comme des chiffres, et l'importance de les manipuler comme tel. Mais plutôt que de faire de leur imperfection un motif de rejet, il semble au contraire utile de s'en saisir comme d'un motif de questionnement sociologique. L'étape du codage constitue en cela un moment précieux d'exploration des données, par les casse-têtes et les énigmes qu'il pose. En cela, elle participe à part entière au travail de problématisation (Lemieux, 2010).

DES DIPLÔMES QUI NE COMPTENT PAS ?

Les récits d'insertion des anciens confirment le contraste des situations suivant les secteurs d'activité. Pour les diplômés de la voie industrielle, le diplôme du BTS constitue pour beaucoup un sésame nécessaire et suffisant pour accéder aux postes de cadres intermédiaires. Quelques mois après l'obtention de son BTS Travaux publics, Christophe intègre l'entreprise dans laquelle il est toujours employé actuellement, dix ans après. Après six mois comme ouvrier intérimaire dans une usine de béton prêt à l'emploi, il se voit proposer par la direction un poste de responsable qualité de trois usines dans le Nord-Ouest de la France. Deux ans plus tard, alors qu'une place de responsable d'agence de béton se libère, Christophe fait part de son intérêt et obtient le poste, qu'il occupe encore aujourd'hui :

> Ça a été plus facile aussi pour moi d'intégrer cette usine parce qu'elle fait des produits destinés aux travaux publics. Je suis formé là-dessus donc quand je vais sur les chantiers, sur des litiges ou autres, quelque part le client voit que je suis du métier. Après, tout ce qui est process industriel, vu que j'ai été dans la qualité sur ces *process* industriels, ce n'était pas inconnu pour moi. L'équipe je la connaissais. Après, ça s'est fait plutôt tout seul.

Les anciens étudiants font ainsi régulièrement part de la bonne réception du BTS dans l'industrie. Anthony, diplômé d'un BTS Conception de produits industriels, décrit lui aussi une insertion rapide, dans laquelle son titre scolaire s'actualise immédiatement dans un poste ajusté à son niveau de qualification. Il entre ainsi d'abord dans une grande entreprise de composés électroniques, en Charente, comme technicien en bureau d'études, puis, suite à une réduction d'effectifs et un licenciement, il trouve rapidement un poste équivalent dans une multinationale spécialisée dans les transports, en Charente-Maritime. La quasi automaticité de la reconnaissance de son diplôme dans l'emploi constitue à la fois une sécurité, qui le protège du chômage, mais aussi un marchepied solide pour l'avancement de grade. Il relate ainsi un parcours d'ascension plutôt rapide dans l'entreprise, qui le fait accéder en 2017 à l'équipe en charge du planning de production, dans une position « qui est déjà plus haute dans la hiérarchie. Donc, c'est intéressant pour moi puisque mon but c'est de monter, de manager. » :

> Donc j'arrive dans cette nouvelle équipe, ça se passe plutôt bien. Je développe un outil pour calculer et justement ils cherchent quelqu'un qui pourra faire ça en tant qu'expert et ça c'est super intéressant d'être expert parce que tout le monde nous demande notre avis. Moi c'est ça que je recherche, c'est de la reconnaissance. Pour justement tout le scolaire où on m'a dit « tu es nul ». J'ai besoin qu'on me dise maintenant « tu es bon ».

Pour autant, cette attention portée aux niveaux de qualification, constitue autant un avantage qu'un frein aux yeux d'Anthony. En effet, il lorgne ainsi avec envie sur les ingénieurs diplômés, qui atteignent directement des postes plus haut dans la hiérarchie ou qui reçoivent une rémunération supérieure, pour des missions comparables, selon lui, à celles qu'il exerce :

> Moi je trouve que je ne suis pas bien payé on va dire pour le poste que j'ai. En fait je suis sous-payé. La plupart des gens qui sont en poste gagnent cinq cents euros de plus que moi, je pense.
> *Ah oui ? Mais comment ça se fait ?*
> Ben parce que moi je n'ai pas le diplôme. C'est toujours pareil. Je ne suis pas ingénieur.

Par contraste, la rhétorique qui accompagne les recrutements des anciens diplômés de STS tertiaires est quant à elle souvent empreinte d'une euphémisation du rôle du diplôme dans l'obtention du poste. Delphine, titulaire d'un BTS Assistant de gestion PME-PMI, chargée de partenariat dans une entreprise de vente à distance, dit ainsi : « Alors j'ai la chance d'être dans une entreprise où on va dire les diplômes importent peu entre guillemets. Ils font confiance et je n'ai pas eu besoin de diplôme supérieur pour être là où je suis actuellement. ». Plus tard dans l'entretien, alors qu'elle est interrogée sur l'usage qu'elle fait des savoirs et savoir-faire appris en BTS dans son travail, elle précise :

> Alors au début pas forcément. Oui, j'ai quelques connaissances, tout ce qui est les outils informatiques, grâce au BTS j'ai appris pas mal de choses. J'ai des bases quand même en comptabilité qui me permettent de faire le peu que j'ai à faire en compta. C'est grâce aux bases que j'ai apprises en BTS. Après, en soi, ça ne m'a pas vraiment… Ce n'est pas vraiment ce qui a été le plus [déterminant] dans le choix de mes responsables pour me choisir pour ce poste ou pour un autre poste.
> *Et alors c'est quoi qui a fait que vous avez été choisie ?*
> J'aime apprendre, j'aime beaucoup apprendre. Je suis… je vais dire curieuse, mais curieuse dans le travail en fait. Quand je cherche un truc, j'aime bien trouver la solution en fait. Je déteste être sur un échec, ça m'agace plus qu'autre chose. (Rires.) Donc je vais chercher, chercher, chercher pourquoi ça ne marche pas, pourquoi je n'arrive pas à faire ce que je veux sur ce truc-là et du coup c'est ça aussi qui plaît. Et je pense que je suis aussi pleine de bonne volonté donc c'est ce qui plaît aussi à ma responsable.

Ce sont ainsi souvent la personnalité et les qualités morales qui sont mises en avant par les anciens étudiants pour justifier leur embauche

(Forté, Monchatre, 2013 ; Dubernet, 1996). Ce discours, qui déconnecte le poste du titre, contribue à alimenter un regard oblique porté sur les certifications et à laisser croire qu'elles valent moins que le caractère ou le savoir-être dans l'obtention d'un emploi. Delphine considère ainsi le diplôme comme assez subsidiaire : « Je connais des gens qui ont des diplômes plus plus, qui ont du mal à trouver des emplois. Je ne pense pas que ce soit le diplôme qui fait qu'on peut trouver un emploi et qu'on s'épanouit dans la vie. » Recrutée en CDI en 2011 dans une association, quelques mois après avoir obtenu son BTS Gestion et protection de la nature, Sarah avance :

> Et en fait ils me rappellent, on était sur la route, après l'entretien, ils me disent : « on a tout de suite voté pour toi parce que tu étais honnête et naturelle. C'est surtout pour ça. Même pas pour ton diplôme, tes compétences. Surtout parce que tu as été honnête en nous disant que les dossiers de subvention ce n'était pas ton fort, mais que par contre, faire des cabanons, monter des clubs nature, ça tu te sentais de le faire. »

Ces discours des employeurs, qui donnent à penser que le titre scolaire est accessoire dans le recrutement, au regard de la personnalité des candidats, s'accompagnent de parcours professionnels où le diplôme comme les missions exercées, coïncident plus difficilement avec les statuts effectifs d'emploi. Face à ces expériences subjectives et objectives de désindexation des postes des titres et des qualifications, il n'est dès lors pas surprenant de constater que beaucoup d'anciens étudiants considèrent que le diplôme ne constitue pas un déterminant juste de la reconnaissance professionnelle d'un travailleur.

AVOIR 30 ANS À L'USINE

Pour autant, les trajectoires d'insertion professionnelle des anciens étudiants de BTS qui n'ont pas obtenu ce diplôme ou un autre de l'enseignement supérieur, soit qu'ils ont abandonné la formation au cours des deux années, soit qu'ils ont échoué à l'examen, rappellent le poids important du diplôme dans l'accès à l'emploi. C'est d'abord parmi eux que se mesure la part la plus importante de personnes hors de l'emploi au moment de l'enquête (28 %), contre un peu moins de 12 % pour ceux sortis avec un niveau BTS. Ensuite, pour deux tiers d'entre eux, les emplois occupés appartiennent aux employés et ouvriers. Enfin, leurs parcours professionnels sont marqués par une plus grande instabilité que ceux des diplômés d'au moins un bac+2. C'est ainsi la moitié des premiers qui ont connu au moins une année entière de chômage, toutes périodes cumulées, depuis leur sortie de formation, contre 22,7 % des diplômés d'un BTS ou d'un autre bac+2, 20,9 % des diplômés d'un bac+3 ou +4, ou encore 19,6 % des diplômés d'un niveau master ou plus. Ce sont également 37,5 % des sortants sans diplôme de l'enseignement supérieur qui ont exercé au moins cinq emplois différents depuis leur entrée sur le marché du travail, contre 28,5 % des diplômés d'un BTS ou d'un autre bac+2, 17,9 % des diplômés d'un bac+3 ou +4, ou encore 13 % des diplômés d'un niveau master ou plus.

Si le passage en section de techniciens supérieurs s'inscrit dans une trajectoire d'ascension sociale pour plus des deux tiers des jeunes issus des classes populaires, par l'accès à des postes d'encadrement intermédiaire ou plus rarement supérieur, ceux qui ne sont pas parvenus au terme de la formation s'inscrivent le plus souvent dans des trajectoires de reproduction sociale, se retrouvant à occuper des emplois peu qualifiés dont ils avaient cru un temps pouvoir s'éloigner.

Pour ceux qui ont échoué au BTS et qui ont trente ans à l'usine (Eckert, 2006), parfois comme leurs pères, la déception de ne pas avoir pu concrétiser une trajectoire de mobilité ascendante initiée ou souhaitée par les parents peut conduire à déprécier son parcours scolaire et partant à dévaloriser les diplômes. L'accès à l'enseignement supérieur ne signe pas pour eux la sortie du monde ouvrier et s'ils cherchent des signes de satisfaction dans la stabilité de leur emploi ou le prestige de leur entreprise (Misset, 2015), ils ne peuvent cacher une certaine amertume. Romain, après avoir échoué en BTS Comptabilité et gestion des organisations, témoigne d'un certain désenchantement vis-à-vis du système scolaire qui l'a poussé sans vraiment l'accompagner :

> Je n'avais jamais su vraiment ce que je voulais faire de ma vie, parce que bon en 3e on vous demande de choisir un métier que vous allez faire toute votre vie, c'est hyper compliqué. Et puis moi j'envie ceux qui trouvent et qui s'y tiennent et qui y arrivent et qui trouvent ça génial. En vrai moi je trouve ça

> hyper compliqué. On m'avait demandé de choisir. L'hôtellerie je l'ai pris parce qu'en vrai ma mère cuisinait beaucoup et j'aimais bien manger plein de trucs.

Il prépare donc un baccalauréat hôtellerie sans conviction mais découvre alors la comptabilité, ce qui le guidera dans son choix post-bac. Il se heurte en STS à des enseignants peu à l'écoute qui ne prennent pas en compte les difficultés des élèves, ce qui explique selon lui qu'il n'obtient que « neuf et des bananes » à l'examen[5]. Inscrit au CNED pour repasser le BTS l'année suivante, il abandonne finalement avant la fin et donne sens à cet arrêt en contestant la valeur du diplôme :

> Après je dis souvent aussi que même si j'avais eu le diplôme, je ne suis même pas sûr que je serais encore dans la comptabilité, parce qu'en ayant un BTS en compta-gestion, au final aujourd'hui ça équivaut à pas grand-chose. On est comptable de base, voire aide-comptable. Aujourd'hui maintenant pour être vraiment un bon comptable, il faut minimum un DCG[6], je pense. J'ai un ami qui lui a continué, il fait des DCG-DSCG[7] et maintenant il a fait ses trois ans d'expert-comptable. Il n'a pas eu l'examen, il faut qu'il le repasse l'année prochaine, mais vraiment aujourd'hui BTS Comptabilité, ça ouvre les portes à pas grand-chose. C'est vraiment comptable de base. Et franchement, même si j'avais eu mon diplôme, je ne suis pas sûr que j'aurais continué quand même à faire de la comptabilité.

Ce qui le déçoit finalement dans sa trajectoire, c'est le sentiment de n'avoir pas respecté le mandat familial et de n'être pas allé un peu plus loin pour sortir, selon ses propres mots, du « carcan ouvrier » :

> *Et vous parliez de vos parents et de votre père qui est ouvrier et puis votre mère qui est secrétaire, donc c'était quelque chose qui était important d'essayer d'aller plus loin ?*
>
> Oui, oui, de réussir encore mieux, parce que même eux leurs parents du coup… Je sais que les parents de ma maman, son père était cantonnier, sa mère était cuisinière à l'école. Donc c'était à la campagne donc c'était vraiment une vie très simple. Ma mère du coup a quatre frères et sœurs. Il y a deux sœurs, il y en a une qui a fini du coup prof de français et anglais au collège. L'autre qui était gestionnaire. Son frère a fini chef dans un service psychiatrique à Niort. Donc c'est quand même des enfants qui partaient de pas beaucoup et

5 Cela rappelle que l'entrée en STS pour les bacheliers technologiques et professionnels n'est en aucun cas gage de réussite mécanique au diplôme et que la politique d'orientation conçue comme une gestion des flux ne règle pas la question de l'échec dans l'enseignement supérieur.

6 Diplôme de Comptabilité et de Gestion.

7 Diplôme Supérieur de Comptabilité et de Gestion.

> qui ont quand même réussi à avoir un beau parcours. Ma mère n'a pas eu son bac et pourtant elle a quand même fait les concours et elle a réussi à devenir agent de la Fonction publique, alors que bon on venait d'un milieu rural, pas favorisé du tout. Mon père c'est pareil. Donc c'est vrai que c'était encore une étape au-dessus pour peut-être sortir un peu de ce carcan ouvrier où en fait les enfants reproduisent un peu les schémas des parents. Bon au final je n'en suis pas sorti. (Rires.) Je suis devenu un ouvrier mais bon, c'est pas grave.

Si le fait de travailler pour le groupe Michelin constitue une forme de compensation symbolique pour Romain (Thibault, 2013), qui aspirait à « autre chose », à « arriver plus loin », et surtout à « rendre fiers [ses parents] », cela n'enlève pas la déception de ses aspirations scolaires et sociales avortées : « Je m'étais toujours dit : "je voudrais arriver le plus loin que je peux". Après, rendu au BTS, est-ce que je me suis fait des illusions, j'en sais rien ». Son parcours contribue ainsi fortement à entretenir sa défiance vis-à-vis de la méritocratie et sa relativisation du sens des diplômes, dénigrant tantôt son travail : « Il y a besoin de zéro qualification pour faire ce que je fais. La personne qui n'a pas de diplôme ou qui a bac+5 peut faire ce que je fais. », tantôt les politiques et le gouvernement : « Pourtant c'est des gens soi-disant qui ont bossé dans des grandes boîtes ou qui ont des diplômes pas possibles et en fait… Comme quoi les diplômes ne rendent pas intelligent au final. »

Le parcours d'Angélique, ayant abandonné sa formation au BTS Assistant de gestion PME-PMI dans les Deux-Sèvres, au cours de la deuxième année, est aussi teinté d'une ascension sociale manquée. Sa poursuite d'études après le baccalauréat était guidée à la fois par la volonté d'améliorer son insertion professionnelle (« J'étais surtout consciente qu'avec juste un bac ça risquait d'être compliqué de trouver un emploi facilement et en même temps trop d'études après, c'est aussi compliqué. Il fallait trouver le juste milieu. Donc un BTS, sur deux ans, ça me paraissait bien. »), mais aussi par la nécessité de s'extraire d'un milieu familial délétère, marqué par la violence de son beau-père (« C'est aussi ce qui m'a poussé à partir, ce BTS. C'était de ne plus vivre avec lui. »). La tentative de suicide de sa mère, quelques mois avant l'examen, l'empêche d'achever ses études. Plus de dix ans après les évènements, elle reste marquée par la frustration et un certain ressentiment à l'égard des enseignants, qu'elle cherche à atténuer dans un discours de nécessité faite vertu :

Mais c'est dommage au final. Je pense qu'ils ont bien vu que j'étais en plein décrochage.

Et ils n'ont rien fait ?

Il y a rien qui a été tenté pour essayer de me raccrocher. Alors qu'il restait que trois mois à faire et j'avais les capacités de l'avoir ce diplôme. Après je regrette pas spécialement, ma vie me convient telle qu'elle est aujourd'hui. [...] Maintenant voilà c'est... Ça aurait sans doute pas changé grand-chose, de toute façon parce que j'ai les enfants, j'aurais pris la même décision que de ne pas travailler pour m'en occuper. Ça, ça à toujours été ancré en moi, que je m'occuperai moi-même de mes enfants. Mais c'est là que je trouve ça dommage de ne pas avoir été soutenue. Parce qu'au final, peut-être qu'un peu de soutien m'aurait permis de tenir les trois derniers mois et d'avoir un diplôme de plus. Même s'il m'aurait peut-être pas servi après. Mais de pas avoir fait deux ans pour rien. C'est surtout ça le regret. C'est d'avoir fait deux ans pour... enfin pour rien. J'ai eu les acquis. Deux ans de formation, ça s'oublie pas comme ça, mais c'est pas validé. C'est pas validé parce qu'on m'a clairement laissée couler. J'étais pas une mauvaise élève, je m'en sortais bien.

En couple avec un ancien militaire au chômage, elle élève ses trois enfants en bas âge dans une petite maison de location, excentrée du bourg le plus proche :

> On s'est retrouvé dans des lieux où il n'y avait pas forcément de boulot adapté et n'ayant pas le permis, je ne pouvais pas bouger. Donc au final non, j'étais à la maison.

Elle qualifie son mode de vie de celui de « petits vieux avant l'âge », ne disposant que des aides sociales pour subsister, et donc ne pouvant satisfaire que les besoins alimentaires (« on n'est pas du genre à sortir de toutes façons »), en ayant notamment recours aux épiceries solidaires ou aux Restaurants du cœur. Malgré l'extrême précarité de sa situation, elle cherche à maintenir en permanence « une vie décente », restant discrète sur ses difficultés, ne réclamant ni ne se plaignant jamais[8], et privilégiant toujours le bien-être de ses enfants par rapport au sien :

> On a eu des moments difficiles. Nous on ne mangeait pas pour qu'eux mangent. [...] On se privera nous, pour que eux ne manquent de rien et aient toujours la même chose. C'est important qu'ils ne se rendent pas compte, entre-guillemets, de la pauvreté du foyer.

8 L'exemple d'Angélique rappelle l'existence discrète mais bien réelle de situations de grande pauvreté dans les territoires ruraux (Roche, 2016).

Pour certains trentenaires, la bonne volonté scolaire qui les a conduits à prolonger leurs études au-delà du baccalauréat, ne s'est pas toujours trouvée récompensée par l'accès au diplôme puis à l'emploi qualifié. Pour autant, ces trajectoires avortées ne viennent pas grever leur croyance en la méritocratie puisque les non diplômés du supérieur de la cohorte sont une majorité (52,2 %) à être d'accord avec l'affirmation selon laquelle « L'école permet à tous les élèves qui travaillent de réussir », contre 42,5 % des diplômés d'un BTS ou d'un autre bac+2, 36,6 % des diplômés d'un bac+3 ou +4 et enfin 43,2 % des diplômés d'un master ou plus.

Si le diplôme de BTS donne majoritairement accès à des positions de cadres intermédiaires, les devenirs des anciens étudiants se caractérisent par des différences importantes suivant le secteur d'activité. En filigrane, c'est la question de la reconnaissance des compétences suivant les métiers qui se pose, faisant de la figure du technicien supérieur une figure pensée très largement au masculin. Les métiers administratifs du tertiaire, principalement féminins, sont marqués par une plus faible gradation des postes et une moindre explicitation des techniques. Plus largement, et indépendamment des secteurs professionnels, se donne à voir, à l'entrée dans l'emploi, une rhétorique de remise en question de la qualification collective et institutionnalisée des savoirs et des savoir-faire, au profit de la valorisation d'un jugement personnalisé des recrutés.

DE LA TECHNIQUE

Dans les référentiels de formation comme dans les discours des enquêtés, transparaît toute la difficulté à dire et à décliner les techniques des emplois administratifs, renvoyant souvent les métiers des services à des compétences strictement relationnelles. Ces représentations agissent fortement sur le rapport au travail des diplômés de ces secteurs, et notamment des jeunes femmes. La moindre reconnaissance statutaire des diplômes tertiaires, à la différence des diplômes des secteurs industriels et agricoles, est ainsi souvent renvoyée, d'abord par les enquêtés eux-mêmes, à leur perception d'une moindre spécialisation.

DES TECHNICIENNES POLYVALENTES

Beaucoup d'anciens diplômés s'accordent ainsi pour considérer que les BTS du secteur des services se caractérisent avant tout par leur polyvalence. Audrey, rencontrée deux ans après l'obtention d'un BTS Assistant de gestion PME-PMI, était alors confrontée à une période de chômage. Ne parvenant pas à trouver d'emploi correspondant à ses attentes, elle en attribuait pour partie la responsabilité à son diplôme :

> Alors en fait le BTS Assistant de gestion c'est un BTS qui est intéressant parce qu'il est polyvalent. Donc on apprend à gérer, faire de la gestion comptable ou commerciale. C'est intéressant. Ce qu'il y a c'est qu'on n'est pas spécialisé et donc du coup en entreprise quand ils recherchent un assistant c'est pas un assistant de gestion, c'est une secrétaire-comptable ou une assistante commerciale. En fait il y a énormément de postes qui pourraient nous convenir, ce qu'il y a c'est qu'on n'est pas assez spécialisé du coup on n'a pas forcément… On n'a pas le profil idéal pour eux, pour les entreprises, du fait d'être assistant de gestion. Bizarrement. Je pensais que ça m'ouvrirait des portes et au final pas trop parce que c'est pas assez spécialisé. On nous

> en demande toujours plus aujourd'hui, plus de technique dans les domaines particuliers, en commerce, en compta. Donc du coup c'est mieux de faire une licence, de se spécialiser après. Ça franchement c'est mieux. Mais après il y a tellement de choses qu'on pourrait faire… Je voulais faire de la logistique, je voulais faire des ressources humaines… Qu'est-ce qui m'intéresse aussi ? Les assurances. Il y a énormément de choses à voir donc du coup je me dis : "je peux pas choisir". Il faut qu'une entreprise m'amène à choisir cette spécialité parce qu'il y en a tellement. Je ferais tout moi si je m'écoutais. Il y a plein de choses intéressantes dans une entreprise donc…

De fait, cette polyvalence a souvent été avancée comme raison du choix de ces filières, alors que le projet professionnel n'était pas certain. C'est ainsi qu'Angélique rapporte son choix d'entrer en BTS Assistant de Gestion PME-PMI après le baccalauréat, pour se garder l'espace des possibles ouvert : « j'ai pris quelque chose qui n'était pas spécialisé dans une voie ».

Issue de la même formation et employée depuis neuf ans dans la même entreprise, Delphine reconnaît également le manque de spécialisation de son diplôme, et considère qu'il peut constituer un frein à l'accès à certains emplois plus qualifiés, alors même qu'elle pouvait convenir, dans le même temps, que son entreprise ne prenait pas en compte les certifications :

> Je me dis que ça m'aurait peut-être permis de me spécifier un petit peu plus, d'avoir un peu plus de diplômes et puis d'avoir plus de spécificités. Après je ne regrette pas non plus parce que j'ai trouvé un emploi quasiment aussitôt et je suis très bien où je suis. Oui avec un petit peu de recul, ça ne m'aurait pas fait de mal d'avoir une ou deux années de plus d'étude.

Désormais chargée de partenariat après avoir longtemps été assistante comptable et chargée de clientèle, elle oppose clairement la technicité de son poste actuel (« je fais vraiment quelque chose de plus technique »), qui nécessite une maîtrise de procédures complexes, au caractère plus simple de ses premières missions, constituées de tâches présentées comme isolées et à l'enchaînement mécanique :

> J'ai été à la comptabilité pendant onze mois. J'ai fait de la vérification de factures transporteurs. Après j'ai été avec la comptable fournisseurs. Je m'occupais de saisir sur ERP [Enterprise resource planning][1] les factures,

1 Logiciel utilisé par les entreprises pour gérer leurs activités (comptabilité, achats, gestion de projets, gestion des risques, etc.).

> de pointer les paiements fournisseurs. Je m'occupais aussi de toute la partie comptabilité clients donc je saisissais les chèques, je pouvais saisir des remboursements, faire un petit peu de tout, tout ce qui était compta vraiment basique on va dire. Pas les rapprochements, mais la saisie de factures, la saisie de règlements clients.

Il n'est dès lors pas étonnant de rappeler qu'en formation, les étudiants des BTS tertiaires étaient plus nombreux que les étudiants des diplômes industriels à considérer qu'il vaut mieux, pour intégrer le marché du travail, « être polyvalent » plutôt qu'« être spécialisé » (88,7 % contre 79,3 %)[2]. C'est ainsi que selon ces représentations, l'accès à des postes qualifiés dans le secteur tertiaire, implique une poursuite d'études. Cette conception était déjà bien présente chez les étudiants lorsqu'ils étaient en sections de techniciens supérieurs puisque la poursuite d'études était alors davantage envisagée, dans ces classes, en vue d'accéder à un emploi plus intéressant (50 % contre 30,3 % dans les spécialités industrielles), plutôt que pour viser un emploi mieux rémunéré (22 % contre 45,9 %)[3].

Romain, issu d'un BTS Comptabilité et gestion des organisations non validé, insiste ainsi sur la nécessité selon lui de continuer ses études pour atteindre un niveau de formation supérieure, et ainsi ne pas rester cantonné à des tâches simples et répétitives. Sans le Diplôme de comptabilité et de gestion (DCG), nécessitant trois années d'études supérieures, seuls les postes de « comptable de base » ou d'« aide-comptable » sont accessibles, selon lui :

> Comptable de base, c'est vraiment le comptable qui fait les écritures comptables basiques, qui fait… Alors je ne me souviens plus des termes exactement, ça fait un moment, mais je ne sais plus si on appelait ça des relevés de texes ou je sais pas quoi, c'est vraiment des trucs qu'on donne à des stagiaires. En vrai comptable de base, c'est vraiment le minimum de ce que fait un comptable en fait. C'est vraiment des trucs pas très intéressants,

2 À noter que 85,2 % des étudiants des BTS agricoles considèrent qu'il vaut mieux « être polyvalent » plutôt qu'« être spécialisé » pour intégrer le marché du travail. Ces filières ont pour spécificité de permettre l'accès aux métiers du domaine des services comme de l'industrie.

3 Un écart s'observe également à sexe tenu constant : les hommes des filières tertiaires étaient 40,3 % à souhaiter poursuivre leurs études en vue d'un emploi plus intéressant (contre 32 % dans les filières industrielles), tandis qu'ils étaient 35,5 % à souhaiter poursuivre leurs études en vue d'un emploi mieux rémunéré (contre 45,6 % dans les filières industrielles). Questionnaire P2, 2009.

> gérer des petites boîtes de cinq personnes, enregistrer les factures. Si on veut faire des gros dossiers, avoir des gros clients, un BTS Compta, ça ne suffit pas.
> *C'est plus du secrétariat en fait ?*
> Oui… C'est vraiment les petites tâches comptables que les gens ne trouvent pas très intéressantes et qu'il faut faire quand même.

Les BTS du secteur tertiaire semblent dès lors constituer, dans les propos des enquêtés, non pas un diplôme marquant une véritable professionnalisation, mais davantage une attestation d'un niveau d'études minimal pour pouvoir prétendre à une insertion dans l'emploi. Cette représentation s'oppose nettement à la technicité implicitement associée aux BTS des secteurs industriels. Ce sont ainsi 72,5 % des étudiants des STS industrielles et 71,1 % des étudiants des STS agricoles qui se projetaient, en début de 2e année, dans un emploi de « technicien » à l'issue de leur diplôme, quand ce n'était le cas que de 21,3 % des étudiants de STS tertiaires. Ces derniers s'imaginaient alors majoritairement dans un statut d'« employé » (57,4 %). Cette polarisation n'est pas sans rappeler le constat opéré par Jean-Pierre Faguer, au début des années 1980, à propos du sens différencié accordé aux baccalauréats technologiques tertiaires et industriels. Les destins envisagés des diplômés d'un baccalauréat G (secrétariat, comptabilité, techniques commerciales) se situaient alors à distance de la figure du « technicien », anticipée quant à elle largement par les diplômés d'un baccalauréat E (Mathématiques et technique) : « C'est ainsi que le baccalauréat G1, le seul sans épreuve de mathématiques, tend à devenir le diplôme féminin de base, celui qui peut mener un peu à tout, ce qu'était il y a une vingtaine d'années le BEPC, […] comme si sa "valeur" était liée moins à une compétence professionnelle précise, qu'à l'idée, assez vague, de culture générale exigée d'une secrétaire ou d'une employée de bureau […]. » (Faguer, 1983 : 91). La déconnexion perçue entre les filières tertiaires et la formation technique n'est pas sans recouvrir une division genrée, maintenant les diplômes les plus féminisés éloignés – dans les représentations – de la maîtrise de compétences spécifiques. Les emplois de techniciens sont d'ailleurs très majoritairement occupés par des hommes (79,4 %)[4]. Cette valence inégale de la qualification n'est pas sans effet sur le rapport au travail des anciens étudiants de STS (Orange, 2015). En effet, ceux issus des filières tertiaires sont majoritaires à éprouver

4 Enquête Emploi, INSEE, 2022.

parfois ou souvent l'impression que ce qu'ils font, n'importe qui pourrait le faire (52,5 % contre 40,3 % pour les sortants de filières industrielles ou encore 33,3 % des sortants de filières agricoles), concevant leur activité professionnelle comme relevant moins de savoir-faire singuliers.

STRUCTURATION ET DÉSTRUCTURATION DES VOIES PROFESSIONNELLES

La structuration des différentes voies de l'enseignement professionnel n'est pas pour rien dans ces visions différenciées de la technique et de la qualification. D'abord, tandis qu'il existait en 2008, au début de l'enquête, 66 spécialités de BTS industriels, il n'y en avait que 39 pour le secteur tertiaire et 21 pour le secteur agricole. Ainsi, les plus nombreuses déclinaisons des sections industrielles marquent des distinctions professionnelles fines (BTS Travaux publics et BTS Bâtiment, BTS Systèmes électroniques et BTS Électrotechnique, BTS Conception et industrialisation en microtechniques et BTS Conception de produits industriels, etc.), là où les formations tertiaires couvrent des branches sectorielles plus larges (la banque, le commerce, le tourisme, l'assurance, le notariat, etc.). Ensuite, l'attention portée à la composition scolaire des publics montre que les STS industrielles constituent davantage que les STS tertiaires et agricoles, des prolongements des voies technologiques et professionnelles de l'enseignement secondaire. Ainsi, au sein des étudiants de la cohorte, passés par ces formations, seuls 10,1 % étaient issus d'un baccalauréat général et seulement 8,7 % étaient en réorientation, en provenance d'une autre formation de l'enseignement supérieur[5]. En d'autres termes, une large majorité des étudiants avait déjà suivi un cursus dans un baccalauréat technologique (64,7 %) ou professionnel (24,2 %) en lien direct avec la spécialité de leur STS. En outre, 52,1 % des étudiants étaient scolarisés en STS dans l'établissement de leur baccalauréat, accentuant là encore la continuité entre leur formation antérieure et leur formation actuelle. Les propos de Kevin, diplômé d'un BTS Conception et industrialisation en microtechniques dans un lycée

5 Questionnaire P1, 2008.

de Charente, interrogé en fin de 2e année de formation, illustrent bien comment la STS vient s'inscrire dans la suite de la scolarité secondaire :

> Les profs qui font le BTS, c'est également les profs qui font la 1re et la terminale. La prof que j'ai en atelier là, je l'ai eu en seconde en ISP [Informatique et système de production], donc ça fait 5 ou 6 ans qu'on se connaît. Donc on se connaît maintenant [...] Et c'est ce prof qui fait ISP, c'est ce prof qui fait l'atelier pour les 1re-terminale. Enfin, ils sont plusieurs profs, ils sont 3, c'est ces profs-là qui font pour 1re-Terminale, et aussi BTS, 1re et 2e année. [...] Donc on est suivis de bout en bout.

A contrario, le taux de bacheliers technologiques ou professionnels en STS tertiaires est plus faible : respectivement 50,9 % et 14,7 %. Ce sont 34,4 % des étudiants de ces classes qui étaient issus d'un baccalauréat général et 21,2 % qui étaient en réorientation après une première expérience de l'enseignement supérieur. Par ailleurs, seulement 21 % des étudiants étaient scolarisés dans le même établissement que celui de leur baccalauréat. L'entrée en STS tertiaire procède donc moins d'un principe de prolongement au sein d'une filière de formation structurée et clairement nivelée, comme c'est le cas pour la voie industrielle. Cette séparation du BTS de son socle secondaire n'est pas sans conséquence sur les apprentissages et leur transmission. En effet, l'accueil massif de novices en STS entraîne le retour aux bases et la répétition du programme vu les années précédentes par les bacheliers technologiques et professionnels. Élodie, titulaire d'un baccalauréat Sciences et Technologies de la Gestion (STG), rencontrée alors qu'elle venait d'entrer en STS Assistant de manager, explicitait les effets de cette situation :

> C'est des cours que j'avais déjà faits les années auparavant, donc moi j'ai dit : « pour faire la même chose ce n'est pas la peine ». Et puis le secrétariat... [...] Mais au début je ne pensais pas que ce serait répétitif. Parce que là on reprenait depuis le début pour ceux qui venaient de L ou autre. Donc moi ça non.

Au terme de la première année, elle abandonne d'ailleurs la formation. Là où les sections industrielles fonctionnent selon une continuité et une progressivité dans les apprentissages, actant la montée en qualification, l'amnésie pédagogique qui prévaut dans les sections tertiaires contribue à renforcer l'impression d'une faible technicité des savoirs et des savoir-faire enseignés.

La filière agricole propose encore une autre structuration. À l'instar de la voie professionnelle tertiaire, le taux d'étudiants en provenance d'un baccalauréat général ou en réorientation y est relativement important (respectivement 34,2 % et 14,8 %). La filiation avec l'enseignement secondaire y est plutôt limitée, avec seulement 47 % des entrants issus d'un baccalauréat technologique et 18,8 % issus d'un baccalauréat professionnel. Pour autant, un élément qui les distingue des STS tertiaires et les rapproche des STS industrielles est la présence de poursuites d'études au sein-même de l'établissement. Ainsi, tandis que seulement 11 % des étudiants en STS tertiaires disposaient, au sein de leur lycée, de formations complémentaires au BTS, c'était le cas de près d'un tiers des étudiants en STS industrielles et agricoles (respectivement 29,4 % et 34,2 %). Ces résultats confirment, d'une part, la plus forte progressivité de la filière industrielle, proposant des paliers successifs, depuis le secondaire jusque dans le supérieur, mais aussi à l'issue du BTS, via des licences professionnelles portées pour partie par les lycées. D'autre part, se donne à voir l'existence d'une filière agricole relativement intégrée dans le supérieur, avec des établissements qui proposent également des cursus complémentaires au BTS. Cette offre scolaire pose son empreinte sur les parcours des étudiants, puisque parmi les anciens diplômés de BTS interrogés dix ans après, ce sont les titulaires d'un BTSA qui ont le plus poursuivi leur cursus (63,8 % contre 43,8 % pour leurs homologues des BTS industriel et 47,5 % pour leurs homologues des BTS tertiaires). Plus encore, ce sont eux qui ont atteint en plus grand nombre un niveau master ou plus : 25,9 % d'entre eux contre respectivement 15,6 % et 11,1 %. Cette présence de formations supérieures au BTS dans les établissements permet non seulement d'accueillir les diplômés qui prolongent leur cursus, mais encore elle banalise la poursuite d'études au sein de l'espace des possibles, qu'elle s'effectue dans le lycée ou ailleurs.

C'est notamment le cas pour Laurie[6], titulaire d'un BTS agricole Gestion et maîtrise de l'eau, qui a ensuite poursuivi son cursus en Licence professionnelle Gestion des territoires et de l'eau puis en Master Gestion de l'eau et de l'agriculture. Passée préalablement par un BEP puis un baccalauréat professionnel Production horticole, florale et légumière, elle fait partie des exceptions statistiques puisque parmi les bacheliers professionnels entrés en STS en 2008, seulement la moitié ont obtenu

6 Père : titulaire d'un CAP, cadre agricole ; Mère : titulaire d'un bac+2, comptable.

un diplôme de l'enseignement supérieur et environ 5 % sont inscrits dans une formation de niveau supérieur à Bac+3, cinq ans après leur baccalauréat (Jaggers, 2015). Si son passé scolaire a pesé objectivement sur son parcours en STS (elle reconnaît que la marche était « haute » depuis le lycée), il a aussi pesé subjectivement. En effet, seule étudiante issue d'un baccalauréat professionnel, ses enseignants « étaient sûrs [qu'elle] n'allai[t] pas avoir [son] BTS ». Elle raconte ainsi avoir subi des formes de découragements de façon à la faire abandonner :

> C'étaient des petites humiliations : m'envoyer au tableau pour des trucs très spécifiques en physique-chimie ou des trucs comme ça où je n'avais pas le niveau. Ils étaient très durs avec moi. Enfin quelques profs, pas tous. Après je leur ai demandé après le BTS et ils m'ont avoué ça. C'est pour ça que je me permets d'affirmer ça.
>
> *Parce que vous étiez de bac pro ?*
>
> Oui voilà. Ils n'avaient pas confiance en mes capacités.

La trajectoire de Laurie, marquée par une spécialisation progressive dans la gestion de l'eau, ne se traduit pas pour autant dans la position professionnelle qu'elle occupe dix ans après le BTS. L'enquête longitudinale montre ici encore tout son intérêt, en ce qu'elle permet de mettre au jour des évolutions, dix ans après, qui ne correspondent pas à celles que laissaient présager les situations mesurées au sortir de la formation. Après avoir travaillé quelques années dans l'action publique territoriale, en tant qu'animatrice de bassin versant, en charge de la protection d'un captage d'eau, en lien avec les agriculteurs et les élus locaux, elle est désormais professeure des écoles contractuelle dans une école primaire privée, en attendant de passer les concours de l'enseignement.

ÊTRE UN « BON TECHNICIEN »

Au-delà du degré de spécialisation, la dimension « technique » est plus facilement accordée aux métiers industriels, qui portent sur « le soin des choses » (Denis, Pontille, 2022) plutôt qu'aux métiers de service, qui reposent sur le soin ou la relation aux personnes. Les métiers industriels relèvent en effet, dans l'imaginaire, mais aussi dans les codifications institutionnelles, de savoir-faire techniques plus nombreux que les métiers de service. À titre d'exemple, la fiche métier relative aux « assistants de direction » du code ROME, détaille ainsi 22 savoir-faire, 3 savoir-être professionnels et 10 savoirs (dont deux techniques professionnelles) associés à ces fonctions, quand la fiche métier relative aux « techniciens de maintenance industrielle » décline 59 savoir-faire, 4 savoir-être professionnels et 23 savoirs, dont 3 techniques professionnelles. Cet exemple, qui mériterait de faire l'objet d'une systématisation, montre d'abord toute la difficulté à penser, à qualifier et à transcrire les compétences des métiers des services, sauf à croire que ces derniers impliquent moins de savoir-faire que les métiers de l'industrie. Ensuite, le niveau de précision entre les savoir-faire et les savoir-être apparaît sans commune mesure, participant à renforcer encore, par anamorphose, la très haute technicité des métiers industriels et, à l'inverse, la faible technicité des métiers tertiaires. L'arborescence ROME ne propose ainsi que 16 types de savoir-être professionnels, contre 6136 savoir-faire. Les compétences relationnelles sont en effet souvent présentées comme une spécificité des métiers de service. Or, souvent conçues comme relevant de qualités féminines innées, elles constituent des « compétences féminines non-explicitées » (Avril, 2003 ; Monchatre, 2010). La réforme des BTS Assistants, débutée au début des années 2000, était justement inscrite dans un mouvement de formalisation des compétences associées aux emplois du secteur tertiaire, et plus spécifiquement aux métiers basés sur le relationnel. Elle a abouti en 2008, au moment du début de l'enquête, à la fusion des BTS Assistant de direction et Assistant secrétaire trilingue dans le BTS Assistant de manager, puis, en 2009, à la rénovation du BTS Assistant de gestion PME-PMI auquel a été ajoutée la mention « à référentiel européen ». La lecture des actes du séminaire national intitulé « Rénovation du BTS Assistant manager », qui s'est tenu en décembre 2007 montre bien qu'un des enjeux de cette réforme était l'identification et l'évaluation de savoir-faire comportementaux trop souvent imputés à la personnalité des étudiants plus qu'au produit de leur formation[7].

Mais, à écouter les sortants d'un BTS industriel décrire leur pratiques professionnelles, la division supposée entre métiers techniques, d'une part, et métiers relationnels, d'autre part, se fissure. Comme le soulignent

7 https://media.eduscol.education.fr/file/Formation_continue_enseignants/12/6/actes_BTS_AM1_110126.pdf (consulté le 23/10/2024)

justement Nicky Le Feuvre, Natalie Benelli, Séverine Rey, « si une partie des analyses féministes s'efforce de déconstruire l'idée que les femmes seraient naturellement plus aptes aux activités relationnelles que les hommes, elles ont en même temps tendance à reproduire la croyance selon laquelle le relationnel constituerait la caractéristique centrale des métiers féminins peu qualifiés [...]. » (Le Feuvre, Benelli, Rey, 2012 : 6).

Ainsi, Mickaël, évoqué plus haut, titulaire d'un diplôme d'ingénieur, lorsqu'il présente son activité de maître d'œuvre d'exécution qu'il exerce depuis sept ans dans la même entreprise, insiste davantage sur les savoir-être et sur les compétences relationnelles nécessaire à son métier. Il dépeint ainsi le secteur du bâtiment comme « un grand théâtre », où la « psychologie des échanges » et l'ajustement du discours ont leur importance :

> Je schématise comme ça, mais on va avoir différents interlocuteurs en termes de niveaux d'échange. Je vais aussi bien parler avec les ouvriers ou... Voilà, il faut rester assez simple sur des trucs techniques et plus axés sur le boulot. Après, on va avoir les conducteurs de travaux, on va avoir les clients aussi, parce que c'est eux qui nous paient, on va dire. Il faut rester cordial et ferme et ainsi de suite. Donc en fait, suivant les interlocuteurs, le discours évolue, enfin change, et les façons de parler changent aussi. Donc on peut avoir des choses vraiment plus brutes sur le chantier dans le sens où on ne va pas aller par quatre chemins. On va faire ci, on va faire ça et ainsi de suite. Et on va parler sur un bout de plan, comme des fois on va aller présenter un dossier à des élus, voilà. Je ne sais pas si vous voyez ce dont je veux parler ?
>
> *Oui, oui.*
>
> C'est tout ça que j'aime bien. Après c'est pareil, dans les échanges avec les conducteurs de travaux pour lesquels on chapote les entreprises, suivant les personnalités de chacun on va aussi adapter le discours parce que par exemple, on sait qu'avec certains ça ne sert à rien par exemple de gueuler comme un abruti parce qu'on sait que ce n'est pas de cette manière-là qu'avec eux on va avancer, c'est plutôt justement dans une autre façon d'approcher. Alors que d'autres il va falloir plutôt leur rentrer dedans. Voilà. Même au sein d'un panel d'interlocuteurs, on recherche d'autres ficelles pour pouvoir arriver à nos fins en fait sur l'objectif qui est pour nous de finir un chantier dans les temps avec l'aspect financier et l'aspect qualitatif.

L'interface que les techniciens issus des sections industrielles sont amenés à jouer avec les clients, mais aussi entre ouvriers et supérieurs hiérarchiques, les oblige non seulement à savoir conduire les interactions langagières mais aussi à savoir les adapter au type d'interlocuteur auquel ils ont affaire. Anthony, technicien planning, ne dit pas autre chose lorsqu'il résume ses missions : « c'est du relationnel à fond ! » :

> En fait, oui, je m'occupe de savoir et de dire à quel moment il faut qu'on sorte quelle pièce ou quel élément pour que les achats l'aient à temps, pour que ce soit commandé et livré à l'heure. [...] En fait par exemple, on fait un siège conducteur, la personne doit contacter le fournisseur qui lui dit : « moi j'ai tel et tel sièges » et puis après nous l'ingénieur en place dit : « ok on va prendre celui-ci ». Ça c'est le choix de la technologie. Après cette technologie, il l'implante dans le train et il regarde comment il va la fixer. Donc là, lui crée des supports pour fixer le siège et ça c'est l'installation siège par exemple. Il faut qu'il ait un plan à telle date, après, qu'il nous fasse un 3D à telle date et il y a aussi des jalons qu'il faut qu'il valide avec les managers et tous les gens qui sont autour, en disant : « bon tout ça c'est bon. On n'aura pas de problème avec la maintenance ? On n'a pas de problème avec les câbleurs parce qu'il n'y a pas un câble qui passe là ? » C'est tout ça. Moi je suis juste là pour dire : « là tu es en retard, il faut que tu fasses ça avant ça, sinon on ne pourra pas avoir la pièce à temps », parce qu'après, quand le train va arriver, il faut que nous on monte les pièces dedans. Si la pièce n'est pas là, on attend et on bloque la chaîne pour ça.
>
> *Et donc c'est par téléphone que vous faites ça ou par mail ?*
>
> Ah non, je vais les voir, c'est du relationnel à fond.

Ces postes impliquent de pouvoir se mettre doublement à la place des personnes que l'on encadre, d'un point de vue technique (être en capacité de réaliser leurs tâches) mais aussi d'un point de vue empathique (adopter leur point de vue). Benjamin, gérant d'un garage poids-lourds en Vendée, qu'il a racheté à son père, apprécie ainsi d'avoir occupé successivement différents postes depuis le bas de l'échelle, ce qui le rend plus légitime auprès de son équipe :

> Moi j'ai beaucoup de mal avec les intitulés de formation, parce que je me souviens qu'à l'époque, sorti de BTS, je pouvais être chef d'atelier, je pouvais être réceptionnaire, enfin des postes qui demandaient beaucoup de connaissance, beaucoup de... comment dire... pas d'ancienneté mais qu'on ne peut pas briguer en sortant d'un BTS en fait. Il faut mettre les choses en pratique. C'est pour ça que je suis passé par l'atelier. Et même aujourd'hui pour être gérant du garage, je suis repassé par la fosse à faire des vidanges, et puis chef d'équipe, et puis à la réception pour savoir comment ça se passait, et puis après à la facturation, et puis aujourd'hui je garde la partie facturation quand même mais je m'occupe du social.

Par ses propos, il met en avant la centralité, dans son travail, de la collaboration (« il faut travailler avec les équipes » ; « on s'appuie sur les équipes »), de la mise en œuvre d'un management participatif (« comment vous voyez les choses ? qu'est-ce qu'on pourrait faire là-dessus ? »), de la valorisation des employés ou encore de l'écoute (« le chef d'équipe qui va peut-être m'interpeller pour me dire : "il y a Untel qui n'est pas en forme aujourd'hui, ce serait bien que tu ailles le voir" »). La prégnance de ces compétences relationnelles dans le travail effectif de Benjamin comme dans celui d'autres sortants des STS industrielles, vient remettre en question les frontières entre le soin des choses et le soin des personnes, la polyvalence et la spécialité, le savoir-faire technique et le savoir-être, donnant à voir des situations de travail composites (Cartier, Lechien, 2012). Cela montre la nécessité de déconstruire les codifications professionnelles en vigueur, biaisées par le tropisme de la technicité des métiers masculins, pour donner à voir, derrière le travail tel qu'il est qualifié (à plusieurs titres), le travail réel. Benjamin insiste encore, dans son propos, sur les compétences pédagogiques inhérentes à ses fonctions. À ce propos, il n'est pas inintéressant de revenir sur les « principales qualités / points forts en BTS » qu'il s'attribuait dans le 3e questionnaire, administré en fin de 2e année de STS. À cette question ouverte, il répondait : « Ouverture d'esprit. Bon technicien ». Interrogé en entretien l'année suivante, quelques mois après l'obtention de son diplôme, il précisait à ma demande ce qu'il entendait par « bon technicien » : « Un bon technicien [...] c'est quelqu'un qui va être capable de réaliser la chose, seul. Et qui va être capable aussi de l'expliquer. Oui, on vient lui poser une question là-dessus, il saura répondre. Il sera capable – même s'il n'a pas la réponse –, il sera capable de chercher de lui-même et d'apporter la réponse. Il a de bonnes bases et il sait travailler ». La transmission constitue ainsi encore une dimension centrale du rôle du technicien, montrant encore le caractère artificiel de la séparation entre métiers du savoir-faire et métiers du savoir-être.

L'attention précise aux contenus d'activité des diplômés d'un BTS montre combien les techniques mobilisées dans les métiers du tertiaire et dans les métiers de la production sont hétérogènes et débordent les partitions usuellement opérées. Les « techniciens supérieurs » se caractérisent par des postes polyvalents, des postes d'interface, où les techniques opérationnelles et le relationnel sont foncièrement imbriqués. Pour autant, ces compétences partagées ne font pas l'objet d'une égale reconnaissance dans les grilles statutaires et salariales au moment de l'accès à l'emploi. Ces différences se rejouent et perdurent dans l'avancée dans la carrière, alors que ces trentenaires expriment et nourrissent un fort sentiment d'insécurité statutaire sur le marché du travail.

TROISIÈME PARTIE

DES CARRIÈRES CONTRARIÉES

Extrait du questionnaire BTS+10 : « Je pense que nous ne sommes pas faits pour vivre qu'une seule vie mais plusieurs.

Nous apprenons bien plusieurs langues, plusieurs méthodes de résolutions de problèmes en entreprises… nous avons la possibilité encore de pouvoir se retourner auprès de formations diverses et variées à travers diverses solutions de mise en disponibilité de la personne. Soit par les CIF [Congé individuel de formation], DIF [Droit individuel à la formation] ou auprès d'organismes comme pôle emploi et bien d'autres. La conjoncture actuelle en entreprise démontre encore bien que notre modèle sur lequel est fondée l'industrie française et européenne est le modèle économique et surtout celui du profit.

Aujourd'hui, les sociétés les moins rentables licencient et laissent des gens du jour au lendemain sur le carreau.

Un emploi stable et sûr n'existe pas ou très peu, c'est pourquoi je pense qu'une vie entière consacrée à un emploi est, d'une part, soit une conviction et pourquoi pas une passion, mais rares sont les gens qui pourraient se sentir concernés…

Ce seul sentiment est alors ressenti, pour ma part, par les personnes qui se reconvertissent et font ce qu'ils ont toujours voulu ! Ils auront donc une 2e vie…

Nous ne vivons pas la même génération que nos parents et ne sommes plus obligés de tenir toute une vie dans un travail non gratifiant et rébarbatif. »
Homme, né en 1990, père : formateur au chômage, mère : inactive, BTS Conception des produits industriels puis Licence professionnelle management des méthodes et qualité, au chômage après avoir été pendant 5 ans agent de maîtrise en industrialisation en CDI

S'interroger sur une éventuelle spécificité du rapport au travail des jeunes générations (Méda, Vendramin, 2010 ; Loriol, 2017) ne saurait se faire, comme on l'a vu, sans articuler effets proprement scolaires (parcours, spécificité des filières...) et spécificités du marché du travail dans lequel elles se projettent. C'est sur cette dernière dimension que voudrait insister cette partie. En effet, la construction des aspirations est (pour partie) tributaire des possibles professionnels auxquels elles sont confrontées. Les évolutions structurelles et conjoncturelles des formes d'emploi, des modalités d'insertion, de la mobilité professionnelle ou encore des conditions de travail, sont autant d'autres éléments qui contribuent à encadrer la façon dont ces jeunes se pensent et se vivent dans leur activité professionnelle, et sur lesquelles viennent se réfracter les appartenances sociale et de genre (Bidart, Lavenu, 2006 ; Testenoire, 2001). Les systèmes de préférences des jeunes et les calendriers biographiques se construisent ainsi à la rencontre entre les dispositions héritées et acquises et les possibles familiaux, professionnels ou résidentiels qui s'offrent à eux. Camille Peugny relevait ainsi en 2011, en s'appuyant sur l'édition 2006 de l'enquête *European Social Survey* (ESS), que les jeunes Français (18-34 ans) figuraient parmi les plus pessimistes à l'égard de l'avenir et étaient une large partie à considérer que la société ne leur laissait pas montrer ce dont ils étaient capables[1]. Il éclairait ce résultat par l'importance du taux de chômage des jeunes, d'une part, et la précarité de l'emploi, d'autre part, avec notamment une sur-représentation des contrats courts autrement appelés « formes particulières d'emploi » pour les jeunes en France par rapport à d'autres pays. En effet, en 2011, les jeunes salariés de 15 à 29 ans avaient 6 fois plus de chances que ceux de 30 ans et plus d'occuper un emploi temporaire plutôt que d'être en CDI ou titulaire de la fonction publique (Minni, Pommier, 2012). De même, les jeunes actifs sont également davantage touchés par les situations de sous-emploi[2].

Si l'insécurité du marché du travail constitue en effet un facteur fort d'instabilité professionnelle des trentenaires, l'enquête montre également

1 50 % des répondants, soit 10 points devant le Portugal, second pays du classement (Peugny, 2011).

2 « En moyenne annuelle, parmi les jeunes de 15 à 29 ans occupant un emploi, 4,5 % des hommes et 11,4 % des femmes sont en situation de sous-emploi en 2011, contre respectivement 2,6 % et 7,9 % pour l'ensemble des 15-64 ans. » (Minni, Pommier, 2012 : 8)

le rôle important du plafonnement des carrières (faibles possibilités de progression salariale et de promotions internes) dans la production de situations de désajustement au travail. Le manque de reconnaissance et/ou la sensation d'insécurité incitent alors au changement d'emploi (effectif ou seulement envisagé), qui vient renforcer à son tour le sentiment d'instabilité. C'est au final un engagement durable dans l'emploi, souvent empêché, qui se fait jour dans l'analyse des parcours.

L'IMPOSSIBLE CARRIÈRE

Entrés en STS au moment de la crise économique de 2008 et confrontés à cette occasion directement, pour certains, à la perte d'emploi d'un de leurs parents, ces enquêtés ont développé un rapport au travail et à l'avenir professionnel marqué par l'aléa. C'est ainsi que nombreux étaient les étudiants, en première année puis en deuxième année de formation, à ne pas savoir s'ils trouveraient facilement un emploi avec leur diplôme, pointant la responsabilité de la « crise », soulignant l'« incertitude » actuelle du marché du travail et mentionnant l' « évolution » constante de la situation économique.

UNE INSTABLE STABILITÉ STATUTAIRE

Plus de dix ans plus tard et malgré des situations professionnelles établies en apparence, les signes d'inquiétude demeurent présents chez ces trentenaires. Jessica, secrétaire en CDI dans un garage depuis 2011, titulaire d'un BTS Assistant de gestion PME-PMI, estime « possible » de perdre son emploi dans les prochaines années, mettant en avant « beaucoup d'incertitude dans le monde du travail ». Ludovic, technicien en programmation en CDI depuis 2013 dans une entreprise de plus de 100 salariés, titulaire d'un BTS Outillage et mise en forme des matériaux, ne peut s'empêcher d'envisager que « le secteur de l'aéronautique » puisse « couler », rendant possible une perte d'emploi. De fait, les travaux montrent que les ruptures de CDI, du fait de l'employé comme de l'employeur, tendent à augmenter ces dernières années (Paraire, 2015 ; Perez, 2014). Par ailleurs, l'augmentation de l'inquiétude des jeunes Français à l'idée de perdre leur emploi constitue un résultat de la comparaison des vagues 2005 et 2015 de l'ISSP (programme international d'enquêtes sociales)

(Papuchon, 2020). À la situation économique fragile vient s'ajouter le contexte particulier de la crise sanitaire de la COVID-19, qui renforce le sentiment d'incertitude et contribue à ne plus être parfaitement assuré socialement par la détention d'un contrat à durée indéterminée. Dorothée, agent d'accueil en CDI en charge de la sécurité dans un casino depuis 2017, titulaire d'un BTS Assistant de manager puis d'un master de langues étrangères appliquées, croit « très probable » de perdre prochainement son emploi, « vu la conjoncture actuelle ».

Plus de la moitié des enquêtés en CDI (53,7 %, contre 9,5 % des fonctionnaires) estiment ainsi possible ou probable de perdre leur emploi dans les cinq prochaines années, montrant le rapport ambivalent à l'égard de ce contrat. À la stabilité objective de la majorité des positions constatées vient s'opposer une instabilité subjective largement ressentie. Céline, intervenante sociale en gendarmerie en CDD depuis quelques mois, titulaire du diplôme d'État de conseillère en économie sociale et familiale après un BTS Économie sociale et familiale, écrit dans son questionnaire sa défiance à l'égard du CDI :

> Bonjour,
>
> À mon humble avis, je pense qu'il serait intéressant pour une fois, dans une enquête, de préciser que le CDI n'est pas le graal même si cette idée est amplement véhiculée par la société.
>
> La majeure partie du temps, les personnes cherchent à avoir un CDI pour avoir un prêt immobilier, pour avoir des enfants (et être payée confortablement pendant le congé maternité).
>
> À mon sens il ne s'agit pas d'une sécurité. La vraie sécurité en termes d'emploi c'est le réseau, plus le réseau est grand/riche plus on trouve un emploi facilement. À ce moment-là, le CDD est beaucoup plus intéressant que le CDI. Il permet d'être mobile sans avoir peur de se retrouver sans ressource (car il y a le chômage). Personnellement, à chaque fois que j'ai quitté des CDI (pour rejoindre mon conjoint ou pour améliorer mes conditions de vie) je suis partie sans rien. La rupture conventionnelle n'étant pas automatique (loin de là, sauf si notre employeur veut se « débarrasser de nous » sans avoir à nous licencier). Enfin c'est un long débat et c'est très personnel mais je pense que réduire « faire des bonnes études = peu de chômage = sécurité et épanouissement » est erroné. La qualité de vie reste autour de moi la motivation principale, peu importe l'emploi occupé, le type de contrat, etc. Bonne journée ! Céline

Kevin, titulaire d'une licence professionnelle à la suite d'un BTS Commerce international, est facteur depuis 2017 avec un contrat de CDI intérimaire et se montre peu optimiste sur la stabilité de son emploi.

C'est dans ce sens qu'il interprète la question « Envisagez-vous d'exercer le même métier toute votre vie[1] ? », à laquelle il répond par la négative, en précisant : « L'environnement économique est trop incertain, les CDI ne sont plus une garantie réelle d'avoir un emploi à long terme donc il faut rester en veille quasi permanente pour saisir les opportunités qui peuvent parfois se présenter. »

L'incertitude statutaire des trentenaires se double et se renforce, chez certains, d'une assurance financière elle-même relative. Un nombre important d'enquêtés nourrissent le sentiment de ne pas avoir dépassé le niveau de vie de leurs parents. Ce sont ainsi 38,8 % qui estiment ne pas « avoir le sentiment de mieux vivre que [leurs] parents au même âge », contre 37,5 % des enquêtés qui estiment que c'est le cas ; le dernier quart des répondants (23,7 %) ne parvenant pas à comparer leurs situations respectives.

Moins fondée sur le statut de l'emploi occupé, la frustration des enquêtés porte plutôt principalement sur la faiblesse ressentie de leur pouvoir d'achat au regard de leurs aspirations nouvelles. Ce sont ainsi 53,4 % des répondants à l'enquête « BTS+10 » qui disent rencontrer des difficultés financières exceptionnellement (29,9 %) ou régulièrement (23,7 %).

Objectivement, le niveau de salaire net mensuel médian des enquêtés est de 1 700 €, ce qui les situe un peu en dessous des sortants de la Génération 1998, dix ans après, tous niveaux de l'enseignement supérieur confondus (1 842 €), mais bien au-dessus des sortants du secondaire de la même génération, tous niveaux confondus (1 398 €) (Recotillet, Rouaud, Ryk, 2011). Logiquement, leur niveau de salaire est corrélé au plus haut niveau de diplôme obtenu : il est de 1 470 € pour ceux qui ont arrêté avant la fin du BTS et dont le plus haut diplôme est le baccalauréat, il est de 1 650 € pour ceux qui ont terminé leurs études avec le BTS, de 1 785 € pour ceux qui ont un niveau Licence ou Bac+4, et enfin de 2 350 € pour les diplômés d'un master ou d'un doctorat. Plus largement, les données du CEREQ montrent que pour les jeunes sortis de formation en 2010, les trajectoires salariales sont

1 Cette question visait plutôt à savoir si les enquêtés se projetaient subjectivement dans un même emploi ou métier toute leur vie, et non pas de manière objective, s'ils pensaient être potentiellement empêchés de le faire. Ce qui rappelle encore une fois les sociologues à la prudence dans le sens conféré aux réponses (Bessière, Houseaux, 1997).

marquées par une plus faible progression que pour les jeunes sortis en 1998 (Epiphane *et al.*, 2019).

Un grand nombre d'enquêtés témoigne de pratiques de consommation nouvelles offertes par leur situation professionnelle (Bernard, 2016) qui peuvent les distinguer à la fois de leurs parents, qui ne disposaient pas d'une telle liberté économique ni d'une telle accessibilité aux biens, mais aussi des classes les plus précarisées, caractérisées par le manque. Cependant, leur aisance financière demeure toute relative et marquée par la contrainte. Émilie, titulaire d'une licence professionnelle gestion des ressources humaines, à la suite d'un BTS Assistant de manager, en emploi de consultante paie et formatrice depuis 4 ans (CDI) dans une grande entreprise de plus de 100 salariés (2 375 € de salaire net mensuel), reconnaît qu'elle a accès à « plus de loisirs » et « plus de vacances » que sa mère, secrétaire, qui élevait seule ses deux enfants. Fatima, titulaire d'un CAP petite enfance à l'issue d'un BTS Assistant de manager, actuellement en congé parental, souligne qu'elle se fait « plus plaisir en partant en vacances, en sortant… » que ses parents, respectivement ouvrier et mère au foyer. Pour autant, ces nouvelles aspirations à la consommation de biens matériels, culturels et symboliques, liées notamment à l'allongement des scolarités, se heurtent souvent au décalage entre leur salaire et le coût de ces biens. Les discours des enquêtés donnent ainsi à voir un ethos du « faire plaisir en comptant », un hédonisme budgétisé ou encore une aisance contrainte (Cusin, 2012), qui les distingue de la liberté économique des classes supérieures ou des classes moyennes les plus intégrées.

Le décalage éprouvé par certains entre mobilité sociale objective et mobilité sociale subjective tient ainsi moins au fait de ne pas avoir pu atteindre les positions ou les statuts initialement souhaités qu'aux limitations rencontrées une fois ces positions et statuts atteints. L'ouverture plus rapide de leur espace des pensables que de leur espace des possibles contribue ainsi à faire dire à certains que leurs parents vivaient « mieux avec moins ». Si les revenus des enquêtés sont très souvent supérieurs à ceux de leurs parents, ils s'accompagnent d'ambitions elles-mêmes plus élevées : « à l'époque ils se contentaient de peu », « nos besoins, nos attentes ne sont plus les mêmes », « nous avons de l'ambition en plus ». L'augmentation continue du coût de la vie au cours des dernières décennies contribue par ailleurs à contrarier encore ces espérances nouvelles. Les faibles progressions salariales au cours de leur début de carrière participent également à plomber leurs désirs nouveaux, ainsi que l'exprime Loïc, agent de sécurité incendie, diplômé d'un BTS Bâtiment et enfant de cadres de la fonction publique : « Le salaire n'était encore à leur époque pas aussi bas par rapport au coût de la vie (alors que depuis que je suis fonctionnaire en 2012, le salaire n'a presque pas augmenté contrairement à tout le reste). »

DÉSILLUSIONS PROFESSIONNELLES

Malgré leur relative jeunesse sur le marché du travail, un certain nombre d'anciens étudiants de BTS donnent également déjà à voir des signes de désaffiliation à leur poste ou à leur métier. Si l'âge de la trentaine peut être considéré comme un âge de stabilisation professionnelle, il peut aussi constituer un âge de remise en cause d'une stabilité pourtant récemment acquise, lorsque les salariés ont le sentiment « d'avoir fait le tour » d'un poste dans lequel ils sont parfois depuis près de dix ans, et qu'aucune perspective de progression ou de promotion dans l'entreprise ne semble possible à moyen ou long terme, ou que les rétributions financières comme symboliques sont jugées insuffisantes. Les changements dans les autres sphères de vie, comme la mise en couple puis l'arrivée d'un enfant, peuvent également venir perturber les équilibres professionnels. À 30 ans se donnent aussi à voir des usures corporelles, pour les emplois à la pénibilité la plus forte, qui peuvent venir là encore infléchir les carrières. Les mobilités professionnelles (changement d'emploi, changement de statut) (Dubost, Tranchant, 2019), mais aussi les ruptures professionnelles (changement radical de métier et de domaine professionnel) (Denave, 2006), réelles ou envisagées, prennent une place importante dans la décennie passée des trentenaires étudiés.

Les parcours d'entrée dans l'emploi sont ainsi fréquemment marqués par la mobilité professionnelle et les retours en formation, cette tendance tendant à s'accroître au fil du temps (Denave, 2015 ; Bonnet, Mazari, Verlay, 2018). Comme on l'a vu dans la première partie, parmi les répondants, 18,2 % font état d'une reprise d'études au cours des dix dernières années et 20 % envisagent de reprendre peut-être ou sûrement leurs études par la suite. Les résultats de l'enquête *Génération 2010* montrent que ces retours précoces en formation ne sont pas exclusivement liés à des difficultés d'insertion mais tiennent aussi, pour beaucoup, à une volonté de progression ou de réorientation professionnelle (Mora, Robert, 2017).

Un peu plus de 27 % des enquêtés déclarent ainsi envisager très probablement de chercher un autre emploi dans les cinq prochaines années, quand 52,4 % estiment possible cette éventualité. Plus généralement, la norme de la carrière continue dans un métier est loin de recevoir l'adhésion : ce sont 46,5 % des enquêtés qui n'envisagent pas d'exercer le même métier toute leur vie, contre 8 % qui envisagent au contraire sûrement de le faire.

Les verbatims recueillis permettent de saisir autrement la remise en cause effectuée par un certain nombre de trentenaires d'une vie professionnelle passée dans le même emploi ou même métier, rapport au travail qu'ils associent souvent à la génération de leurs parents. Ce constat invite à questionner l'analyse habituelle des débuts dans la vie active des jeunes en termes de stabilisation professionnelle[2], alors même que les variations (effectives ou souhaitées) semblent en constituer un principe fort. Mais là encore, plutôt que de présupposer d'un rapport au travail inhérent culturellement aux nouvelles générations, il convient de considérer plus finement les conditions d'emploi et de mettre en évidence les conditions d'émergence de la mobilité professionnelle réelle comme de sa rhétorique.

« Je pense simplement que depuis des années, les gens ne restent plus statiques dans une entreprise, ont besoin d'évoluer, de plus de reconnaissance et de rémunération et que les salaires augmentent plus vite en changeant d'entreprise qu'en restant dans la même. »

« Je n'ai pas envie de m'enterrer toute ma vie dans un même métier. Je veux découvrir autre chose, je tends à trouver un métier non plus alimentaire mais dans lequel je m'épanouirai réellement. »

« La vie est trop courte pour se cantonner à une seule longue expérience, il faut explorer, découvrir, s'épanouir (ce que le système scolaire à mes yeux ne permet pas, ou en tout cas ne facilite pas.) »

« Une carrière c'est long. Explorer d'autres métiers me tente. »

2 Voir également comment le temps de l'insertion professionnelle s'est progressivement institutionnalisé comme nouvel « âge de la vie » (Lima, 2008).

> « Le monde évolue et donc je ne pense pas que l'on puisse exercer le même métier toute sa carrière aujourd'hui et je suis plutôt vers le changement. »
>
> « Impossible de savoir de quoi demain sera fait. Il faut s'adapter en continu dans un monde du travail en perpétuel mouvement. De plus, mes goûts professionnels peuvent évoluer dans le temps. »

Source : Enquête BTS+10, 2020-2021. N=62 répondants.

ENCADRÉ 1 – Exemples de précisions apportées à la réponse à la question : « envisagez-vous d'exercer le même métier toute la vie ? »

Ainsi, plutôt que de présumer que les jeunes ne souhaiteraient pas s'engager loin dans l'emploi, il peut être pertinent de retourner l'analyse et d'envisager en quoi les emplois que certains et certaines exercent ne leur permettent pas une telle projection. Les résultats de l'enquête montrent que, tendanciellement, les enquêtés trouvent des sources de satisfaction dans leur travail, comme l'impression de faire quelque chose d'utile aux autres, éprouvée souvent ou parfois par 93,6 % d'entre eux. La « fierté du travail bien fait » (Clot *et al.*, 2021) constitue un autre élément très largement partagé, éprouvée souvent ou parfois par 97,6 % des enquêtés. Une grande majorité a l'impression d'être reconnue parfois à sa juste valeur (78,8 %), mais la systématicité de cette reconnaissance ne concerne que 22,2 % des enquêtés et 21,2 % considèrent ne l'être jamais. La reconnaissance au travail demeure ainsi fragile, puisque 55,2 % des enquêtés éprouvent, souvent ou parfois, le sentiment d'être exploités, tandis que près de la moitié (46,8 %) ont le sentiment que n'importe qui pourrait faire leur travail, signifiant par là qu'ils ne se sentent pas particulièrement indispensables ou dotés de compétences spécifiques (Baudelot *et al.*, 2003). Enfin, l'ennui au travail est éprouvé par 45,5 % des trentenaires interrogés, régulièrement ou plus exceptionnellement.

Pour ceux qui considèrent qu'il leur serait impossible d'obtenir une promotion professionnelle dans les cinq prochaines années (26,4 % des répondants actifs), le taux de ceux qui envisagent très probablement de chercher un autre emploi passe à 44 % (contre une moyenne de 27 %). De même, pour ceux qui déclarent ne jamais être reconnus à leur juste valeur dans leur travail, ce taux est de 45,6 %.

UN ENGAGEMENT FREINÉ

Les entretiens réalisés confirment un rapport engagé au travail de la part des anciens étudiants de BTS, marqué par le souci de faire ses preuves, de progresser et de se voir confier de nouvelles tâches. Delphine, chargée de partenariat dans une entreprise de vente par correspondance de mobiliers et d'équipements de la maison située dans les Deux-Sèvres, recrutée il y a neuf ans, a changé plusieurs fois de postes depuis son arrivée. D'abord en charge du contrôle des factures, elle a ensuite intégré le service client, avant de passer quelques temps au SAV (Service après vente), et enfin de rejoindre le service partenariat, où elle est à l'heure actuelle. Si chacun de ces changements de postes, encouragés par sa supérieure, correspond à une montée en responsabilité, ils ne se traduisent pas par une montée dans la hiérarchie statutaire : « On a très peu de hiérarchie donc je ne vais pas dire que je monte en hiérarchie, mais j'ai plus de responsabilités. » Sa bonne volonté professionnelle se traduit par une augmentation de sa productivité et sa disponibilité pour d'autres missions :

> « en fait moi j'avance de plus en plus vite, on va dire. C'est vrai que je lui demande régulièrement d'autres tâches à faire. [...] elle sait que je n'aime pas m'ennuyer, m'embêter, me tourner les pouces. Donc j'ai besoin de travailler, j'ai besoin de m'occuper l'esprit. Là il n'y a pas longtemps, je lui ai demandé : "qu'est-ce que je peux faire d'autre ? Donne-moi des tâches supplémentaires." J'avais entre guillemets fait ce qu'elle m'avait demandé de faire pour les six premiers mois, j'ai bien avancé donc du coup il fallait qu'elle me trouve quelque chose d'autre. Donc, elle m'a donné d'autres tâches. Moi ça ne me dérange pas de travailler vite. De faire plusieurs choses à la fois, ça ne me dérange pas du tout. »

Si les changements de poste se sont toujours accompagnés d'une revalorisation salariale – qu'il a fallu à chaque fois négocier – Delphine éprouve malgré tout le sentiment qu'elle n'est pas forcément reconnue à sa juste valeur, prenant en charge des fonctions qui dépassent et son statut et son salaire : « Bon là je n'ai pas un salaire de responsable, je n'ai pas un poste de responsable, mais je pense que j'ai presque autant de responsabilités. » Ce sont au final des mobilités discrètes (Misset, Noûs,

2021) que réalise Delphine, plus horizontales que verticales. L'avancée dans la carrière ne s'actualise pas par une montée en grade, mais plutôt par un dépassement de fonction, source de frustration.

Delphine a d'ailleurs envisagé de partir, deux ans auparavant, du fait de ce manque de reconnaissance : elle a postulé à une offre d'emploi et a reçu une proposition d'embauche dans la foulée. Inquiète de perdre l'autonomie qu'elle apprécie particulièrement dans son travail, elle parvient alors à négocier une revalorisation financière pour rester finalement dans son entreprise (elle est actuellement payée 1 650 € nets mensuels) :

> […] j'en ai parlé à mon RH pour lui exprimer mon mal-être aussi, parce que forcément si on cherche à aller ailleurs c'est qu'on n'est pas forcément épanoui dans ce qu'on fait. Et il m'a proposé une petite rallonge au niveau du salaire donc forcément ça a fait pencher la balance aussi, je ne vais pas mentir.
>
> *Du coup il s'est aligné un petit peu sur l'autre salaire en fait ?*
>
> Oui, oui, il a fait une belle proposition donc je me suis dit : ok d'accord, il veut vraiment me garder. Après comme je lui ai dit : « c'est dommage d'en arriver là en fait, à aller voir ailleurs pour avoir une reconnaissance financière ».

L'exemple de Sandra, assistante de direction au niveau régional d'un groupe de gestion d'ÉHPAD, éclaire ici encore ces formes de carrières freinées :

> *Vous ne vous voyez pas forcément à moyen ou à long terme dans cette structure encore ?*
>
> Je m'étais déjà dit il y a cinq ans : dix ans maximum. Donc là ça fait la dixième année. Je pense que voilà j'ai fait le tour de mon poste. Je le maîtrise complètement. Je m'ennuie même des fois, je trouve le temps long donc je me dis que voilà il faut que… Après lors de mon entretien annuel, il m'a demandé, je lui ai dit que je m'ennuyais, que j'aspirais à apprendre d'autres choses, à gérer d'autres choses. Et je sais que mon travail actuel c'est au-delà de ce que l'on demande à une assistante de direction au niveau régional. Je fais beaucoup des tâches de mon directeur régional.
>
> *Oui, c'est ce que j'allais dire.*
>
> Mais là voilà il m'a proposé de faire autre chose mais voilà c'est sans condition financière à côté.
>
> *Et puis si c'est pour qu'il vous redonne encore un peu plus de son travail à lui, ce n'est pas forcément…*
>
> Oui. Après ce qu'il m'a proposé, ça me plaît, c'est de développer tout ce qui est commercial sur les établissements. Ça me plaira mais voilà, il faut qu'il y ait quelque chose derrière.

Les jeunes rencontrés font ainsi souvent état d'une pleine implication dans leur travail, en demande de diversification de leurs tâches et de leurs missions, qui se heurte souvent à des perspectives d'évolution faible et des formes de gratification financière, statutaire ou symbolique limitées. Alice, titulaire d'un BTS Assistant de gestion PME-PMI, rencontrée en entretien en 2012, alors qu'elle venait d'avoir son premier enfant et qu'elle connaissait une période de chômage, martelait à l'époque son attachement à sa « carrière » professionnelle. Elle prenait appui dans son discours sur deux expériences très différentes d'emploi : un poste de caissière dans la grande distribution et une courte mission de chargée de clientèle dans une grande mutuelle d'assistance :

> En fait, faire la même chose toute la journée… Ce mouvement toute la journée de… Non c'était vraiment pas vivable en fait. De se dire aussi… J'ai fait des études, j'avais fait des études dans le but d'avoir un poste à responsabilités, dans le but de penser à ma carrière. Et en fait, c'est très frustrant de se retrouver en caisse, de pas voir les heures passer, et surtout d'être traitée comme rien du tout. Enfin comme une personne qui… J'étais quand même gentille mais on me parlait méchamment. C'était même pas une question d'intelligence ou quoi que ce soit. C'est juste que je travaillais avec des gens… J'avais des supérieurs qui ne respectaient pas leurs employés. Donc c'était juste ça qui était très désagréable et frustrant, de se dire : « Après toutes ces études me retrouver là… Pourvu que je parte vite. » Parce que c'était pas vivable.
>
> *Oui donc là le chômage était mieux que ça ?*
>
> Donc là oui. Même le congé maternité a été bénéfique et du coup je me suis motivée à partir, à démissionner, à trouver un autre emploi. Et voilà. Donc c'est pas facile. Maintenant que j'ai goûté au travail en entreprise… Par exemple à AMI, j'y suis restée que trois mois mais c'était génial. Là j'ai trouvé des gens super sympas, je me suis fait des copines. En à peine trois mois j'ai eu beaucoup plus confiance en moi dans mon travail, j'ai eu des prises d'initiative, j'ai eu de très bonnes expériences, au téléphone par exemple, alors qu'avant j'avais jamais travaillé en étant au téléphone avec des sociétaires. Là c'était génial. Enfin bon, en trois mois je me suis dit : « faut que je fasse carrière là-dedans ». Voilà : « faut absolument que je trouve du boulot là-dedans ». Et au final ça regonfle un peu le moral.

Les ambitions affichées d'Alice semblaient à l'époque fortement remises en cause par sa situation familiale mais aussi la situation professionnelle de conjoint. Ouvrier boulanger, il projetait en effet de s'installer à son compte, ce qui ne manquerait pas de déstabiliser ses revenus. Alice admettait ainsi qu'elle appuierait sans doute son conjoint dans son projet, en le soutenant au foyer voire dans son entreprise, qui serait probablement un petit commerce en zone rurale. Semblait se dessiner alors une trajectoire toute tracée d'éloignement du marché du travail et des aspirations professionnelles initiales pour Alice. Or, la démarche longitudinale – et c'est tout son intérêt – a fait mentir cette projection et a rappelé que le sociologue ne doit pas prédire, mais seulement constater et expliquer. En 2020, en couple avec un nouveau conjoint, elle est chargée de partenariat pour une grande entreprise de vente à distance, en CDI, depuis quatre ans. Mais elle affiche déjà un profond ennui dans son travail et cherche à en changer, ne rencontrant pas les possibilités d'évolution escomptées : « je recherche un emploi avec des compétences adaptées à mon profil, avec une montée en compétences régulière. Une fois que je maîtrise mon poste, je m'ennuie et j'ai besoin de nouveaux challenges. »

Comme le montrent Pascal Barbier et Pauline Seiller (2015), c'est ainsi moins que les jeunes s'opposent à l'idée de carrière et de promotion, qu'ils ne se voient pas proposer les conditions d'une telle carrière et d'une telle promotion. C'est pourquoi un certain nombre d'enquêtés éprouvent le sentiment, malgré leur entrée somme toute récente dans l'emploi, de ne plus avoir de marge de progression dans leur poste et cherchent alors dans une mobilité professionnelle, des raisons de se remobiliser au travail.

L'EXPÉRIENCE DES LIMITES

Christophe, titulaire d'un BTS Travaux publics, chef d'agence d'un site de production industrielle béton en Loire-Atlantique, relate en entretien son parcours professionnel depuis 2012, année de son entrée sur le marché du travail après avoir obtenu son BTS en 2011 et suivi une chimiothérapie pendant un an pour traiter un lymphome de Hodgkin. En l'espace de huit années, il décrit une ascension rapide depuis un emploi d'intérimaire de responsable qualité jusqu'à un poste pérenne de responsable d'agence comprenant 6 salariés et faisant un chiffre d'affaires annuel d'un million trois-cent mille euros. Dès mon arrivée sur le site pour l'entretien, et alors qu'il m'offre un café, il annonce la couleur en me lançant : « pas mal pour quelqu'un qui était le dernier de la classe en BTS, non ? ».

Et donc après, en 2012, j'ai refait une saison au bac de Royan, le bac c'est le bateau qui fait la traversée entre l'estuaire de la Gironde et… parce qu'en 2011 j'avais commencé à faire la saison là-bas mais je n'avais pas fini. En 2012, j'ai fait un bon six mois là-bas et après, en mars 2013, j'ai incorporé le groupe où je suis actuellement, où j'ai commencé en intérim sur Nantes dans le béton prêt à l'emploi, tout ce qui est bâtiment ou autre. Six mois après, à la fin de mon contrat, ils m'ont proposé d'être responsable qualité de deux ou trois usines : une dans le Morbihan, une au sud de Nantes et ici. Et au bout de deux ans la place d'ici s'est libérée donc j'ai été voir mon directeur en disant que ça m'intéressait et puis voilà. Du coup je suis là.

Oui ça a l'air un peu facile comme ça. C'est très rapide. Quand vous êtes entré en intérim, c'était quoi votre poste en fait ?

En fait il y avait une responsable qualité qui est partie en congé maternité et ils avaient besoin de quelqu'un quand même pour faire le boulot, donc ils m'ont pris et ça s'est hyper bien passé, au point que sans m'avoir vu, ceux de l'industrie ont demandé si je valais le coup et ils m'ont pris.

Oui, oui. Donc combien de temps en intérim ?

De mars 2013 à septembre. En octobre j'ai commencé directement en industrie.

Là c'était un CDI ?

C'était un CDI. Et après en avril 2016, j'ai postulé pour ici et en juillet 2016, j'entrais sur ce site.

C'est donc à un trentenaire apparemment stabilisé dans l'emploi que j'ai affaire, lui qui se décrit comme « novice » lorsqu'il a pris la direction du site quatre ans plus tôt et qui a progressivement développé des routines de travail, apprises sur le tas :

Quand il n'y a pas de gars sur la cour, je m'occupe de charger les camions et de sortir ce qui sort de l'usine et de le mettre en stock. Pour la maintenance, c'est moi qui organise les pièces, le *timing* et qui fais […] le planning de production. Tout ce qui est rénovation de nos moules, je m'en occupe aussi. Les entreprises extérieures ou autres. Du coup, je suis un peu sur tous les fronts et la partie vraiment gestion pure et dure de budget, de tableur ou autre, je l'élabore à cent pour cent, ce n'est pas le problème, mais à mon avis je n'ai pas encore vraiment creusé là-dessus parce que, autant les chiffres quand j'étais en cours, ça me gonflait, autant là je me suis fait une quantité de tableaux *Excel*, j'ai dématérialisé beaucoup de choses, le dialogue entre eux et moi, et moi et mes logiciels de suivi industriel. On a amélioré énormément de choses et là, du coup, c'est des chiffres qui sont concrets, qui m'apportent des valeurs hyper précises et qui m'aident à piloter l'agence. Donc j'ai un rapport aux chiffres du coup qui est différent.

Mais c'est justement à présent que les manières de travailler sont bien installées, que les procédures sont bien rodées, que Christophe a le sentiment de « trouver [sa] limite ».

> *Mais c'est quand même une ascension assez rapide on peut dire ou pas ? Ou c'est assez classique en fait ? Qu'est-ce que vous en pensez ?*
>
> Non parce que dans le groupe c'est assez rapide. Après, les postes je les ai gardés suffisamment longtemps pour avoir fait le tour et pour avoir le temps d'en avoir marre. Justement, je me découvrais aussi au fur et à mesure dans le sens où je prenais un poste, bon avec la pression qui va avec, même si je ne le montre pas, je me fixe des objectifs en plus de ceux qu'on me fixe, et après, par exemple, pour le poste de responsable qualité en CDI, à la fin je venais au boulot un peu à reculons parce que tout ce que j'avais à mettre en place c'était fait, que ce soit optimisation de formules, fiabilisation de documentations *process* pour les opérateurs ou autres. Donc tout n'était pas fait à cent pour cent, mais les cinq pour cent qui restaient je n'avais pas envie de le faire, ce n'était pas forcément très utile.
>
> *D'accord.*
>
> Après c'est peut-être rapide mais pour moi à chaque fois, j'ai passé le temps qu'il fallait sur chaque poste. Comme là ici l'usine, ça va faire cinq ans en juillet, j'en ai vu pas mal et je pense que du coup je suis prêt à voir plus gros. Mais mon chef aussi, d'où la proposition de récupérer l'usine dans le Finistère au mois d'avril.

Commençant à s'ennuyer dans cette usine qu'il appelle « Germinal », du fait de ses vieux châssis et de ses logiciels désuets, Christophe vient d'accepter de quitter la Loire-Atlantique pour le Finistère, afin de prendre la direction d'une usine d'une trentaine de salariés et avec un chiffre d'affaires de sept millions et demi d'euros. À trente ans, Christophe remet donc en jeu sa stabilité professionnelle acquise par une mobilité géographique mais aussi professionnelle, car le poste de direction qu'il va endosser l'éloignera beaucoup du terrain et l'engagera davantage dans un travail de gestion et d'administration. Si ce changement assez radical peut surprendre si tôt dans la « carrière », il s'explique aussi par la jeunesse biologique comme sociale de Christophe, en couple depuis peu avec une infirmière avec laquelle il n'habite pas encore et avec laquelle il n'a pas d'enfants, et qui est prête à le suivre en Bretagne. De même, il réside dans une maison en location (« c'est un logement temporaire donc je ne suis pas engagé, investi comme si c'était, d'une, chez moi, et deux, comme si je voulais rester. ») et n'a pas de réseau amical à proximité. Par ailleurs, ses loisirs le portent aussi au déplacement :

« Géographiquement ça ne me gêne pas parce que déjà ici je trouve que je suis trop loin de la mer, parce que je surfe toujours au moins dans l'idéal une fois par semaine et selon les conditions et le travail. » Le déplacement (ou repositionnement) professionnel est ainsi facilité par le fait qu'il ne conduit pas à déstabiliser d'autres équilibres (familiaux, amicaux, immobiliers ou de loisirs) et à remettre en cause des ancrages qui seraient déjà en place.

La stabilité professionnelle objective qui caractérise la majorité des situations des anciens étudiants de STS masque le sentiment largement partagé d'une incertitude face à l'avenir. La carrière professionnelle linéaire constitue pour ces jeunes une voie incertaine, chahutée par les crises économiques et sanitaires dont ils ont fait l'expérience, et contrariée par la faiblesse des formes de progression statutaire et salariale dans leurs postes ou leurs entreprises. L'âge des classements et des placements étant révolu, et considérant s'être bien conformés aux attendus sociaux qui pesaient sur eux – allongement des études, insertion professionnelle, installation familiale –, certains d'entre eux s'emploient désormais, et après-coup, à opérer leurs véritables choix scolaires et professionnels.

LA CRISE DE LA TRENTAINE ?

L'âge de trente ans peut apparaître, de façon contre-intuitive, comme un âge de remise en question des équilibres acquis. Cela s'explique à la fois parce que la stabilité récemment atteinte permet justement de réinterroger certaines positions sans fragiliser l'ensemble, mais aussi parce que l'immobilisme de certaines carrières produit une forme d'usure précoce. Les possibilités de bifurcation sont variables selon les ressources économiques et familiales possédées, et les changements professionnels s'avèrent plus ou moins choisis.

S'AFFRANCHIR DU SALARIAT

Parmi les évolutions professionnelles envisagées, l'accès à l'indépendance constitue une autre forme de bifurcation professionnelle. Au sein des répondants, ce sont ainsi 34,7 % qui estiment possible et 7,4 % qui jugent très probable de se mettre un jour à leur compte dans les cinq prochaines années. Cette inclinaison forte vers l'indépendance se retrouve dans les données nationales, puisque la moitié des répondants à l'enquête *Génération 2010* du Céreq, cinq ans après leur sortie de formation, déclarent envisager se mettre à leur compte, contre un tiers de la Génération 1992 (Bonnet, Mazari, Verley, 2018 : 88-89). Pour rappel, au sein des 347 trentenaires interrogés, 6 sont auto-entrepreneurs, 6 sont indépendants et 10 sont chefs d'entreprise (dont 3 sans salarié). Cela correspond à des situations variées, inégalement assurées, depuis l'installation récente et fragile dans un statut de vendeuse à domicile au salaire aléatoire, jusqu'à la reprise d'une entreprise d'entretien de poids-lourds et de véhicules industriels de 29 salariés, créée plusieurs décennies auparavant par le grand-père, puis rachetée à son père.

Auto-entrepreneurs	**Indépendants**	**Chefs d'entreprise**
Installateur de filets sur mesure dans les habitations Homme Depuis 2019, nc €[1]* (BTS commerce international puis Licence professionnelle Conseils juridiques et marketing des vins et spiritueux)	Vendeur à domicile indépendant dans les jeux de société et loisirs créatifs Femme Depuis 2019, salaire mensuel « Ça dépend vraiment des mois. Très aléatoire » (BTS Assistant de manager)	Exploitant agricole Homme Depuis 2010, 1 500 € De 2 à 5 salariés (BTS Productions animales)
Artiste tatoueur Homme Depuis 2016, 4 250 € (BTS Assistant de gestion PME-PMI puis master management et stratégie commerciale)	Entretien espaces verts chez des particuliers Homme Depuis 2010, 1 500 € (BTS Aménagements paysagers)	Gérante entreprise de traitement des nuisibles et entretien des ventilations Femme Depuis 2020, 2 400 € De 2 à 5 salariés (BTS Professions immobilières)
Consultante en évolution professionnelle Femme Depuis 2020, 1 700 € (BTS Assistant de manager)	Armurière Femme Depuis 2020, nc € (BTS Gestion et maîtrise de l'eau puis Master géosciences, dépollutions des eaux et des sols, protection de l'environnement)	Dirigeant d'une entreprise d'électricité Homme Depuis 2018, 2 500 € De 6 à 9 salariés (BTS Assistant de manager)

1 Pour 2 enquêtés sous statut d'auto-entrepreneur, les salaires mensuels indiqués sont respectivement de 20 000 € et 200 €, ce que j'ai considéré comme une erreur de saisie et donc converti en non-réponse (nc). Ceci étant, la dimension aléatoire des revenus des auto-entrepreneurs rend difficile de savoir avec certitude s'il s'agit bien d'erreurs de réponse (Abdelnour, 2016).

Conceptrice en bureau d'étude d'aménagement paysager et maître d'œuvre Femme Depuis 2017, 2 000 € (BTS Aménagements paysagers puis licence professionnelle aménagement du paysage)	Développeur indépendant Homme Depuis 2015, 1 500 € De 2 à 5 salariés (BTS Informatique et gestion pour l'industrie et les services techniques puis International Master of Sciences à SUPINFO Lyon)	Création d'entreprise Femme Depuis 2020, nc € Aucun salarié (BTS Assistant de manager puis diplôme de Dessinateur concepteur – option jeux vidéo)
Analyste de contenu Internet pour une entreprise australienne Femme Depuis 2019, nc €* (BTS Animation et gestion touristique locale)	Création d'entreprise, conseiller en gestion de patrimoine Homme Depuis 2020, nc € (BTS Négociation et relation clients)	Je suis chef d'entreprise. Paysagiste Homme Depuis 2016, 1 800 € Aucun salarié (BTS Aménagements paysagers)
Éducatrice nature / responsable de projets Femme Depuis 2017, 1 400 € (BTS Gestion et protection de la nature)	Technicien motoriste chez Renault Formule 1 (prestataire) Homme Depuis 2015, 2900 € (BTS Moteurs à combustion interne)	Bureau d'études en électricité Homme Depuis 2019, nc € Aucun salarié (BTS Gestion et maîtrise de l'eau puis Master génie électrique)
		Gérant d'une PME de 29 salariés (garage poids lourds et autocars) Homme Depuis 2018, 2 400 € De 10 à 49 salariés (BTS Après-vente automobile option véhicules industriels)

		Gérant de société Homme Depuis 2015, 2 200 € De 2 à 5 salariés (Bac sti option génie mécanique, échec au BTS Moteur à combustion interne)
		Commerçante Femme Depuis 2020, nc € De 2 à 5 salariés (BTS Négociation et relation clients)
		Développeur (Web/applications) Depuis 2017, 5 200 € De 2 à 5 salariés (BTS Systèmes électroniques puis Master comptabilité, contrôle, audit)

TABLEAU 3 – Synthèse des situations professionnelles des auto-entrepreneurs, indépendants et chefs d'entreprise.

Face à la norme du CDI, que les trentenaires ont pu intérioriser dans leur enfance, l'indépendance ne fait pas forcément sens *a priori*. Sarah, lorsqu'elle se remémore son entrée sur le marché du travail, se souvient de la parole de son père : « c'est ton premier CDI qu'il faut décrocher » et c'est donc ce qu'elle fait. Six ans plus tard, lorsqu'elle devient auto-entrepreneuse dans l'éducation à la nature, il s'agit d'un véritable bouleversement normatif pour elle :

Et en termes professionnels, vous installer à votre compte, c'est quelque chose que vous envisagiez au départ ou vous n'y aviez pas pensé ?

Non, non, moi j'étais… C'était d'abord inconnu pour moi tous ces mots. Il y avait le salariat et à partir du moment où j'avais réussi à avoir un CDI, normalement c'est bon, je ne devais plus m'embêter pour toute la vie.

Oui, oui.

> Même si ça m'angoissait de me dire que j'avais signé un CDI, j'avais répondu à une attente où on m'avait dit : « quand tu seras grande, tu gèreras ta famille et puis en même temps tu auras un emploi, c'est ça la vie ». Mais c'est vraiment Liliane, la bénévole, qui m'a parlé du statut indépendant. C'était complètement inconnu pour moi et je me suis lancée. J'ai signé les papiers, bon on verra bien. Et au fur et à mesure après j'ai appris…

Après un premier échec au BTS Gestion et protection de la nature et avant de repasser l'examen l'année suivante en candidat libre, Sarah réalise une saison en tant que guide nature pour un conseil départemental, en tant qu'agent contractuel. Elle espère un temps que ce poste temporaire pourra se prolonger sous statut de fonctionnaire, ce qui n'est pas le cas. Elle réalise ensuite un service civique pour la Ligue de Protection des oiseaux, pendant 9 mois, où on lui fait là encore miroiter la perspective d'une pérennisation. Lassée de cette situation précaire (Becquet, 2016), elle se lance dans la recherche de « vrais postes » comme elle dit, « CDD ou CDI ».

> Je trouve assez vite le service civique et je pars du coup à la Ligue de protection des oiseaux à La Rochelle, pendant neuf mois. […] Ce qui me permet d'avoir ma première expérience d'animateur nature, même si je comprends que là où je suis tombée, il n'y a pas d'animation nature. J'étais chargée de mission et ils sensibilisent les gens à la protection des oiseaux. Et voilà au bout de neuf mois, on essaie de me dire : « on va créer le poste, on va trouver des subventions, on va faire ça, on va faire ça » et en fait deux mois avant – vu que j'anticipe beaucoup de choses – je sens bien que je ne vais pas l'avoir, qu'il ne va pas se créer. Il n'est toujours pas créé le poste, d'ailleurs.
>
> *(Rires.) Vous avez bien fait de ne pas attendre.*
>
> Donc je commence à envoyer des lettres de candidature pour des vrais postes, des CDD ou des CDI. Et j'ai deux entretiens. Non, ce n'est même pas entretiens… J'ai direct un CDD de quinze jours à Lyon à *Naturama.*

Elle se voit ensuite rapidement proposer un CDI à Lyon, en conformité avec les attendus de l'insertion professionnelle, dont son père se fait le porte-voix. La distance avec son conjoint, que le salaire promis (1 200 €) ne permet pas d'atténuer, et l'absence de solidarité de l'équipe font qu'elle refuse cet emploi à durée indéterminée et subit la colère de son père : « il n'y a pas beaucoup d'emplois, il n'y a pas du tout d'emplois, tu ne peux pas dire non. » De retour dans sa région, elle trouve rapidement une autre opportunité de contrat à durée indéterminée dans l'animation nature, dans une association du Maine-et-Loire. Recrutée en CDI en 2011, quelques mois après avoir obtenu son BTS, Sarah n'a finalement jamais été au chômage. Elle s'épanouit fortement dans son poste, met en place des clubs nature, développe ses connaissances sur le patrimoine naturel local. Au bout de quelques années, avec la baisse des subventions aux associations, les conditions de travail se dégradent : plusieurs salariés démissionnent et les missions des autres augmentent lourdement. Les relations dans l'équipe se tendent et le directeur menace un jour Sarah : « si tu ne veux pas faire ce que je te dis, tu dégages. Tu n'es pas contente, tu dégages. Il y en a plein qui attendent derrière toi. Tu n'es pas indispensable. »

À cet évènement vient lui répondre un autre, qui vont conduire ensemble à la démission de Sarah. Alors qu'elle réalise une animation sur le cycle de l'eau auprès d'une classe, elle est interpellée par une bénévole qui accompagne le groupe :

> Donc Liliane à la fin de l'animation me dit : « mais qu'est-ce que ce serait bien d'avoir des animateurs nature comme ça dans notre village. – Mais vous habitez où ? – On habite Papinière. – Je viens d'arriver, je viens d'acheter ma maison à Papinière. – Tu sais quoi ? Viens à l'assemblée générale et puis tu nous dis un petit peu ce que tu fais. Tu voudras bien parler devant l'assemblée générale ? Tu dis deux ou trois choses que tu fais. Nous, on cherche des indépendants, pas des salariés, mais ça serait peut-être bien. » Qu'est-ce que ça veut dire « indépendant » ? Et là je commence à taper sur internet : indépendant, auto-entrepreneur. Il y a bien une autre vie que le salariat.

Si ces deux évènements (la menace du directeur et la rencontre avec Liliane) occupent une place forte dans la narration de la bifurcation professionnelle de Sarah, il semble néanmoins qu'ils n'ont un effet que parce qu'il existe par ailleurs des conditions de possibilité au changement professionnel. C'est moins dans ces interactions ponctuelles que l'on peut comprendre la démission de Sarah et son entrée dans l'auto-entrepreneuriat que dans la dégradation des conditions de travail dans le secteur associatif et l'animation (Cottin-Marx, 2021 ; Hély, Simonet, 2023), et par conséquent dans le désajustement progressif des valeurs de Sarah et des modalités d'exercice de son métier (enjeux de rentabilité, course aux financements, augmentation de la productivité, etc.) et qui font qu'elle ne s'y sent plus à sa place. En cela, cette rupture est moins dictée par la contingence que par la nécessité. Les évènements cités constituant tout à la fois des indices et des catalyseurs de causes plus structurelles[2].

En rentrant dans l'auto-entrepreneuriat, Sarah répond inconsciemment aux normes d'autonomie et d'épanouissement individuel qui font l'objet d'une forte promotion dans le monde du travail (Zimmermann, 2017). En effet, le développement, depuis plusieurs années à présent, de l'encouragement à l'entreprise de soi et à la gestion psychologique (et donc personnelle) des situations de travail (Stevens, 2008), participe de l'injonction à la mobilité et au parcours individuel. Ces nouvelles normes contribuent pour partie à la remise en cause, par les nouvelles générations, de la carrière unique et linéaire. Sarah déclare ainsi retrouver du sens dans son travail, même si elle perd en rémunération. En presque cinq ans, elle est parvenue à mettre en place des activités et s'assurer une clientèle solide, qui lui font aborder l'avenir avec une relative sérénité :

> En fait j'ai gagné plus mais j'ai gagné plus en confort de vie, c'est-à-dire que là je vais m'autoriser à avoir des vacances. J'ai peut-être baissé en niveau de salaire mais voilà ça commence… Peut-être que d'ici quelques années j'arriverai à mettre d'autres projets différents. Mais là, si j'ai mille cinq cents euros par mois, avec cette liberté-là, je trouve ça super. Voilà d'où je viens, de comment je voyais l'avenir.

Comme elle le précise dans le questionnaire : « J'ai la chance de pouvoir vivre de mon travail, après, je pense pouvoir évoluer encore comme cela toute ma vie, peut être un statut plus conséquent : EIRL[3] ou Société d'éducateurs nature tout est possible c'est ça que j'adore ! Je ne m'ennuie pas et je rencontre de belles personnes et ensemble nous aimons nos projets, nous nous sentons utiles. » Mais le sentiment d'autonomie trouvée avec l'indépendance se heurte malgré tout à la précarité de la retraite du régime de l'auto-entrepreneuriat. En effet, si Sarah a bien validé tous ses semestres depuis qu'elle est sous ce statut, elle s'est aperçue que la valeur des points servant au calcul de la retraite complémentaire est très faible, ce qui va l'obliger à réfléchir à nouveau à l'évolution de son statut dans les prochaines années, afin de garantir son avenir : « La retraite, pour moi j'avais du coup compté tous mes

2 Pour des précisions sur les débats en sciences humaines et sociales à propos de la notion d'« évènement », voir (Grossetti, 2006).

3 Entrepreneur individuel à responsabilité limitée.

trimestres et j'avais bien cotisé, mais je ne m'étais pas posé la question. Et après j'ai fait la différence ; j'ai regardé les points quand j'étais fonctionnaire, quand j'étais salariée et quand j'étais en auto-entreprise. C'est dix fois moins ! » Elle est actuellement prise dans un questionnement qui l'incite à passer en associatif ou en société, mais qui lui ferait perdre au passage l'autonomie qu'elle a le sentiment d'avoir gagnée :

> C'est ce que je suis en train de faire avec [un] ami qui va m'aider pour savoir ce que je peux faire. Parce que quand j'ai regardé si je devais passer en associatif ou passer en société, associatif, j'ai l'impression de régresser. Ça c'est encore une croyance mais j'ai l'impression que je régresse si je vais en association. Et passer en société, c'est trop. Non, je ne me sens pas cette carrure-là, parce qu'il y a vraiment une charge de responsabilité.

L'évolution professionnelle de Sarah invite donc à considérer le rapport au travail et à la carrière des trentenaires en lien avec la dégradation des conditions de travail particulièrement visibles pour ces petites classes moyennes et le sentiment qui en découle, mais aussi avec les normes dominantes actuelles à l'épanouissement personnel et à la mobilité professionnelle qui leur répondent comme en écho, et auxquelles ils sont sensibilisés dans leurs formations, leurs emplois ou par les services d'aide à l'insertion. Christophe, chef d'agence d'un site de production industrielle béton, laisse apparaître, en entretien, l'effet performatif des formations professionnelles sur la construction d'une culture spécifique au travail des jeunes générations :

> « on a eu une formation qui parlait des nouvelles générations de travail ; les générations X, Y, Z et voilà. On le voit de toute façon qu'il y a un rapport au travail totalement différent. C'est pour ça aussi que de tout temps, on a toujours entendu "les jeunes, ils ne savent pas bosser". Ce n'est pas qu'ils ne savent pas, c'est qu'ils bossent différemment, ils ont besoin de bosser différemment. C'est pour ça qu'ils ne comprennent pas forcément. »

L'INSATISFACTION DU CDI

Sur les quarante-huit répondants à l'enquête qui ne sont actuellement pas en emploi (et qui sont soit au chômage, soit en formation, soit en congé parental, soit en invalidité), dix-sept étaient en CDI dans leur dernière activité professionnelle. Parmi eux, trois indiquent avoir été licenciés, cinq ont démissionné, une est en congé parental, sept ont repris une formation et un n'a pas précisé de motif. Ce résultat continue de donner à voir le caractère non immuable du CDI et l'erreur qui consisterait à faire de l'accès à ce statut la fin de l'instabilité professionnelle pour ces trentenaires[4].

Ludivine fait partie de ceux qui ont mis un terme à un emploi en CDI pour reprendre une formation et changer de voie professionnelle. Après le baccalauréat, elle s'est orientée mécaniquement elle aussi vers un BTS Assistant de gestion PME-PMI, parce que ses parents souhaitaient qu'elle fasse un BTS puis une licence : « Du coup je ne savais pas trop quoi faire après le bac. Déjà le bac pfff… quel bac choisir ? Je suis partie sur un bac techno STG. Et puis après voilà, je suis partie en BTS Assistant de gestion. J'avais une fille de ma classe qui y allait également. » Apparaît là encore l'encouragement des parents aux études longues et le souhait largement partagé parmi les classes sociales que les enfants aillent le plus loin possible à l'école (Poullaouec, 2004), mais sans que ce projet ne soit vraiment armé de ressources culturelles ou économiques permettant de faire de véritables choix, ni encore arrimé à un projet professionnel constitué en objectif à atteindre. Elle échoue au BTS deux années de suite, et entre sur le marché du travail à l'été 2011. Pendant plus d'une année, elle enchaîne des contrats de quelques mois dans des postes administratifs avant d'être embauchée en décembre 2012 en intérim dans une entreprise de revente de pneumatiques, située à cinq minutes de chez elle. Trois mois plus tard, son contrat se transforme en CDI. Elle assure une fonction de secrétaire comptable

4 À noter que l'enquête ne demandait qu'aux enquêtés inactifs de préciser le statut de leur dernier emploi. Il aurait été tout particulièrement intéressant d'en faire une question systématique pour l'ensemble des enquêtés, qui aurait permis de mesurer plus précisément les situations de ruptures de CDI.

(pointage des factures fournisseurs, vérification des stocks, gestion de litiges, classement du courrier et archivage des documents). À mesure que les années passent, Ludivine ne voit aucune évolution dans son travail. Au bout de presque sept années, elle est payée 1 266 € nets mensuels, et n'a été augmentée qu'une seule fois. C'est l'ennui qui s'installe au fur et à mesure des années et qui s'ajoute au manque de reconnaissance de la part de sa patronne :

> Et puis voilà j'allais au travail mais j'étais complètement déprimée.
> *Ah oui ? Ça se traduisait…*
> Je n'avais pas envie. Pfff… Je n'avais pas cette boule au ventre de dire « il ne faut pas que j'y aille », mais j'y allais parce que je n'avais pas le choix. Je ne voyais aucun bénéfice en fait à… Pour moi je ne servais à rien, parce que tout le monde pouvait faire ce que je faisais. Donc pour moi je ne servais à rien.

Cette usure professionnelle est redoublée par une usure corporelle :

> Oui, d'être toujours derrière un ordi, j'avais mal aux yeux, j'avais mal au dos. J'étais souvent bloquée, notamment dans les lombaires. Je n'étais pas bien en fait, tout le temps assise, tout le temps… et puis je ne voyais pas d'évolution.
> […]
> *Pas de possibilité d'évolution ?*
> Non. J'ai eu un entretien avec [ma patronne], je lui avais demandé si elle pouvait me recevoir. Je lui ai demandé si elle avait autre chose à me proposer, parce que je lui avais dit que je m'ennuyais en fait. Elle m'a dit : « si à trente ans vous vous ennuyez dans votre vie professionnelle, ça va être très long. À part changer de métier, je ne vois pas ce que je peux faire pour vous. » Et quand elle m'a dit cette phrase, en fait j'ai dit : « justement ça tombe bien parce que je me renseigne pour le métier de la coiffure ».

En 2019, elle prend une décision qu'elle qualifie d' « égoïste », en demandant un congé Fongecif et en s'engageant dans un CAP coiffure, non sans avoir demandé l'accord de son mari. C'est finalement dix ans après la sortie des études qu'elle procède à un véritable choix professionnel :

> J'ai trente ans, je suis mariée, j'ai un enfant, j'ai une maison, mais qu'est-ce que je veux pour moi ? Et en fait j'ai dit : la coiffure. Et j'ai dit à mon mari : « écoute, si tu es d'accord, si tu me soutiens, je me lance dans la coiffure ». Donc il m'a dit : « ben oui » et tout. Après ça a été plus compliqué parce qu'il voyait vraiment les répercussions.

En reprenant ses études et en changeant radicalement de secteur professionnel, Ludivine réalise un « rêve de petite fille » et cherche à investir un métier qui ne soit pas seulement un moyen de gagner sa vie, mais dans lequel elle pourrait s'épanouir. Dominique Méda et Patricia Vendramin soulignent ainsi l'investissement important des jeunes générations dans le travail et l'importance qu'ils accordent à ses dimensions expressives et sociales (être utile, aider les autres), notamment pour les femmes, à la différence des générations plus âgées, pour lesquelles la dimension instrumentale primait (Méda, Vendramin, 2013 : 149-184). Si ce rapport spécifique est construit socialement et répond à de nouvelles injonctions qui s'imposent aux jeunes travailleurs, comme la valorisation de l'entrepreneuriat et du développement personnel évoquée plus haut, cela n'enlève en rien ses effets bien réels sur les façons de vivre et de se vivre au travail des trentenaires interrogés. Le travail est ainsi plus que le travail, c'est pourquoi ils cherchent à l'accorder au mieux avec leurs systèmes de préférences :

> Mais en fait je suis tellement heureuse dans… C'est peut-être dur ce que je vais dire mais en fait limite, je suis mieux au travail qu'à la maison. C'est vraiment une passion. Moi ce que j'adore, c'est que les gens arrivent un peu déprimés, ils ne savent pas trop où ils en sont et tout, et ne serait-ce qu'avec… sans forcément faire de coupe ou de technique, mais ne serait-ce qu'un bon shampooing avec un bon massage, et puis un bon *brushing*, paf ! vous avez redonné le sourire à votre client et il ressort avec la banane. Et moi c'est ça que j'adore. […] Mais je suis réellement passionnée et j'adore. Si mon monde pouvait tourner autour de la coiffure, ce serait génial. Mais après, il faut que je me limite quand même parce que j'ai un mari et un fils.

Cette bifurcation est là encore tributaire de certaines conditions. La rupture professionnelle est ici rendue possible par la stabilité de tous les autres postes biographiques pourrait-on dire. Ludivine ayant satisfait aux autres attendus de l'âge adulte – mariage, enfant, achat immobilier et première expérience d'un emploi long –, elle peut s'autoriser, grâce à l'appui logistique de son mari et de ses parents, retraités, qui habitent juste à côté et qui peuvent donc prendre en charge son jeune fils autant que de besoin, un bouleversement de sa sphère professionnelle. Le risque étant par ailleurs compensé par le fait qu'en tant qu'apprentie âgée de plus de 18 ans, elle touche un salaire supérieur à ce qu'elle touchait dans son emploi précédent, mais aussi par le dynamisme des salons de coiffure dans les communes rurales et le statut local auquel donne accès cette profession (Renard, 2015), pour elle qui réside à la campagne. Dans les propos de Ludivine comme de manière générale dans les réponses des enquêtés, affleurent l'importance de la qualité du travail et la formulation de nouveaux projets professionnels si l'emploi occupé ne permet pas de la satisfaire (Fournier, Lambert, Marion-Vernoux, 2020). Là encore, ces attendus sont à mettre en lien avec la norme actuelle dominante de l'épanouissement personnel comme gage de vie professionnelle réussie[5]. Dans un contexte de marché du travail en tension, où la reconnaissance statutaire comme salariale est limitée et où les possibilités d'évolution professionnelle sont réduites, charge aux travailleurs de construire leurs propres parcours de promotion en étant mobiles. La scolarisation prolongée des jeunes générations et leur sensibilisation à l'esprit d'entreprendre dans certaines formations ou enseignements (Tanguy, 2016), aux développements de savoir-être au-delà de savoirs, participe sans doute aussi de l'intériorisation de ce rapport au travail fondé sur la responsabilité individuelle et l'injonction à « faire quelque chose de sa vie » (Chambard, 2017).

RUPTURES ET USURES PROFESSIONNELLES PRÉCOCES

Si un certain nombre d'enquêtés peuvent développer des formes de mobilité dans l'emploi, celles-ci sont conditionnées par les ressources sociales, familiales, culturelles et économiques sur lesquelles ils peuvent s'appuyer. Ces anciens étudiants de BTS appartiennent principalement aux petites classes moyennes stabilisées, propriétaires, en couple avec un conjoint en emploi durable et suffisamment rémunérateur, et sont inscrits dans une séquence biographique qui les autorise à remettre en cause, un temps, leur stabilité professionnelle (sans enfant ou enfants scolarisés). Mais ceux qui sont pris dans des configurations familiales

5 La construction du problème public des risques psycho-sociaux (RPS) et du bien-être au travail en France depuis le début des années 2000, appuyée pour partie sur l'expertise psychologique, participe aussi d'une certaine manière de cette nouvelle norme de rapport au travail, sur un mode plus individualisé, et non plus sur un mode collectif (Renard, Zimmermann, 2020 ; Amossé, Gollac, 2008).

plus précaires, disposant de moindres ressources de tous ordres, ne bénéficient pas d'une telle licence à la mobilité et font avec ce qu'ils ont.

Malgré son échec au baccalauréat STI Génie Électronique, Jonathan se voit proposer d'intégrer quand même la section de techniciens supérieurs Électrotechnique de son lycée, sous réserve de repasser l'année suivante son baccalauréat en candidat libre[6]. Si cette formation ne correspond pas à son premier choix – il aurait souhaité intégrer une STS Informatique de gestion –, il accepte malgré tout cette opportunité et obtient son diplôme deux ans plus tard.

Il passe d'abord plusieurs mois au chômage avant d'être appelé par une fonderie du Nord Vienne dans laquelle il avait fait des stages au lycée, pour être conducteur d'installations automatisées, emploi d'ouvrier opérateur qui ne correspond ni à la spécialité ni au niveau de sa formation, malgré les dires des employeurs : « ils voyaient mon diplôme, un BTS et eux ce qui les intéressent dans des choses comme ça, c'est d'avoir un niveau d'étude ». Il y est embauché avec un contrat de CDI d'intérimaire, par le biais d'un groupement local d'employeurs et débute par un planning de VSD [Vendredi-Samedi-Dimanche], c'est-à-dire qu'il travaille trois nuits de douze heures par semaine, les vendredi, samedi et dimanche. Au bout de quelques mois, du fait d'une baisse d'activité de l'entreprise, il passe en 2/8, alternant poste en équipe du matin et poste en équipe du soir. Les cadences imposées et le rythme décalé engendrent du stress et de la fatigue, propices à l'émergence d'erreurs et d'accidents de travail :

> Là il y a un matin, et puis comme je dormais mal, aller au boulot, on a la tête un peu dans le cul comme on dit, donc j'avais des erreurs à un endroit, donc j'ai été mettre le tournevis pour déverrouiller quelque chose, sauf que comme c'est mouillé et gras là où j'étais, en fait j'ai fait glisser ma main sur le tournevis et puis ça m'a fait avancer le doigt dans un truc et puis ça m'a fait tourner. Dans le coup ça m'a juste arraché l'ongle de l'index droit et cassé le bout de l'os.

L'entreprise ne veut pas reconnaître l'accident de travail et soutient que c'est Jonathan qui est en faute. Il décide alors de quitter l'entreprise et de « profiter » de son inactivité pour s'inscrire dans une formation

6 Avant un décret daté du 21 mars 2019, il était possible de préparer un BTS sans avoir obtenu le baccalauréat.

de développeur informatique. Début 2014, suite à un entretien, il est accepté dans une école d'informatique à Bordeaux, où il pourra être hébergé chez sa sœur. Or, la rentrée dans la formation n'est prévue qu'au mois d'octobre, soit près de dix mois plus tard. Retourné vivre chez ses parents, il rencontre entre-temps sa compagne actuelle et renonce à la formation. Ne trouvant pas de travail, il reste au chômage pendant presque deux ans, vivant sur les indemnités chômages de son ancien emploi. À l'hiver 2015, la fin des indemnités approchant, il se met alors à chercher activement du travail. Ses recherches sont limitées par les faibles ressources financières dont il dispose mais aussi par son immobilité géographique, souhaitant rester près de sa compagne, qui vit elle aussi chez ses parents. N'ayant pas réussi à obtenir son baccalauréat, elle ne peut pas travailler car elle souffre d'une névralgie d'Arnold qui lui donne des migraines. Jonathan trouve alors un emploi d'opérateur de machines à commande numérique par le biais d'une agence d'intérim. Au bout d'un an et demi, le contrat se transforme en CDI. Jonathan acquiert de nouvelles tâches et responsabilités et a notamment en charge la formation des intérimaires, mais sans augmentation de salaire. Près de cinq ans après son entrée dans l'usine, et malgré les nouvelles missions dont il a la charge, il est « à vingt centimes au-dessus du SMIC. »

Devenu père d'une petite fille l'an dernier, le budget familial est extrêmement fragile et résiste mal aux imprévus financiers comme le changement d'une voiture suite à un accident de la route.

> On va faire les courses demain avec un chèque de trois cents euros parce que c'était mon anniversaire le mois dernier et que mes parents m'ont donné. On va dire que ça tombe bien, même si j'aimerais bien les mettre de côté. Je vais voir comment je vais m'en sortir jusqu'à la fin du mois mais voilà. Après on est dans une maison où on consomme du fioul, alors ce n'est pas non plus le plus économique. Les sous, c'est vraiment compliqué. Après j'essaie de chercher, moi, en ce moment du boulot.
>
> *Pour changer ?*
>
> Pour avoir un meilleur salaire. Mais après le problème c'est qu'il y a plein d'entreprises, ce n'est pas du travail en équipe donc souvent c'est du travail à la journée. C'est vrai que moi j'ai vraiment l'habitude de travailler en décalé comme ça, parce que c'est vrai que ça permet déjà pour moi, mais aussi pour ma compagne de la soulager, parce que je suis là une grosse partie de la journée.
>
> *Oui.*
>
> Comparés à d'autres où ils vont se voir le matin et puis le soir et puis voilà. Moi je reviens à vingt heures, ma petite elle est en train de dormir. Donc

> voilà. Et puis profiter de ma fille aussi. Si je pars le matin à huit heures pour revenir même à dix-huit heures, oui je ne la verrai que pour le biberon du soir. Avec l'habitude que j'ai plus ou moins, au final je ne peux pas reprendre un boulot en journée.

Le changement d'emploi auquel il aspire, afin d'obtenir un meilleur salaire, est contrarié par les contraintes familiales dans lesquelles il est pris : les problèmes de santé de sa compagne et la charge d'un enfant en bas âge limitent fortement ses possibles. Seul le travail posté, et donc ouvrier, lui permet de soulager sa compagne et de s'occuper de sa fille une partie de la journée. Les mobilités professionnelles apparaissent donc comme largement dépendantes des ressources possédées et des configurations familiales dans lesquelles sont pris les individus. Si les petites classes moyennes stabilisées parviennent à s'arroger des parenthèses professionnelles en s'appuyant sur la stabilité de leurs autres sphères de vie, les classes populaires précarisées ne disposent pas de telles marges de manœuvre, pris dans un système de vulnérabilités qui s'entretiennent les unes et les autres.

Pour ces trentenaires plus faiblement dotés en capitaux, les situations de stabilité s'avèrent parfois très fragiles et les mobilités professionnelles peuvent être plus subies que choisies. C'est le cas pour Alissya, ancienne étudiante en STS Services en espace rural, qui avait mis un terme à sa formation en cours de première année. Lorsque je la rencontre en 2009, peu de temps après son abandon, elle travaille comme aide à domicile dans le Nord Vienne, où elle vit chez sa mère, à proximité de ses grands-parents, à qui elle rend visite régulièrement et dont elle s'occupe beaucoup depuis longtemps. Elle est alors passionnée par le travail auprès des personnes âgées, qui « ont du vécu » comme elle dit : « J'ai toujours été dévouée pour les personnes âgées. Ça a commencé par mes grands-mères et ça a été une révolution. C'était mon truc, ce qui m'animait au quotidien. » Elle souhaite alors activement entreprendre une formation d'aide-soignante ou d'infirmière. Dix ans plus tard, c'est finalement vers le métier d'ambulancière qu'elle s'est tournée, poste lui permettant de satisfaire son goût pour le service à la personne.

> J'étais aide à domicile quand j'ai arrêté le BTS. Et puis j'ai travaillé pour une société, j'en ai eu marre, enfin c'était un peu de l'esclavage, donc j'ai fini par faire du chèque emploi service. Et puis je travaillais jour et nuit parce que j'étais tellement dévouée que j'en ai perdu mon couple et ça m'a fait réagir.

> Et du coup j'ai fait un bilan de compétences et j'ai fait un stage en tant qu'ambulancière et ça a été la révélation totale.

En 2017, elle débute dans une entreprise d'ambulance proche de chez elle en CDD puis bascule en CDI une fois sa formation d'ambulancière diplômée d'État validée. L'année suivante, insatisfaite de l'organisation de son planning et des relations au sein de l'entreprise, elle change d'employeur et obtient un nouveau CDI dans une ville située à une vingtaine de kilomètres de chez elle. Anticipant l'avenir, elle décide de préparer le certificat de capacité professionnelle de chauffeur de taxi car elle craint de ne pas pouvoir supporter la pénibilité physique du métier d'ambulancière toute sa vie :

> C'est parce que j'ai un problème d'épaule au niveau de la coiffe des rotateurs et je me suis dit qu'il faudrait qu'un jour je bascule sur le taxi donc ambulance je ne pouvais pas la faire toute ma vie. Je voulais vraiment garder ce milieu-là donc je me suis dit qu'en passant le taxi, ce sera toujours une branche de plus.

Quelques mois après avoir validé sa certification, elle a un accident du travail et se blesse lourdement en portant une cliente dans les escaliers. Souffrant d'une discopathie dégénérative depuis à présent deux ans, elle ne parvient pas à « faire le deuil de son métier ». Même si la médecine du travail l'a déclarée inapte au travail ambulancier, le fait qu'elle continue de recevoir des soins rend son licenciement impossible. Cela lui permet d'une part de tenir le coup psychologiquement, mais, dans le même temps, cela l'empêche de se projeter vers une autre profession. Extrêmement affaiblie par la douleur et la morphine qu'elle prend chaque jour, elle ne parvient pas à rester debout longtemps et vit très mal de devoir se déplacer parfois en fauteuil roulant. La situation d'Alissya donne à voir l'engagement fort d'un certain nombre de jeunes femmes dans les métiers du soin et du service aux personnes dans les zones rurales, frôlant souvent le dévouement (dépassement d'horaires, attachement affectif aux patients, faible rémunération). Ce sur-investissement contribue au lien social et à la solidarité dans ces territoires, tout en venant compenser la sous-dotation en services publics (Barczak, Hilal, 2016) :

> Non parce que c'était usant. Moi il [un patient] m'appelait la nuit, je me déplaçais la nuit. Le moindre souci c'était « allô Alissya ».
> *Ah ils vous faisaient venir même la nuit ?*

Oui. Le moindre problème c'était la petite fille, c'était moi.

Du coup c'était une relation qui n'était pas forcément strictement professionnelle ?

Ah non, ça a même dépassé des barrières, parce que je suis même partie en vacances avec un de mes clients. Je l'ai emmené chez sa fille à La Roche-sur-Yon. Il rêvait d'aller chez sa fille à La Roche-sur-Yon et je lui ai dit : « écoutez, je cale une semaine et je vous y emmène ». C'était faire simplement l'aller-retour et en fait je suis restée la semaine avec lui là-bas chez sa fille. [...] C'est comme un grand-père pour moi en fait. On avait vraiment une relation de petite fille et grand-père.

La pénibilité physique mais aussi psychique de certains emplois constitue ainsi des causes potentielles de rupture professionnelle, soit pour éviter l'accident, la maladie ou le handicap soit, bien souvent, une fois que le corps lâche. Les faibles dotations sociales et économiques de ces personnels rendent difficile le changement de métier et le report des aspirations professionnelles, notamment lorsque le capital corporel (Pudal, 2011) et la disponibilité aux autres constituent les principales ressources à faire valoir sur le marché du travail. La dévaluation subite (accident) ou progressive (usure) de l'un ou de l'autre, sonne comme une petite mort sociale.

L'enquête réalisée permet d'approcher le rapport au travail et à l'emploi dans ses orientations générales comme dans sa diversité des sortants de STS qui ont aujourd'hui 30 ans. S'ils ont tendance à afficher une appétence au renouvellement, dépréciant les carrières linéaires et uniques, il apparaît que la mobilité professionnelle dépend moins de modifications culturelles propres à la jeunesse en général que des transformations propres aux secteurs du marché du travail auxquelles sont confrontées ces petites classes moyennes issues des classes populaires. Les conditions de travail et les possibilités d'évolution dans l'emploi, tout comme les ressources possédées par les travailleurs, agissent ainsi comme autant de conditions de changements de postes, les rendant plus ou moins probables, impossibles, choisis ou subis. En outre, le déploiement des rhétoriques individuelles et la norme de l'épanouissement personnel, portées par les institutions scolaires mais aussi professionnelles, contribue à l'intériorisation d'un impératif du changement, pour les plus dotés, ou à l'acceptation d'une carrière morcelée, pour les moins pourvus. Finalement, dans une sorte de causalité circulaire, l'instabilité perçue ou réelle produit une disposition au changement qui vient nourrir en retour le sentiment d'instabilité.

QUATRIÈME PARTIE

AVOIR 30 ANS EN 2020

> « Après je dirais que je pense qu'on a quand même plus de confort qu[e mes parents]. Après mieux vivre je ne pense pas parce que par exemple nous quand on s'est mis en ménage, j'ai encore le souvenir de ma maman quand je lui dis le montant du loyer qu'on allait payer. Elle nous dit : "mais vous n'allez pas payer ce prix-là ? – Mais Maman regarde aujourd'hui le montant des loyers, forcément ce n'est pas les mêmes que quand tu t'es mise en ménage." Donc je pense que forcément les montants de tout ce qui est consommation, forcément c'est beaucoup plus cher. Que ce soit les prêts. Maintenant les prêts d'aujourd'hui, les prix des maisons, les loyers, forcément ça a augmenté. Après je pense qu'on vit bien quand même parce que je vois tout ce qu'on a nous à notre âge, je ne crois pas que nos parents avaient ça à leur âge. [...] La maison, on s'est dit que de toute façon, qu'on donne un loyer à un propriétaire ou qu'on paie notre maison, c'est pareil. C'est juste que dans vingt ans la maison sera à nous. »
> Delphine, née en 1990, père : artisan couvreur-zingueur, mère : gestionnaire de rayon dans une grande surface, BTS Assistant de gestion PME-PMI, chargée de partenariat en CDI depuis 9 ans

L'allongement des scolarités a fait reculer le moment de la décohabitation avec les parents et l'installation en ménage (Battagliola, 2001). De même, l'âge moyen au premier enfant en France a augmenté régulièrement : en 2013, il était de 30,2 ans pour les femmes et de 33,1 ans pour les hommes, tandis qu'en 1970 il était de 26,5 ans pour les femmes et de 29,5 ans pour les hommes. S'intéresser aux parcours biographiques des jeunes femmes et hommes enquêtés il y a dix ans permet de donner à voir comment s'agencent et s'ordonnent des seuils ou transitions tels que la mise en couple, le mariage, la maternité ou la paternité, ou encore l'accès à la propriété. Alors que plusieurs travaux ont montré que ces différentes étapes tendaient à se brouiller dans les trajectoires d'accès à l'âge adulte (Van de Velde, 2008), il s'agit de se demander comment ces différentes transitions institutionnelles sont priorisées et pondérées par ces trentenaires, issus majoritairement des milieux populaires ruraux, passés par les STS et donc travaillés par l'enseignement supérieur court.

Dans le cas des enquêtés de la cohorte, les résultats tendent à montrer deux formes de tensions rencontrées. D'abord, les normes populaires de l'entrée dans l'âge adulte, marquées par une installation familiale et professionnelle plus rapide, se trouvent bousculées par le modèle normatif des classes moyennes, auquel ils ont pu être sensibilisés au cours de leur parcours scolaire, fondé sur un report des échéances et la volonté de profiter de sa jeunesse. Ensuite, les aspirations nouvellement formulées peuvent venir heurter des conditions économiques limitées, qui ne permettent pas de les satisfaire toujours pleinement. Une manière de résoudre ces deux ordres de contradictions est l'appui, financier comme matériel, sur la famille d'origine. L'installation à proximité géographique des parents d'un certain nombre de trentenaires, notamment des femmes, leur permet ainsi de tenir ensemble des impératifs parfois concurrentiels.

Dans les faits, le positionnement des seuils de la mise en ménage ou encore de la parentalité rapproche la cohorte des normes des classes populaires, où les transitions sont à la fois plus rapides et moins l'objet d'expérimentations. Les situations conjugales des enquêtés font ainsi apparaître une part importante de couples constitués précocement, alors même que les études n'étaient pas encore terminées. En effet, si le célibat concerne une proportion non négligeable des personnes interrogés (19,4 %)[1], plus de quatre enquêtés sur cinq vivent en couple. Et parmi eux, plus d'un tiers des couples sont anciens puisque 37,9 % des enquêtés déclarent être avec leur conjoint depuis au moins 10 ans, soit 30,8 % de la cohorte (célibataires inclus). En 2010, 34,8 % des jeunes femmes et 24,0 % des jeunes hommes répondant à l'enquête en 2020 étaient déjà avec leur partenaire actuel.

1 Le célibat concerne davantage les hommes (25,6 %) que les femmes (15,2 %)

Par ailleurs, un peu plus de la moitié des répondants ont un enfant ou s'apprêtent à en avoir un (50,5 %). Un écart important distingue les femmes et les hommes, les premières étant 55,2 % à être mères au moment de l'enquête quand les seconds sont 39,2 % à être pères.

La disparité genrée tient au taux plus important de célibataires chez les hommes mais aussi à l'âge souvent plus élevé de l'homme dans les couples hétérosexuels[2] par rapport à la femme (Daguet, 2016 ; Bozon, 2006), qui produit *de facto* des pères plus âgés que les mères. Au moment de l'enquête, 5,4 % des hommes en couple ont une conjointe encore en études, contre 1,7 % des femmes. Ces taux, relativement résiduels car mesurés sur une population sortie en moyenne depuis près de 10 ans des études, peuvent être mis en relation et complétés par les situations conjugales annoncées en 2008 par les répondants, à l'entrée en STS. Il apparaissait alors que les couples modaux étaient composés soit d'une étudiante de STS et d'un conjoint sur le marché du travail (28,7 % des répondantes), soit d'un étudiant en STS et d'une lycéenne (16,2 % des répondants).

Les formes institutionnalisées du couple distinguent encore les femmes et les hommes. Elles sont 24,8 % à être pacsées et 25,2 % à être mariées, quand 29,6 % d'entre eux sont pacsés et 11,2 % mariés.

2 L'hétérosexualité ou l'homosexualité des couples n'a pas fait l'objet d'une interrogation.

UNE MAISON À SOI

Ce qui caractérise fortement les enquêtés de la cohorte est un taux de propriétaires ou d'accédants à la propriété très élevé, proche des deux tiers (62,1 %). Hommes et femmes sont propriétaires dans les mêmes proportions au moment de l'enquête (respectivement 63,4 % et 60,7 %), même si les femmes l'ont été tendanciellement plus jeunes.

LA PROPRIÉTÉ COMME PRIORITÉ

L'accès à la propriété fait partie des priorités des jeunes enquêtés, souvent avant même les enfants ou le mariage, voire même avant la mise en couple. Ainsi, parmi les 73 répondants à l'enquête qui sont à la fois propriétaires et parents, dans 43 cas (58,9 %), l'accès à la propriété a été premier par rapport à la parentalité.

L'argent perdu dans le paiement d'un loyer constitue l'argument majeur dans la décision d'acheter. Coralie, technicienne en science de la reproduction, raconte ainsi son parcours immobilier :

> On s'est installés assez rapidement. Il est venu vivre dans mon appartement. Je ne voulais pas forcément prendre quelque chose à deux tout de suite. On a regroupé un appartement en attendant. Et ensuite on s'est installés, on a pris une location, pareil pas très loin de là où j'habitais avant, en 2014 du coup. Et après on s'est dit : c'est un peu dommage de dépenser six cent cinquante euros dans un loyer, alors qu'on peut avoir une maison et faire ce qu'on veut de notre bien, donc finalement on a décidé d'acheter.

L'insécurité financière mais aussi statutaire de ces jeunes les conduit ainsi très tôt à se porter vers un achat immobilier, qui constitue pour ces trentenaires un placement économique autant que symbolique

(Bourdieu *et al.*, 1990). Devenir propriétaire s'avère être ainsi aussi bien un gage d'entrée dans l'âge adulte que d'accession aux classes moyennes (Girard, Lambert, Steinmetz, 2013). Mais cet investissement durable peut apparaître, dans le même temps, comme une source de déstabilisation. En effet, l'engagement dans un prêt immobilier et bien souvent dans des travaux d'aménagement du logement, représente une charge financière qui vient parfois grever le budget du couple et freiner ou empêcher la réalisation d'autres projets. Mickaël, maître d'œuvre d'exécution dans le BTP, insiste en entretien sur l'importance d'avoir « [sa] petite maison », avant d'envisager d'autres investissements comme le mariage :

> La priorité c'est plus investir un peu sur la maison, finir les travaux, s'y sentir bien. Enfin ils sont finis les travaux mais là je dis ça parce qu'on est en train de faire un petit garage. Et puis maintenant il y a la petite donc ça prend aussi du temps et financièrement c'est un coût en plus donc voilà. La priorité, c'est plus la vie au quotidien et investir dans la maison et la vie familiale, plus qu'investir dans un mariage. Après c'est beaucoup d'argent pour entre guillemets pas grand-chose pour le coup. C'est beaucoup d'argent pour un instant T.

Mélodie, agent des finances publiques, et son conjoint ont aussi souhaité avoir leur propre maison avant de se lancer dans la parentalité : « le bébé on le voulait, mais pas à Thuillier, pas dans cet appart' où on ne se sentait pas super bien aussi à la longue. » Ils décident alors d'acheter une maison dans le village des parents de Mélodie en 2017, un an avant la naissance de leur fille. Après leur installation, ils se rendent compte de la vétusté du logement et de la nécessité d'un certain nombre de travaux, qui viennent peser sur le budget déjà limité du couple, alors que Mélodie occupe à l'époque un emploi précaire d'accompagnante d'élèves en situation de handicap (AESH) :

> Si c'était à refaire, on ne le ferait pas. [...] Bon après moi avec mon salaire qui est mieux donc c'est sûr qu'on galère moins pour payer les traites, mais bon c'est vrai que si on avait su, on aurait attendu un peu plus longtemps et acheté un truc plus récent, enfin une isolation meilleure, voilà. On aurait revu notre projet différemment. [...] on a été bêtes, on n'a pas été voir à des endroits... C'est une première expérience, voilà. Si c'était à refaire, si un jour ça se représente, on sait en tout cas ce qu'on ne voudra pas et on sera beaucoup plus vigilants sur le choix.

> *Et avec les aides ?*
> Ce n'est pas possible. On a fait venir une entreprise pour l'isolation à un euro pour ça et en fait ce n'est pas possible parce qu'entre les tuiles c'est de l'ardoise et notre plafond en fait il n'y a pas d'espace pour pouvoir mettre par exemple de la laine propulsée. En fait il faudrait refaire la toiture en rehaussant au niveau de la charpente. C'est cher. C'est des gros travaux. Si on avait su, on n'aurait pas acheté là en fait. Ça c'est sûr, on n'aurait pas acheté là, mais bon. Au-delà de ça, on aime bien être là quand même, parce que l'environnement nous plaît aussi. Il y a quand même quelques avantages. Depuis deux-trois ans, on a refait pas mal de trucs.

L'accès à la propriété, constitué en priorité, s'inscrit ainsi pour ces trentenaires dans la souscription d'un prêt de longue voire de très longue durée, auquel s'ajoute très souvent une enveloppe de travaux non forcément parfaitement anticipée. Ce sont ainsi les trois quarts des enquêtés propriétaires qui ont souscrit un emprunt d'une durée supérieure ou égale à 20 ans (33,7 % un emprunt d'une durée comprise entre 20 à 24 ans ; 44,1 % un emprunt d'une durée supérieure ou égale à 25 ans). Cet investissement financier mais aussi temporel important peut venir ajourner certains autres projets, comme le fait d'avoir un second enfant. Coralie souligne elle-aussi les problèmes financiers qui ont suivi l'achat de sa maison, contribuant à déstabiliser les autres sphères de vie, notamment les loisirs, et participant à mettre en suspens l'idée d'une nouvelle grossesse. Lorsque je la rencontre chez elle pour l'entretien, elle me montre ainsi les gros travaux d'étanchéité effectués actuellement au bas des murs, du fait de problèmes d'infiltration constatés récemment :

> On a eu une grosse grosse période compliquée. Ça a été dur quand on a acheté. Entre les travaux, quand on a un petit, la nourrice. Il faut sortir tout ça. On a des aides mais pas à hauteur de ce qu'on donne à la nourrice. Donc oui, on a eu une grosse période de creux où ça a été très très compliqué et là ça commence à aller beaucoup mieux je dirais. La crise y fait aussi je pense parce qu'on ne fait plus rien à côté. Moi je ne vais plus au volley, mon mari ne va plus à la pétanque. Toutes ces choses-là, c'étaient aussi des dépenses à côté.

La hausse continue du coût du foncier depuis les années 1990 oblige ainsi ces trentenaires à se porter tendanciellement plutôt vers des logements à rénover et situés dans des zones rurales. 42,3 % des enquêtés propriétaires de leur logement résident ainsi « à la campagne » ou « dans le centre d'un village[1] », le taux de propriétaires augmentant avec la diminution de la taille de la commune (70,1 % pour les résidents à la campagne, 66,7 % dans le centre d'un village, 60 % en périphérie d'une ville moyenne, 53,7 % dans le centre d'une ville moyenne, 58,1 % en périphérie d'une grande ville et enfin 43,3 % dans le centre d'une grande ville). Les enquêtés sont par ailleurs plus fréquemment fait l'acquisition d'une maison ancienne (59 %) qu'ils n'ont fait construire une maison (23,5 %) ou encore acheté un appartement (14 %).

L'INSCRIPTION SPATIALE DES MOBILITÉS SOCIALES

Si la norme de l'accès rapide à la propriété est largement partagée au sein de la cohorte, la possibilité de sa mise en application crée une ligne de fracture entre les ménages stabilisés, d'une part, et les autres, en situations plus précaires (Girard, 2015), d'autre part. Jonathan, ouvrier payé au SMIC, dont la conjointe Sandra ne travaille pas, ne parvient pas à obtenir de prêt auprès des banques pour acheter une maison, alors qu'ils « rêverai[en]t d'avoir une maison à [eux] et à y faire ce qu'[ils] veu[len]t dedans » :

> Quand on voit comment c'est compliqué aujourd'hui pour emprunter, limite il faudrait avoir au moins vingt à trente pour cent pour acheter quelque chose.
>
> *Vous trouvez que c'est compliqué ? Vous avez essayé de reprendre les démarches pour acheter ?*
>
> À l'époque oui j'avais essayé, mais le problème c'est que les banques aujourd'hui… Là moi le boulot que j'ai aujourd'hui, que j'ai pu trouver à partir de 2016, c'est un boulot où je suis au SMIC.

Ils sont actuellement locataires d'une maison qui s'est avérée insalubre, et dont l'exposition au salpêtre a accentué les problèmes de santé

1 La classification des communes utilisée est volontairement basée sur l'appréciation subjective des enquêtés et est tributaire pour partie des variations de points de vue. En effet, et par exemple, Angoulême (Charente, environ 106 000 habitants) est considéré pour certains comme une « grande ville » tandis qu'elle est une « ville moyenne » pour d'autres. Québec (Canada, environ 500 000 habitants) a été classé par une enquêtée comme une « ville moyenne ». Les communes rurales correspondent plutôt bien aux catégories « à la campagne » et « dans le centre d'un village ». L'enjeu de ce type de questionnement est de pouvoir travailler les représentations des lieux d'habitation, ce qui n'est pas l'objet ici.

de Sandra. Ils avaient déjà cherché quelques années plus tôt à acheter un logement, aidés financièrement par les parents de Jonathan, mais la vente ne s'était pas faite et l'apport financier avait été utilisé dans l'achat nécessaire d'une nouvelle voiture suite à un accident de la route :

> Depuis que j'ai commencé à travailler à partir de dix sept ans les étés, même seize ans et demi les étés, je n'ai jamais demandé d'argent à mes parents. Et puis je n'ai pas du tout envie, même si à l'heure d'aujourd'hui ils nous en ont prêté pour une autre raison, mais non. Non, le but c'est de se débrouiller nous-mêmes.
>
> *Et vous dites qu'ils vous en ont prêté quand même pour une autre raison. C'est pour quelle raison ?*
>
> Pour une autre raison. C'est que là aujourd'hui, enfin maintenant c'est il y a deux ans, il y a deux ans ils nous ont prêté dix mille euros, mais ça c'était pour acheter une maison. Pour un apport. Le seul souci c'est que ça ne s'est pas fait l'histoire de la maison. Il y a eu des problèmes. Enfin il y a eu des problèmes pour une maison qu'on voulait acheter et dans le coup ça ne s'est pas fait et dans le coup on n'a pas pris. Après, on a eu des problèmes de voiture, etc., où en fait l'argent est plus parti ailleurs, même si ça me fait mal aujourd'hui ça d'avoir perdu l'argent que mes parents nous avaient passé pour ça et qu'aujourd'hui je n'ai plus cette somme-là pour pouvoir racheter une maison justement.

Ce que l'extrait révèle également, c'est la contribution importante de la famille d'origine dans le soutien à l'accès à la propriété, pour ces anciens étudiants de STS, souvent contraints économiquement.

L'accès à la propriété apparaît ainsi aussi comme « le fruit d'un processus collectif » qui implique plus largement la parenté et le groupe de pairs (Lambert, 2015 : 55). En effet, les propriétaires ont souvent pu compter sur leur entourage familial ou amical pour appuyer leur investissement immobilier, soit par un soutien financier, soit par un soutien matériel. Ce sont ainsi 19 % des enquêtés qui ont bénéficié d'une aide financière de leur famille et 52,4 % d'une aide matérielle de leur famille. Ils ont également parfois pu compter sur leur belle-famille (aide financière : 11,4 % ou matérielle : 39 %) ou sur leur amis (aide pour les travaux : 40,3 %).

L'installation à proximité de la famille d'origine permet ainsi de pouvoir compter sur l'aide des parents pour la réalisation de travaux de rénovation. Cet appui est empli d'ambivalence : ces ressources qui leur permettent de s'élever socialement, sont aussi celles qui les retiennent localement (Orange, Renard, 2022). Ce sont ainsi 49,1 % des enquêtés qui résident dans le même département que leurs parents, quand 28,2 % d'entre eux voient leur père au moins une fois par semaine, et 34,2 % leur mère. Delphine, qui réside dans la même commune des Deux-Sèvres que ses parents, apprécie de pouvoir compter sur son père, artisan dans le secteur du bâtiment pour restaurer petit à petit sa maison. Ludivine quant à elle, a fait construire une maison à cinq-cents mètres de chez ses parents, dans un petit village de Charente-Maritime : « tout simplement parce qu'[il s'agit d']un terrain qui appartenait à mes parents. ». Acheté par eux « deux francs six sous à l'époque des anciens francs », ils l'ont donné à leur fille en 2015 lorsqu'elle a voulu s'installer avec son conjoint. Le soutien matériel et financier des parents permet donc à un certain nombre de ces trentenaires, ne disposant pas d'une assise financière suffisante, de répondre à la norme de l'autonomie immobilière (Abdelnour, Lambert, 2014). L'accès à la propriété contribue également à satisfaire l'aspiration à un style de vie plus hédoniste, marqué par la possession de biens matériels distinctifs, comme la construction récente d'une piscine par Ludivine et son conjoint sur leur terrain. Celle-ci explique ainsi un rapport à l'argent tenu entre un ascétisme qui ne dit pas son nom et un « se faire plaisir », autrement dit, une pratique économe régulière qui permet en retour un sentiment de liberté pour certains achats.

> Quand je vais voir quelque chose qui me fait envie, je ne vais pas me dire : "est-ce que ce mois-ci je peux ?". C'est vrai qu'on a cette chance avec mon mari, c'est qu'on fait quand même relativement attention et on n'a jamais été dans le rouge en fait. Ou alors une fois ou deux mais dans les tout tout débuts. Malgré la maison, malgré notre fils, on fait toujours attention. L'argent qu'on a… On n'a pas ce problème à être dans le rouge. Je suis à la fois impulsive pour quelque chose qui vraiment me donne envie et qui me fait plaisir, mais je suis à la fois économe. À l'époque, on n'allait pas au restau tous les jours, on y allait régulièrement, peut-être une fois par mois, mais on n'y allait pas non plus tous les jours. Le cinéma, on faisait attention. Dès qu'on faisait une sortie, on essayait de voir un peu s'il n'y avait pas une réduction. On essaie de faire attention au fur et à mesure.

Ludivine indique que l'épargne du couple offre la possibilité d'acheter ses voitures « à prix coutant », autorisant parallèlement la souscription d'un nouvel emprunt pour faire construire la piscine ; elle précise encore se limiter sur certaines sorties tout en contentant sa « tendance à être un peu matérialiste », c'est-à-dire à préférer les produits de marques « juste parce que ça va être une marque ».

L'installation à proximité de la famille d'origine s'explique aussi pour certains par la mise en couple précoce, avec un conjoint également issu du même secteur géographique. Le passage à l'âge adulte s'opère alors parfois de façon collective, en voyant se perdurer le groupe de pairs constitué dans l'enfance et qui franchit certains seuils de façon groupée. Benjamin, qui a repris l'entreprise de son père en Vendée, a conservé sa bande d'amis constituée au collège. Lorsque je l'avais interrogé une première fois en 2010, au sortir du BTS, il était fortement impliqué dans l'organisation de la fête des conscrits de sa commune. Ce sont ainsi 37 % des répondants qui déclarent fréquenter régulièrement leurs amis d'enfance.

Plus largement, Benjamin est soucieux d'entretenir les relations de confiance établies avec son réseau de clientèle et de voisinage, dans un espace rural où la réputation et la respectabilité sont particulièrement importantes (Coquard, 2019). Dans la rénovation de sa maison, il prend soin de faire travailler tous les artisans qui comptent parmi les clients de son garage poids lourds :

> Voilà. J'ai deux menuisiers, il y en a un qui me fait le local commercial et l'autre la partie maison à l'étage. [...] c'est ma façon de fonctionner. En fait pour pas qu'il y en ait un qui se sente lésé par rapport à l'autre. Ils sont tous les deux clients ici donc je les fais bosser tous les deux, chacun sur un niveau différent entre guillemets. Bon il y en a un qui a plus bossé que l'autre mais c'est pas grave, le but étant de faire bosser tout le monde. Voilà, et puis de rendre la monnaie de la pièce ; s'ils me font bosser, je les fais bosser. Je ne vais pas aller chercher un artisan à Toulouse ou... Ils font du bon boulot parce que c'est un artisan qui m'avait dit ça une fois : « il faut faire bosser en local parce que les mecs ne feront pas de la merde à côté de chez eux ».

L'attachement d'un certain nombre d'enquêtés à la célébration de fêtes comme les anniversaires, mais aussi les mariages ou les baptêmes, tient aussi beaucoup à la valeur symbolique dont sont chargés ces évènements, et qui se trouve accentuée à la campagne où l'interconnaissance est importante. Le mariage représente ainsi souvent une attente autant personnelle que familiale. Les enquêtés qui se sont mariés ou qui envisagent de le faire peuvent ainsi évoquer l'importance de le faire pendant que les grands-parents sont encore en vie ou de le célébrer à l'église, même s'ils ne sont pas croyants, ou dans telle commune associée à la lignée. Pour Ludivine, il était ainsi important de se marier à l'église, dans son village d'enfance, « entourée de sa famille, des amis ». Ce sont ainsi 17,4 % des répondants qui déclarent voir au moins une fois par semaine un de leurs grands-parents.

Pour ces trentenaires, et notamment les jeunes femmes, les ressources matérielles apportées par la famille constituent aussi des moyens de tenir ensemble plusieurs injonctions comme l'accès à la maternité et l'activité professionnelle (Orange, 2017). L'installation dans le village ou le territoire d'origine objective et soumet dans le même temps au jugement du voisinage une réussite sociale tributaire de cet ancrage local (Bessière, Gollac, 2019).

LE FAMILIALISME COMME SUPPORT DES TRAJECTOIRES SOCIALES

Les jeunes femmes passées par une STS ont moins bénéficié d'une ascension sociale par l'école que les jeunes hommes. En effet, dix ans environ après leur sortie d'études, elles ont accédé à des emplois plus faiblement rémunérateurs que leurs homologues masculins. Au sein de la cohorte, et malgré une ancienneté tendanciellement plus élevée dans leur poste, les femmes perçoivent ainsi des salaires inférieurs à ceux des hommes, à niveau de diplôme équivalent. Celles qui ont arrêté leurs études au BTS ou avec un autre diplôme de niveau bac+2 gagnent en moyenne 1 623 € nets par mois contre 1 872 € pour leurs homologues masculins. Au niveau bac+3 ou bac+4, le salaire net moyen des femmes est de 1 675 € contre 2 021 € pour les hommes. Enfin, au niveau master et au niveau doctorat, les femmes ont une rémunération moyenne nette de 2 039 € contre 2 766 € pour les hommes.

Les configurations familiales donnent aussi à voir des situations contrastées selon que l'enquêté est un homme ou une femme. Les femmes sont dans près de deux tiers des cas plus diplômées que leur conjoint mais cela ne se traduit que dans la moitié des cas par un statut socio-professionnel supérieur à leur conjoint. Les situations d'hypogamie demeurent donc minoritaires (Guichard-Claudic, Testenoire, 2014). De même, alors que 58,6 % des femmes sont plus diplômées que leur conjoint, elles ne sont que 35 % à bénéficier d'un salaire supérieur. Inversement, les hommes ont moins souvent un diplôme supérieur à leur conjointe (23,9 %), mais sont 30,6 % à disposer d'un statut socio-professionnel plus élevé et 63,5 % à annoncer un salaire plus élevé. Les calendriers biographiques décalés des hommes et des femmes peuvent expliquer pour partie des paradoxes. Du côté des femmes enquêtées, on l'a dit, elles affichent une mise en couple tendanciellement plus précoce que celle des hommes enquêtés, et leurs conjoints ont également une ancienneté plus grande dans leur emploi que les conjointes des hommes, ce qui peut donner sens pour partie aux écarts de rémunération. En effet, plus de 50 % des conjoints des femmes sont entrés dans leur emploi actuel avant 2015, tandis que ce n'est le cas que de 30 % des conjointes des hommes. Mais ce décalage temporel ne suffit pas à expliquer les écarts salariaux entre hommes et femmes au sein du couple, et tiennent là aussi à des inégalités structurelles et sexuées de statut d'emploi et de rémunération.

L'installation à proximité de chez leurs parents permet dès lors pour certaines de compenser ces moindres rétributions salariales, en s'appuyant par exemple sur eux pour la garde de leurs enfants et ainsi faire l'économie d'une assistante maternelle ou d'une baby-sitter de manière ponctuelle ou plus durable. Les biens alimentaires donnés par la famille contribuent encore à soulager le budget. Delphine, qui a acheté une maison dans le même village que ses parents, profite ainsi de leur poulailler pour s'approvisionner en œufs et peut s'appuyer sur eux pour prendre en charge régulièrement ses enfants, leur maison jouxtant la cour de l'école : « Par exemple, ma maman est allée les chercher hier mes enfants, parce qu'elle finissait plus tôt. Elle est allée chercher mes enfants à l'école. ». Ludivine, en reprise d'études pour devenir coiffeuse, peut déposer son fils tôt le matin chez ses parents, résidant à cinq-cents mètres de chez elle, lors de ses semaines au CFA et tandis que son conjoint est déjà parti au travail. Cette organisation familiale constitue ainsi une condition de possibilité de son retour en formation. Sandra, enceinte de son deuxième enfant, a pu compter sur sa mère, résidant à dix minutes de chez elle, pour garder son aîné tous les mercredis, alors que l'assistante maternelle ne souhaitait plus travailler ce jour-là :

> *Et c'est important pour vous d'être à proximité de vos parents, de vos beaux-parents ?*
> C'est important… oui maintenant je dirais, parce que j'ai quand même été éloignée de mes parents avec les études. Je me suis éloignée d'eux géographiquement et j'aime bien maintenant en fait la proximité. Là par exemple, ils peuvent me garder mon fils, en temps normal une fois par semaine.

De même, elle appréhende plus sereinement son entrée à l'école maternelle à la rentrée prochaine, en sachant qu'il pourra être gardé par son père tous les mercredis après-midi :

> Du coup je trouve ça très très bien qu'il y ait un lien avec mes parents, comme c'est possible. Je sais qu'à partir de la rentrée mon père sera à la retraite, donc il ira chercher mon fils tous les mercredis midi pour s'en occuper et je trouve ça très très bien.

Plusieurs enquêtées témoignent ainsi d'une entreprise collective familiale mobilisée autour de l'appui à la parentalité ou à la propriété de leur progéniture. Mélodie, qui habite à cinq-cents mètres de chez ses parents avait ainsi à cœur de s'installer à proximité de chez eux, « je suis quand même hyper attachée à ma famille » et apprécie de pouvoir leur rendre visite au moins une fois par semaine. Elle peut également les solliciter pour la garde de sa fille Madeleine. Ne pouvant m'accueillir chez elle du fait de travaux en cours, c'est d'ailleurs chez ses parents qu'elle me reçoit pour l'entretien.

À défaut de pouvoir transmettre un capital économique important, les parents procurent des ressources matérielles qui permettent notamment aux jeunes femmes de répondre aux injonctions parfois concurrentielles qui pèsent sur ces jeunes adultes issus de la démocratisation scolaire : allongement des scolarités et norme de l'activité professionnelle féminine, tout en maintenant un accès plutôt précoce à la maternité et à la propriété. Ces contributions permettent aussi de compenser la moindre rentabilité qu'espérée des études longues (notamment pour les femmes) et d'élever le niveau et la qualité de vie par rapport à la génération d'avant, par exemple par le temps libre procuré par la garde des enfants ou encore par les aliments en provenance du potager parental. Ces arrangements familiaux supportent ainsi une part de la mobilité sociale ascendante promise mais non forcément assurée par l'école et l'accès à l'enseignement supérieur. Ces éléments rappellent la dimension foncièrement collective des parcours de vie et des calendriers biographiques, qui reposent sur des systèmes normatifs mais aussi des ressources pluriels.

L'examen de l'ordonnancement des seuils d'entrée dans l'âge adulte donne ainsi à voir les effets de la démocratisation scolaire sur les principes normatifs à l'œuvre et les arrangements nécessaires pour tenir ensemble des injonctions parfois contradictoires, parfois concurrentielles. Les calendriers biographiques féminins sont tout particulièrement exposés à ces registres pluriels et les jeunes femmes cherchent des ressources pour y répondre du côté de leur famille d'origine. Mais si ces arrangements permettent de se défaire pour partie des assignations de genre, elles ne déchargent pas pour autant les femmes de la charge mentale (Haicault, 1984) liée à la conciliation des différentes activités et des différents rôles, et contribuent même parfois à la renforcer. Ces éléments plaident pour une analyse plutôt configurationnelle qu'individuelle du passage à l'âge adulte, mais aussi pour une appréhension relationnelle et non isolée des différents marqueurs habituellement pris en compte (insertion professionnelle, parentalité, propriété, conjugalité, etc.).

LA RESPONSABILITÉ MATERNELLE

Les jeunes femmes font l'objet d'attentes fortes concernant la gestion de leur maternité, qu'il s'agisse de la programmation temporelle de leurs grossesses comme de l'accompagnement éducatif et scolaire de leurs enfants, dès le plus jeune âge (Boulet, 2022). Au cours des dernières décennies, toute une série de dispositifs de contrôle et d'encadrement de la maternité et de la parentalité se sont développés qui, plutôt que de soulager ou d'aider les jeunes mères dans leur rôle, contribuent parfois au contraire à leur faire endosser la responsabilité des problèmes qu'elles peuvent rencontrer.

LA PERMANENCE DES INÉGALITÉS DOMESTIQUES

La parentalité bouscule plus fortement l'emploi du temps féminin que masculin. Les femmes sont ainsi 29,7 % à déclarer qu'il leur est arrivé de travailler à temps partiel après l'arrivée d'un enfant et 24,3 % qu'il leur est arrivé de cesser temporairement ou durablement de travailler, après l'arrivée d'un enfant, contre respectivement 2,0 % et 0 % des hommes, rappelant bien la distinction tenace entre la nécessité du travail masculin et la plus grande contingence du travail féminin. Au sein de la cohorte, 7 femmes sont en congé parental au moment de l'enquête, 5 sont mères au foyer et enfin une autre a cessé son activité professionnelle pour s'occuper de son fils handicapé. Aucun homme n'est dans un de ces cas de figure. Le temps libre fait également l'objet d'une plus forte réduction chez les femmes que chez les hommes puisque ce sont 51,6 % des premières qui déclarent avoir mis un terme à une activité sportive après l'arrivée d'un enfant contre seulement 21,3 % des seconds.

Si la vie professionnelle et le travail (salarié ou indépendant) sont devenus des évidences pour la grande majorité des jeunes femmes interrogées, l'importance accordée au salaire continue pour elles d'être moindre (Baudelot, Serre, 2006) que celle accordée à l'articulation avec la vie familiale. En effet, l'enquête révèle que pour 20 % des hommes interrogés, la priorité principale dans les cinq prochaines années est de « gagner plus d'argent », quand ce n'est le cas que de 6,5 % des femmes. Dans le même temps, si « profiter de [sa] vie personnelle et familiale hors travail » constitue la priorité actuelle majeure de la cohorte, concernant 44,0 % des enquêtés, un écart important sépare les femmes (47,5 %) des hommes (38,3 %). La norme de la « conciliation » semble continuer de peser plus fortement sur les femmes, dont l'impératif professionnel ne les exempte pas de l'impératif domestique (Pailhé, Solaz, 2010). En 2008, à l'entrée en STS, elles étaient ainsi 20,6 % à considérer qu'avoir « du temps pour la vie de famille » comptait parmi les deux caractéristiques les plus importantes dans le métier qu'elles souhaitaient exercer plus tard, contre 8,0 % des hommes[1]. À l'époque, percevoir « un salaire élevé » constituait déjà un critère important pour 28,7 % des hommes, contre 18,8 % des femmes.

Le fait d'être parent a un effet divergent sur les aspirations des femmes et des hommes. Ainsi, alors que les mères sont plus nombreuses à souhaiter profiter de leur vie personnelle et familiale hors travail que les femmes sans enfant (respectivement 56,5 % contre 37,0 %), les pères sont à l'inverse moins nombreux à considérer cela comme prioritaire par rapport aux hommes sans enfant (respectivement 34,0 % contre 41,1 %). Pour les pères, tout se passe comme si une fois l'enjeu de fonder une famille concrétisé, leur prise en charge de la vie domestique continuait de passer, pour un certain nombre d'entre eux, par leur rôle de principal pourvoyeur des ressources financières de la famille (Alonzo, Angeloff, Maruani, 2005). Par exemple, le premier réflexe du conjoint de Sarah, lorsqu'il a appris qu'elle était enceinte, a été de « demander une augmentation », car « il [allait] falloir qu'[ils] s'achète[nt] une maison ». Ce sont ainsi 25,5 % des pères qui souhaitent gagner plus d'argent dans les cinq prochaines années, contre 16,4 % des hommes sans enfant.

1 Questionnaire P1, automne 2008. N=885 répondants. Réponse à la question : « Qu'est-ce qui vous semble le plus important dans le métier que vous souhaitez exercer plus tard ? ». 2 réponses à choisir parmi les modalités suivantes : faire un travail intéressant ; avoir des responsabilités ; faire un travail utile ; une bonne ambiance au travail ; un salaire élevé ; la stabilité de l'emploi ; du temps pour les loisirs ; du temps pour la vie de famille.

Ces grands constats statistiques ne signifient pas que la naissance d'un enfant ne vient aucunement bouleverser les plannings masculins. Mickaël, maître d'œuvre d'exécution et coordinateur travaux du bâtiment dans le sud-ouest de la France annonce, dès le début de l'entretien téléphonique, qu'il devra impérativement aller récupérer sa fille à 18h et donc limiter notre conversation. Recruté rapidement après la sortie de ses études, il reste presque sept ans dans la même entreprise. Son changement d'emploi coïncide avec la naissance de sa fille, au cours du premier confinement de 2020, et n'est pas tout à fait sans lien, puisqu'il lui permet d'obtenir des horaires de travail davantage conciliables avec son nouveau rôle familial :

> J'ai changé au mois de mai, j'ai trouvé une autre boîte... En fait, il y a eu plein de changements pour moi pour le coup parce qu'au mois de mars, comme il y a eu la naissance de notre petite fille, en fait j'ai démissionné fin février et j'ai voulu tourner la page et j'ai trouvé une société qui est un peu plus à l'écoute du salarié pour le coup, par rapport à ce que j'avais connu avant. En termes de disponibilité, de temps de travail, ainsi de suite. Pour l'instant ça va. Bon après je ne me plains pas, j'étais bien avant aussi.

Sa compagne étant ouvrière en 2/8 sur une chaîne de montage d'usine, il se doit d'être disponible tantôt le matin, tantôt en soirée, pour la prise en charge de sa fille. Dans cette conciliation entre vie familiale et vie professionnelle, s'ajoute par ailleurs un troisième élément, à savoir les loisirs et notamment les activités sportives, qu'il cherche à conserver malgré tout. Les temps de loisirs semblent en revanche davantage solubles dans la parentalité pour les femmes chez qui l'emploi du temps se fait plus souvent binaire : travail et famille.

> À l'époque en plus Sandra était en équipe de nuit donc vraiment déjà on ne se voyait pas beaucoup la semaine, plus le samedi elle se levait tard donc ça faisait vraiment des petits moments, des petits week-ends. Quand on a rééquilibré un peu tout ça, qu'elle est repassée en 2/8 de journée, j'ai arrêté moi aussi le sport co[llectif] en fait du coup pour éviter les déplacements du week-end et je suis revenu sur du sport individuel aussi qui me botte bien ; je me suis mis au squash et au badminton et du coup je ne fais que des sessions le soir, enfin je ne faisais que des sessions le soir, en semaine. Comme ça, ça ne me fait pas trop aller sur la vie de couple en semaine.

Mais si l'emploi masculin peut faire l'objet de réajustements avec la maternité, il n'est jamais questionné.

LA GESTION SANITAIRE DES BIOGRAPHIES

L'essor de la médicalisation de la procréation mais aussi de la petite enfance mettent encore les jeunes femmes aux prises avec des professionnels de la santé de façon régulière, contribuant à la banalisation d'une gestion sanitaire des biographies. Si le modèle du report et de la programmation rationnelle des naissances s'est diffusé dans toutes les classes sociales, certains couples issus des classes populaires restent attachés à l'accès précoce à la parentalité sans qu'il faille pour autant y voir une absence de contrôle du calendrier biographique (Geay, Humeau, 2016). Delphine, chargée de partenariat, a ainsi eu son premier enfant à 24 ans, puis son second trois ans plus tard, de façon à pouvoir accéder plus rapidement à une certaine tranquillité, une fois leur autonomie acquise. Le passage par l'enseignement supérieur court dans une petite ville non universitaire et son insertion rapide dans l'emploi ne lui ayant pas permis de vivre véritablement sa jeunesse étudiante, c'est donc ce temps de liberté et de relative apesanteur sociale, et non la maternité, qui fait l'objet d'un report quelques années plus tard.

> *Du coup vous étiez relativement jeune pour…*
>
> Oui oui, mais voilà j'étais avec mon conjoint depuis pas mal d'années maintenant et dans nos têtes on voulait des enfants plutôt jeunes pour être tranquilles entre guillemets jeunes du coup. On n'a pas forcément profité de notre jeunesse nous, mais par contre on profitera après quand ils seront plus vieux.
>
> *Oui ? Vous avez l'impression de ne pas avoir forcément pu profiter de votre jeunesse comme d'autres ?*
>
> Non parce que c'est vrai que nous on a travaillé jeunes. Voilà nous à vingt ans… Moi à vingt ans j'étais en CDI et lui il avait un emploi aussi. Juste à la sortie de mon BTS on a travaillé directement et du coup non, on n'a pas forcément profité de notre jeunesse comme on voulait, partir des mois entiers en vacances. Tout ça on n'a pas connu donc…

Les enquêtés, et notamment les femmes, donnent ainsi à voir un rapport contrôlé à la procréation, lié notamment aux conditions matérielles d'accueil du premier enfant, comme avoir un emploi stable et des ressources financières suffisantes (Régnier-Loilier, Perron, 2016). Le cadre de vie constitue un autre prérequis important pour les futurs parents, pouvant notamment contribuer à retarder une grossesse si le lieu d'habitation ne permet pas d'accueillir confortablement un enfant. Angélique, actuellement mère au foyer de trois enfants, a procédé à un avortement au début de sa relation avec son conjoint car leurs conditions de logement ne leur paraissaient pas satisfaisantes pour avoir un bébé : « Je suis tombée enceinte et j'ai pas pu le garder. Parce que la situation ne le permettait pas. Financièrement et également le logement. C'était pas ça. » L'insalubrité de leur habitat a ainsi eu raison de cette grossesse précoce.

Mais si ces jeunes femmes cherchent à maîtriser leur fécondité en ayant notamment recours à la contraception (Amsellem-Mainguy, 2011) jusqu'à ce qu'elles et leur conjoint se sentent prêts, l'impératif de contrôle de la procréation s'exerce aussi d'une autre manière sur elles. En effet, la moitié des dix enquêtées rencontrées en entretien ont exprimé des difficultés à tomber enceinte. Celles-ci se trouvent dès lors prises entre deux injonctions, qui se renforcent l'une l'autre, et auxquelles elles ne parviennent pas toujours à répondre : la pression à la maternité, d'une part, mais aussi la pression au bon moment de la maternité, d'autre part. Pour elles, l'étape de la procréation prend alors la forme d'un processus marqué par la médicalisation, qui vient renforcer, en même temps qu'il les en dépossède pour partie, le travail de planification.

Ludivine voit ainsi passer quatre ans entre son intention de fécondité et la réussite de sa seconde fécondation *in vitro*. Son mariage en 2015 la conduit à une forme de ré-ajustement de son calendrier de vie puisqu'elle marque une pause dans les démarches de consultation médicale, ne souhaitant pas être enceinte ce jour-là pour pouvoir profiter de la fête :

> Alors en fait je l'ai tellement désiré. Oui, mine de rien entre septembre-octobre 2013 et ne serait-ce que la deuxième FIV en mars 2017, il s'est passé presque quatre ans et en fait je l'ai tellement attendu, tellement… je ne pouvais plus voir une femme enceinte. J'étais vraiment pas bien. Et en fait à partir du moment où j'ai su que ça avait fonctionné, je n'avais qu'une envie en fait, c'était de prendre mon ventre dans les bras et de lui faire des gros câlins. J'ai bien vécu ma grossesse. La première fois qu'on le sent bouger, c'est juste magnifique.

Sandra témoigne aussi de difficultés à tomber enceinte et indique avoir dû attendre deux ans entre les premières tentatives du couple et le début de sa grossesse. Très rapidement, le couple est entré dans un processus d'assistance médicale à la procréation : Sandra a appris sa grossesse au moment où elle allait démarrer le processus de fécondation *in vitro* et alors qu'elle suivait depuis plusieurs mois un traitement oral pour stimuler sa fertilité. Après coup, elle associe ses difficultés à un blocage psychologique lié au stress engendré par son travail et se souvient d'ailleurs être tombée enceinte au moment où elle était en arrêt de travail. Mélodie, agent des finances publiques, relate aussi une entrée dans la médicalisation alors qu'elle et son conjoint ne parvenaient pas à avoir d'enfant au bout de deux ans d'essai :

> Non mais par contre j'ai eu du mal à tomber enceinte. Est-ce que psychologiquement je bloquais ou pas, j'en sais rien. Et en fait, on a commencé à entreprendre des démarches en PMA, parce que je galérais quand même depuis deux ans. Là en fait on a fait des examens chacun de notre côté pour voir si tout allait bien ou pas. Tout était nickel. Donc je pense que ça débloqué un petit peu aussi quelque chose dans ma tête, de me dire ben non finalement tout est bon donc ça devrait coller. J'avais quand même pris le… Le médecin de PMA m'avait prescrit des piqûres pour stimuler en fait. J'avais ça dans mon frigo, je ne l'ai jamais fait. Je me suis dit : je le prends, je ne vais peut-être pas le faire tout de suite, je vais me laisser du temps pour réfléchir, parce que ce n'est pas rien quand même à faire. Voilà. Et je me suis dit : on n'a rien donc je vais réfléchir. Peut-être que le mois prochain je vais réfléchir. Et puis dans ce mois-là ça s'est passé tout naturellement. Voilà.

Les maladies ou problèmes de santé rencontrés peuvent encore avoir des conséquences sur les possibilités d'avoir un enfant. C'est le cas pour Sarah, qui souffre d'endométriose ou encore Alissya, dont le traitement pour sa discopathie dégénérative lui interdit pour le moment d'envisager une grossesse :

> L'enfant, on le sait très bien, tant que je serai en soins… Déjà avec la morphine, d'une ce n'est pas possible. Et deux, j'ai posé la question au médecin si jamais je tombe enceinte, comment ça se passe. Ils m'ont dit que je finirai ma grossesse en fauteuil roulant donc c'est hors de question.

Prises entre la norme populaire d'une maternité précoce et la norme des classes moyennes et supérieures d'une maternité tardive, ces jeunes femmes peuvent se tourner vers l'assistance médicale à la procréation pour chercher à y répondre, lorsqu'elles peinent à tomber enceinte. Or, plutôt que de les libérer de la pression sociale, le contrôle biomédical de la maternité peut contribuer à les y soumettre encore davantage (Hertzog, 2014). En effet, les possibilités offertes par les nouvelles techniques reproductives semblent faciliter et partant, rendre évident le contrôle de leur corps par les femmes. Dès lors, toute conduite procréative hors norme (absence d'enfant, maternité trop précoce ou trop tardive, etc.) peut être interprétée comme relevant de la responsabilité individuelle des femmes et imputable à une mauvaise gestion de leur part.

ARRANGEMENTS NORMATIFS ET FAMILIAUX

Un autre effet de l'acculturation aux normes des classes moyennes observé chez les enquêtées est la remise en cause d'un projet initial de progéniture nombreuse. Plusieurs jeunes femmes rencontrées indiquent ainsi reporter ou renoncer à une seconde grossesse, conscientes des arbitrages que celle-ci impliquerait sur leur style de vie et des concessions qui leur incomberaient plutôt qu'à leur conjoint. Coralie, devenue mère en 2015, repousse ainsi l'échéance d'une seconde naissance qui viendrait selon elle nécessairement impacter son activité professionnelle et l'obligerait à prendre un congé parental, afin d'assurer les impondérables d'un enfant en bas âge :

> *Donc un enfant en 2015 et pas d'autre projet d'enfant ?*
> Peut-être. On va voir. Pour l'instant… avec ce qu'il se passe en ce moment et tout, c'est vrai que c'est compliqué d'y penser. Après on se dit : on va le mettre chez la nourrice, dès qu'il va avoir un peu de fièvre, ça va devenir tout de suite compliqué. Mais je pense que si on en a un deuxième, je pense que je prendrai du temps pour les enfants. Je m'arrêterai un petit peu de travailler. Je prendrai peut-être un congé parental à mi-temps pour être sûre de pallier parce que sinon…

Pour Ludivine, c'est aussi la crainte de devoir renoncer à son travail qui lui fait réviser son souhait premier d'avoir quatre enfants. Ayant repris ses études récemment pour devenir coiffeuse, elle ne se « voi[t] pas avec un second enfant » pour le moment, le premier étant né en 2017. Elle affiche une forme de culpabilité dans la priorité qu'elle accorde à sa reconversion professionnelle, éprouvant toutes les difficultés à assumer une norme de l'épanouissement personnel contre celle du dévouement maternel, qui déroge aux façons de faire des classes populaires :

> Après là je suis un peu égoïste mais en fait c'est vraiment quelque chose qui me fait du bien, la coiffure. Effectivement j'ai mon fils, effectivement j'ai mon mari, mais comme c'est quelque chose qui me fait du bien, pour rien au monde je lâcherais ça, pour rien au monde j'arrêterais. Et s'il faut ne pas avoir de deuxième enfant, voilà. Là c'est très égoïste ce que je dis, mais je pense à un bien-être. Après il y a forcément le bien-être de mon mari et de mon fils, mais voilà maintenant j'ai l'épanouissement professionnel.

La tension normative entre socialisation primaire et socialisation secondaire dans le rapport à la maternité pèse fortement sur ces jeunes mères, partagées entre des injonctions contradictoires et exposées au jugement d'autrui, notamment dans les espaces ruraux. La redéfinition du rôle paternel n'exerce pas la même pression chez les pères. En effet, s'ils peuvent afficher le détachement de ceux dont l'implication dans le soin aux enfants continue d'être considéré comme « en prime » (Brugeilles, Sebille, 2013), la responsabilité éducative continue de reposer sur les mères. Si les rôles parentaux évoluent, le contrôle social – réel ou seulement perçu – s'exerce encore fortement de façon genrée, les femmes continuant de s'attribuer la responsabilité des comportements ou des agissements des enfants. L'essor des nouvelles normes éducatives, basées sur l'autonomie et l'individualité de l'enfant, contribue à accentuer les logiques de mise en comparaison et de distinction, renforçant toujours plus la pression éducative maternelle.

Anthony, très impliqué dans l'éducation de sa petite fille âgée d'un peu plus d'un an, se plaît à lire beaucoup de choses dans les livres ou sur internet, intéressé pour proposer une éducation « mixte » à sa fille et ne pas la cantonner aux jouets féminins, s'opposant dès lors vivement aux achats de poupées et de jouets en plastique par les grands-parents. Les principes éducatifs qu'il met en œuvre avec sa compagne font l'objet de discussions et de mises au point pour suivre une même ligne : « on s'est mis d'accord avant en se disant : "on fait ça, ça, ça". Et puis vraiment on a un doute, on en parle ». Ayant tous les deux des parents ouvriers ou employés, leur accès à l'enseignement supérieur les a acculturés à de nouveaux styles de vie et leur a apporté des ressources pour questionner l'organisation domestique traditionnelle. La place importante laissée au débat et à l'échange entre parents pour la négociation de principes communs, constitue en effet un fonctionnement plus caractéristique des classes moyennes et supérieures (Bernard, 2012), se distinguant des façons de faire des classes populaires, davantage fondées sur des identités de père et de mère bien marquées (Le Pape, 2009) et l'application plutôt mécanique de règles strictes (Bernstein, 1975). Malgré cela, Anthony et sa conjointe s'opposent sur certaines façons de faire, lui ne comprenant par exemple pas l'importance qu'elle accorde à comparer l'évolution de leur fille avec les témoignages d'autres mères sur le réseau social *Instagram* :

> C'est vrai qu'elle regarde beaucoup ça et puis elle regarde les enfants des autres. Ça, j'aime pas trop. Après là ça fait un peu séance de psycho (rires) mais ça j'aime pas trop.
>
> *« Elle regarde les enfants des autres », c'est-à-dire ?*
>
> En fait les mamans montrent : « regardez, il fait ça, tout ça ». En fait elle compare… Elle ne le fait pas mais inconsciemment on compare. Donc après des fois elle lui dit : « mais tu pourrais parler là, tu pourrais verbaliser ». Je lui dis : « mais elle ne peut pas, elle ne sait pas encore ». Donc elle se sent frustrée ou des fois elle l'amène par exemple à une balançoire et elle veut lui faire faire de la balançoire parce qu'elle a vu sûrement dans une vidéo que quelqu'un l'a fait et elle est frustrée parce qu'elle, elle ne veut pas en faire et elle a peur.
>
> *Elle pense qu'elle devrait normalement pouvoir le faire parce que d'autres y arrivent ?*
>
> Oui. En fait elle ne se rend pas compte de sa valeur.
>
> *Et vous, vous êtes moins sensible à ça par contre ?*
>
> Oui.

Les réseaux sociaux participent en effet fortement de ces mises en scène de la parentalité qui agissent comme modèles pour les jeunes mères, soucieuses de la « bonne » évolution de leur enfant et réceptives aux temporalités issues de la psychologie du développement, largement diffusées et prescrites via les magazines féminins et parentaux ou encore les sites internet spécialisés.

Si l'entrée dans la maternité voit la place de la médicalisation progresser fortement, l'accompagnement scolaire des enfants fait aussi l'objet d'une pénétration très forte des professionnels de la santé, et notamment de la psychologie. Dans leur rapport à la maternité comme dans le suivi éducatif de leurs enfants, ces jeunes femmes issues des classes populaires présentent ainsi une bonne volonté sanitaire et acceptent très souvent de s'en remettre aux diagnostics du champ médical (Arborio, Lechien, 2019).

LE SOUCI SCOLAIRE

Le rapport à l'école de ces jeunes mères ayant dépassé le baccalauréat et appartenant aux petites classes moyennes, apparaît comme un rapport soucieux, appuyé certes sur davantage de ressources culturelles et financières que leurs propres mères, mais sans que cela ne leur donne forcément davantage de pouvoir face à l'institution, qui semble attendre d'elles d'autant plus qu'elles en ont justement un petit peu plus. Dès lors, la médicalisation de la petite enfance vient offrir un cadre explicatif bienvenu aux parents confrontés aux difficultés scolaires de leurs enfants (Garcia, 2013). L'identification de troubles spécifiques des apprentissages (Morel, 2016) peut en effet leur apparaître comme une réelle ressource.

Le recours aux experts médicaux constitue ainsi un appui souvent souhaité pour répondre aux attentes individualisées et individualisantes de l'institution scolaire, auxquelles les jeunes mères passés par les STS ont été sensibilisées, mais rencontre aussi favorablement la croyance dans l'inégale dotation naturelle des enfants, assez partagée dans les milieux populaires dans lesquels beaucoup ont été socialisées. En cela, la médicalisation de l'échec scolaire est bien ajustée à une conception naturalisante de la réussite scolaire, liée à des aptitudes innées, possédées ou non. La délégation croissante des diagnostics et des suivis de la scolarité des enfants à des professionnels de santé contribue ainsi à affaiblir le pouvoir attribué à l'école pour répondre aux difficultés rencontrées et accomplir son parcours de formation. Si la démocratisation scolaire a bien érigé en norme les scolarités prolongées dans tous les milieux sociaux, l'appropriation de l'impératif des diplômes par ces petites classes moyennes est brouillée par une forme de disqualification de l'école liée à la montée de l'expertise médicale.

Les jeunes mères interrogées se montrent particulièrement réceptives aux nouveaux principes éducatifs reposant sur l'écoute de l'enfant et de ses particularités. Laurie, titulaire d'un master Gestion de l'eau et de l'agriculture, après un BTS Gestion et maîtrise de l'eau, et actuellement enseignante contractuelle remplaçante dans le privé, est ainsi particulièrement sensible à la pédagogie Montessori, qui accorde une place majeure au développement libre de l'enfant : « Oui, ça me plaît bien.

C'est l'autonomie de l'enfant. » Ce rapport positif aux nouvelles normes éducatives s'inscrit dans la continuité de la pénétration de la « culture psychologique de masse » chez les classes populaires (Schwartz, 2011). Il se nourrit également des savoirs et dispositions scolairement constitués, que des lectures ou des contenus trouvés sur internet viennent compléter. Ces jeunes parents tiennent ainsi ensemble un éloge de la personnalité et du libre caractère, mais aussi un travail régulier de stimulation et de sollicitation (Montmasson-Michel, 2019a), plus caractéristique des classes moyennes voire supérieures, mais sans forcément atteindre toujours la même rentabilité scolaire (Garcia, 2018). En effet, la valorisation de l'expérimentation et le rejet des règles strictes, qu'ils et elles associent à leur propre éducation, ne favorisent pas toujours l'incorporation de dispositions à l'ascétisme et à l'auto-contrainte, dispositions propices à la réussite scolaire, comme dans le cas de Sarah :

> *Et vous avez des principes éducatifs assez fermes ? Je ne sais pas, sur les écrans par exemple ?*
>
> On a les écrans, on a les bonbons aussi, on est fermes tous les deux dessus. La petite hygiène aussi, c'est-à-dire le matin se passer un petit coup de gant, le soir la douche. Après on va avoir d'autres valeurs. Moi j'ai beaucoup lu sur la pédagogie positive mais pfff… j'ai été trop positive. Du coup je me suis fait manger par mon fils.
>
> *Oui ?*
>
> Manger… c'est pas une terreur mais on sent bien que c'est un enfant qui a besoin de limites, qui a besoin d'avoir quand même un parent qui lui dit… Il a du caractère, pas un gros caractère, mais il a du caractère et on sent qu'il va commencer à paniquer s'il a trop le choix. Donc en gros il faut lui dire comment ça va se passer et point. En fait je lui donnais trop : « alors tu veux le slip bleu ou tu veux le slip rouge ? – Mais attends, il y a aussi le jaune. » Lui il veut trop réfléchir, tout est comme ça.
>
> *Oui, oui.*
>
> Du coup j'étais toujours à me remettre en question avec Kevin : « non mais là par contre tu es trop autoritaire ». En fait c'est juste notre propre enfance.

De même, si le diplôme et la profession de Sarah (éducatrice nature) l'ont ainsi armée pour s'autoriser à dialoguer avec l'institution scolaire et à questionner les pratiques des enseignants, elle ne la rend pas pour autant moins vulnérable aux verdicts scolaires et aux catégorisations imposées. La bonne volonté de ces mères face à l'école s'exprime ainsi dans une forme de « souci scolaire », qui les rend à la fois plus en demande mais aussi plus sensible à tout indice ou tout commentaire sur le comportement de leur enfant :

> Il y a eu un mail de la maîtresse… Enfin il y a eu plusieurs arrêts de travail de la maîtresse. Il y en a eu un où je lui ai envoyé un mail en lui disant : « il a vraiment de l'émotion, je ne le reconnais pas trop à la maison, qu'est-ce qu'il se passe à l'école ? Je sais qu'il y a le protocole, lavage de mains et tout, mais est-ce qu'il y a un truc en plus ? – Oui mais c'est peut-être juste que je suis absente et du coup le turn-over de maîtresses tous les jours… » Parce qu'il y en a quasiment six par semaine.
>
> *Hou là là oui !*
>
> Parce que le matin et l'après-midi ce n'étaient pas les mêmes. Les ATSEM aussi n'étaient pas là. Donc ça ne fait pas si longtemps que ça qu'on a eu un retour. Elle, elle me dit que dans l'ensemble il est comme les autres. Il ne faut pas s'inquiéter. Oui, il a l'air d'être un peu plus dans l'émotion dans certains domaines, notamment l'injustice il n'aime pas ça. Si tout le monde a été interrogé pour montrer son livre et que lui il n'a pas eu le temps de montrer son livre, il peut vraiment le prendre à cœur. Il prend à cœur quand ses copains se moquent de lui quand il pleure. C'est vrai que ça peut commencer à être du rejet aussi. C'est à entendre aussi parce que nous à la maison il ne faudra pas trop rigoler quand il aura des émotions, ça fera doublon.

Surtout, la tendance croissante à imputer l'échec ou la réussite à des causes naturelles, en contribuant à invisibiliser les conditions sociales de leur production (Millet, Croizet, 2016) et à enfermer les élèves dans des destins apparemment immuables (Garcia, Oller, 2015), externalise le problème et tend à le faire reposer sur les parents. En effet, l'individualisation de l'accompagnement des élèves, censée valoriser leur propre rythme de développement, participe au contraire toujours plus à les étalonner selon une norme, identifiant tantôt des précocités tantôt des dysfonctionnements cognitifs, que les familles sont sommées de gérer. L'échec scolaire n'est dès lors plus considéré comme une problématique de l'institution (Bodin, 2018), qu'elle aurait à charge de solutionner, mais comme celle d'un individu.

Ludivine, en reprise d'études pour devenir coiffeuse, est très investie dans l'éducation de son fils. Elle cherche à partager dès que possible des activités avec lui, des jeux, des lectures ou des puzzles, et limite l'usage des écrans, en ayant d'ailleurs cessé de regarder la télévision en mangeant depuis qu'il est né. On retrouve ainsi chez elle un engagement précoce et soutenu dans l'éducation et la scolarisation de la petite enfance, avec une attention pour l'éveil et une sensibilité aux nouvelles normes éducatives favorisant l'autonomie et la construction de soi : « On essaie qu'il s'occupe aussi un peu tout seul. » À cette éducation plutôt souple et axée sur la stimulation, elle mêle une éducation stricte, héritée de sa propre enfance : « on ne le laisse pas assez vivre parce qu'on est toujours derrière lui ». Ce syncrétisme normatif, qui fait déjà en temps normal l'objet d'une réflexion constante : « j'essaie de faire attention », est remis en cause au moment où Enzo, entré à la maternelle depuis à peine un mois, fait preuve d'un comportement jugé inadapté à l'école :

> Et en fait on nous a dit que notre fils, son comportement est inacceptable et en accord avec son enseignante et la directrice, il va être sanctionné. Donc il n'a pas trois ans, on nous dit qu'il va être sanctionné et que si ça continue, il sera carrément viré de l'école ou quelque chose comme ça. Donc je vous avoue qu'on l'a très très mal pris ce courrier. Vous voyez, c'était le 1er octobre. Il est rentré le 10 septembre et le 1er octobre on a reçu un rendez-vous.
>
> [...] Il est rentré en septembre donc il n'avait pas encore ses trois ans et du coup il a tendance à mordre, il a tendance à taper. Donc voilà il est un peu catalogué par les enseignants. C'est un peu compliqué.

Ce courrier officiel, qu'elle me montre, est signé par la conseillère municipale en charge de l'éducation du village et contient, agrafée, une planche de photographies de marques de morsure et de tuméfaction sur des enfants. On se rend compte à cette occasion combien l'école fait pression très tôt dans la scolarité sur les familles et surtout se décharge sur elles de la gestion d'un certain nombre de problèmes, notamment celles de l'apprentissage de la sociabilité et du « métier d'enfant » (Chamboredon, Prévot, 1973). Alors que la maternelle constitue l'espace d'apprentissage de la vie en collectivité, Enzo est dès le premier mois étiqueté comme a-socialisable, et dès lors exclu des récréations collectives qui auraient justement pu être un lieu d'acquisition de cette sociabilité. L'institution agit ainsi moins comme instance de transmission que comme instance de désignation (Darmon, 2001), qui convertit des aptitudes sociales en compétences scolaires, des différences sociales en déficiences naturelles, et ce très tôt dans le parcours. Externalisant le problème, l'école trouve dans ces jeunes mères diplômées une bonne volonté qui s'actualise par la prise de rendez-vous avec des professionnels de la petite enfance, participant toujours plus à réifier le « problème ».

> On a été voir une psychologue scolaire. On a été voir une psychologue privée. On a eu rendez-vous chez le médecin. On a un contact avec le CMPE (Centre Médico Psychologique Consultation Enfants) à La Rochelle pour qu'ils nous recontactent pour faire un bilan un peu de comment ça se passe. Il n'arrivait pas à dormir, miracle vendredi il a dormi pour la première fois à l'école. Je pense que c'est un gros changement pour lui et c'est un petit garçon qui est très impulsif. Il est très gentil mais il est très impulsif. Comme nous a dit la psychologue, c'est un Pitbull. C'est vraiment ça en fait. Dès qu'il a quelque chose, il ne lâche pas et il faut faire des stratagèmes pour… Mais c'est vrai que… Après est-ce que c'est de notre faute ou pas ? On ne sait pas. Est-ce que c'est notre éducation qui fait que. Mais c'est vrai que des fois c'est compliqué.
>
> Dès que [la maîtresse] nous a demandé un rendez-vous, il n'y avait pas de souci. C'est nous qui lui avons proposé un rendez-vous en décembre. Dès qu'il fallait parler le soir… On a toujours été pour, on a toujours bien dialogué. On n'a pas dit – parce qu'on aurait pu – : « écoutez, nous à la maison ça se passe très bien, c'est votre problème, c'est à l'école ». Il y a des parents qui auraient pu réagir comme ça.

Un premier élément d'explication de ce type de situations tient à l'abaissement du seuil de tolérance et à la pénalisation de comportements autrefois jugées « normaux » chez les enfants, *a fortiori* en bas âge et ne disposant pas des ressources langagières suffisantes pour s'exprimer autrement que par le corps. Comme l'a fait remarquer à Ludivine sa propre mère : « moi la première j'ai mordu étant petite ». Un autre élément d'explication est lié à la surcharge des classes, qui rend difficile pour les enseignants une gestion individualisée des élèves que l'Éducation nationale appelle pourtant de ses vœux[2]. Enfin, comme le montre Fabienne Montmasson-Michel, l'école maternelle et ses enseignants sont pris dans une injonction contradictoire entre la forte augmentation des attendus cognitifs d'un côté et le tabou de la contrainte sur les enfants de l'autre (2019b). La montée des exigences en termes de savoirs et de postures scolaires se fonde selon elle sur un « idéal de classe » où les enseignants feraient face à « un jeune enfant qui se tiendrait tout seul et qui apprendrait tout seul », idéal de classe bien éloigné d'une bonne partie des enfants réels, notamment à cet âge où « toutes les normes sociétales et scolaires (corporelles, morales, cognitives, langagières) » ne sont pas encore intériorisées. Ce faisant, l'école renvoie la gestion des difficultés sociales et scolaires aux parents, entretenant chez Ludivine un souci scolaire déjà

2 Voir notamment la loi récente : Loi du 26 juillet 2019 pour une école de la confiance, portée par Jean-Michel Blanquer, alors Ministre de l'Éducation nationale.

observé chez Sarah, mélange d'importance accordée à l'école et de « sentiment de culpabilité ». L'étude du rapport des familles à l'école (et aux institutions en général) (Barrault-Stella *et al.*, 2020) ne peut ainsi faire l'économie d'une analyse en retour du rapport de l'école (et des institutions en général) à ces familles (Serre, 2009 ; Siblot, 2006), qui encadre et produit pour partie le premier. Ludivine et son mari sont donc sommés de trouver par eux-mêmes une solution, en dehors de l'institution :

> C'est un peu compliqué, on appréhende et en fait on en était rendu à un point où dès qu'on allait le chercher... donc c'est mon mari qui y va et en fait dès qu'on va le chercher, on a la boule au ventre parce qu'on ne sait pas ce qui s'est passé. Et on s'était dit : si ça continue, on le retire de l'école tout simplement, on trouvera un autre moyen, même si c'est obligatoire, on lui fera l'école à la maison. On trouvera mais on change parce que ce n'est plus possible. C'est plus gérable.

La délégation de plus en plus importante de la gestion des problèmes scolaires à la sphère médicale de la part de l'école contribue encore à banaliser la pratique des diagnostics par les familles, parfois même avant la sollicitation de l'institution scolaire et des enseignants. Les jeunes parents, pris dans ces attentes, cherchent ainsi parfois à caractériser très tôt la personnalité de leur enfant. Delphine, titulaire d'un BTS Assistant de gestion PME-PMI, chargée de partenariat, indique ainsi s'être « rendu compte assez tôt » du comportement singulier de fils, qui « a besoin de bouger » et qui « préfère aller voir les grandes personnes » que les enfants de son âge. Elle a donc « commencé à faire des suivis assez tôt », en amont de son entrée en CP, classe où il est scolarisé cette année et qui a vu l'école « confirme[r] qu'il y a un souci ». Elle multiplie ainsi les bilans (orthoptiste, neuropsychologue, hôpital pour enfants pour problèmes psychothérapeutiques) et reproche aux professionnels de santé de ne pas forcément la prendre au sérieux : « je les trouve peut-être même un peu trop laxistes entre guillemets. C'est un peu : "oui votre enfant a un problème mais bon voilà il y a pire". » Cette relativisation des problèmes n'est pas audible pour ces familles dont les ressources éducatives sont au final plus économiques que culturelles, déboursant un budget très conséquent dans les rendez-vous médicaux.

La scolarité prolongée de ces jeunes parents a souvent moins pour effet de leur conférer un sentiment de légitimité face à l'institution scolaire qu'une bonne volonté culturelle fragile, extrêmement sensible aux verdicts et aux injonctions de l'école. L'incertitude statutaire de ces petites classes moyennes produit des investissements éducatifs importants mais peu assurés, où le souci scolaire développé cherche parfois à se rassurer dans le diagnostic et la prédiction médicaux. Les expériences précoces de difficultés scolaires ou comportementales de leurs enfants, auxquelles certains ont pu être confrontés, conjuguées aux attentes fortes de l'institution, contribuent à entretenir un rapport compliqué à l'école. L'engagement appliqué peut à terme se muer en défiance si elle ne fait pas l'objet de rétributions scolaires (bons résultats) ou symboliques (reconnaissance des enseignants). Cette même tension s'observe encore dans le rapport à la politique des enquêtés.

LA POLITIQUE « À MON ÉCHELLE »

> « [...] j'aime bien reprendre la phrase de Coluche qui avait sorti à l'époque : "si voter ça pouvait vraiment changer les choses, ça fait longtemps que ce serait interdit". Cette phrase-là, je l'adore. Je l'ai entendue un jour et je la sors depuis peut-être cinq, six, sept ans. Après ce n'est pas que pour justifier le fait que je ne vote pas, mais c'est juste pour faire comprendre un peu mon état d'esprit. »
> Christophe, né en 1989, père : trompettiste, mère : inactive, BTS Travaux publics, chef d'agence d'un site de production industrielle, CDI

Les tensions et contradictions rencontrées entre espace des pensables et espace des possibles pour ces anciens étudiants passés par les STS, trouvent aussi à se traduire dans leur rapport au politique. L'enquête permet en effet d'interroger les pratiques citoyennes de ces anciens étudiants travaillés par la démocratisation scolaire, en étant ici attentive aux logiques propres mises en œuvre et en évitant de se contenter de mesurer leur engagement ou leurs systèmes de valeurs uniquement selon des référentiels « traditionnels » (par exemple l'axe unidimensionnel gauche-droite) ou selon les seules pratiques institutionnalisées (par exemple le vote). Se donnent alors à voir et à comprendre des activités militantes bien réelles, mais qui ne s'expriment pas forcément selon les codes ou dans les formats caractéristiques des classes moyennes et supérieures, comme des générations plus âgées. Les nouvelles modalités de diffusion de l'information, plus horizontales, au moyen notamment des réseaux sociaux, viennent par ailleurs transformer les façons de faire et ouvrir le répertoire des pratiques politiques.

Ici encore, le rapport ordinaire aux institutions (Buton, Lehingue, Mariot, Rozier, 2016) doit être pensé non seulement du point de vue des dispositions engagées par les individus, mais aussi par la façon dont les individus sont traités par ces institutions. Au final, émerge la conception d'un monde social plafonné, où les positions les plus privilégiées demeurent inaccessibles, et où les situations précaires demeurent toujours des éventualités, ce qui vient expliquer pour partie les prises de positions politiques.

UN MONDE SOCIAL PLAFONNÉ

L'enquête par questionnaires permet d'approcher l'effet de l'allongement des parcours scolaires et des trajectoires sociales sur le rapport au monde de ces trentenaires et de questionner les décalages possibles avec la « vision triangulaire » ou « ternaire » du monde qui caractérise souvent les classes populaires (Collovald, Schwartz, 2006). Elle permet aussi de mettre en lumière des sentiments d'appartenance spécifiques (Coquard, 2018) mais aussi des rapports antagonistes avec d'autres groupes sociaux (Lechien, Siblot, 2019). Invités à se positionner sur un certain nombre d'affirmations concernant la société, les anciens étudiants considèrent tendanciellement plus que les autres que les riches gagnent trop d'argent ou que les aides pour les chefs d'entreprise sont trop élevées, marquant une certaine opposition par rapport à un « eux », économiquement plus privilégié, dont ils se sentent éloignés. Cette distance est plus accentuée encore chez les trentenaires issus des classes populaires et n'ayant pas connu un mouvement d'ascension sociale. Dans les entretiens, les enquêtés ont ainsi tendance à se démarquer du « haut de gamme » ou de la classe sociale « très fortunée ou la plus haute », tenus à un sens des limites lié au fait d'avoir « des budgets à respecter ».

Concernant le rapport aux fractions les plus basses, les répondants d'origine populaire qui ont accédé à des statuts de cadres intermédiaires ou supérieurs s'en démarquent également. Dans les réponses au questionnaire, ils considèrent majoritairement que les aides pour les chômeurs sont trop élevées, mais dans les mêmes proportions que les enquêtés issus des classes moyennes et supérieures. Ceux qui sont en ascension sociale sont aussi majoritaires à estimer qu'il y a trop d'immigration en France, tandis que les enfants d'ouvriers ou d'employés restés ouvriers ou employés sont plutôt moins nombreux que la moyenne à être d'accord avec cette affirmation. Ces derniers sont en revanche bien plus nombreux que les autres à considérer que les jeunes ne veulent plus travailler. Mais cette prise de distance à l'égard des catégories les plus précaires semble constituer moins une défiance vis-à-vis de ces groupes sociaux et de leurs pratiques[1], qu'un regret de ne pas être davantage soutenus et d'appartenir à la classe sociale qui bénéficie le moins, selon eux, des aides de l'État. Les jeunes d'origine populaire et accédant aux catégories intermédiaires sont ainsi ceux qui estiment le plus qu'en France on paie trop d'impôts, ayant la « conviction de "devoir toujours payer pour les autres" » (Spire, 2018 : 96).

Lorsque je demande à Coralie, technicienne de laboratoire, à quelle classe sociale elle pense appartenir, elle me répond : « Après on appelle ça, je ne sais pas, la classe moyenne. Oui, je pense qu'on appartient à cette classe-là, celle où il n'y a pas grand monde qui nous aide, mais on n'est pas forcément hyper bien non plus. Je pense qu'on est dans le juste milieu. » Elle regrette ainsi de ne plus pouvoir bénéficier des chèques loisirs. Surtout, leur rapport aux classes les plus précaires semble marqué par une certaine incertitude face à l'avenir et l'inquiétude que leur position, certes aujourd'hui stabilisée, puisse être remise en cause à tout moment. Les enquêtés rencontrés ne développent ainsi pas de jugement moral à l'égard des classes les plus « faibles », comme s'ils risquaient toujours de voir leur situation se dégrader et de tendre vers cette précarité.

Dans l'ensemble, ces trentenaires semblent entretenir un rapport antagoniste aux classes les plus aisées, lié à une certitude qu'ils n'en feront jamais partie, et s'écartent des classes les plus fragiles de façon plus mesurée, du fait de l'éventualité qu'ils pourraient s'en rapprocher à tout moment. Cette conception est encore plus marquée chez ceux qui n'ont pas connu de mobilité sociale ascendante par l'école, comme Romain, conducteur de ligne :

1 Aucun enquêté n'a par exemple dénoncé une forme d'« assistanat » à l'égard des catégories les plus précaires.

> *Et une dernière question : est-ce que vous avez le sentiment d'appartenir à une classe sociale et puis si oui, laquelle ?*
>
> La classe ouvrière. Je suis en plein dedans. Je ne suis pas du tout un bourgeois. J'en serai jamais un à mon avis. Je ne suis pas non plus un pauvre. Tant mieux quelque part, mais je suis complètement la classe moyenne. Et la vraie classe moyenne, parce que quand j'entends des gens qui gagnent cinq mille euros par mois et qui disent qu'ils sont de la classe moyenne, franchement on n'a pas les mêmes référencements. Moi je gagne mille sept cents balles par mois. Je suis tout seul, j'ai mon appart' à payer, donc oui classe moyenne je crois que je suis en plein dedans. Et classe ouvrière au passage.

Mélodie, récemment lauréate d'un concours de la fonction publique de catégorie C, conçoit aussi sa position à la frontière entre la classe populaire et la classe moyenne, se définissant comme « fonctionnaire-ouvrier » ou « petit Français moyen ». Ses propos rendent compte là encore d'un monde social perçu comme plafonné, entre des classes aisées inaccessibles et une appartenance aux classes moyennes jamais véritablement assurée.

Enfin, l'attachement aux services publics constitue une particularité importante de ces jeunes d'origine populaire – *a fortiori* pour ceux qui en font encore objectivement partie –, les distinguant de ceux d'origine plus favorisée. Cet attachement tient sans doute pour partie au fait qu'ils sont ceux qui sont les plus directement concernés par les services qu'ils peuvent en retirer (Siblot, 2006 ; Siblot, 2020) comme par les perspectives d'emplois qu'ils peuvent y trouver, notamment en zone rurale (Orange, Renard, 2022). Par leur localisation résidentielle, ils sont ainsi tout particulièrement exposés aux risques et aux conséquences de la fermeture des bureaux de poste, des centres de santé et des écoles. Comment cette vision d'un monde social plafonné se traduit-elle dans le rapport à la politique ?

UN DÉSINTÉRÊT POUR LA POLITIQUE ?

En 2020, près d'un tiers des enquêtés (29,0 %) considère qu'aucun parti ne représente vraiment leurs idées quand un autre petit tiers (27,7 %) déclare que la politique ne les intéresse pas. Pour autant, la quasi-totalité des enquêtés (93,2 %) indique s'adonner à l'exercice du vote soit à chaque fois (59,1 %), soit de temps en temps (34,1 %). Enfin, 41,7 % des répondants se sentent proches d'un parti politique défini. Et même chez ceux qui déclarent ne pas s'intéresser à la politique, l'abstention est une pratique minoritaire qui ne concerne que 16,7 % d'entre eux. Ces premiers éléments invitent donc, à la suite d'autres travaux récents (Tiberj, 2013 ; Muxel, 2001), à relativiser la défiance fréquemment attribuée aux jeunes générations et à prendre au sérieux la thèse d'une redéfinition du rapport à la politique.

Les abstentionnistes de la cohorte sont plutôt des hommes (11,7 % des hommes ne vont jamais voter contre 3,6 % des femmes) et, de façon moins attendue, des enfants de cadres moyens ou supérieurs (respectivement 9,7 % et 12,1 % de non votants contre respectivement 5,6 % et 2,1 % des enfants d'employés et d'ouvriers). Cette sur-représentation des enquêtés originaires des classes les plus favorisées chez les abstentionnistes peut s'expliquer pour partie par les situations de déclassement social qu'ils sont nombreux à connaître, et qui peut leur faire ressentir une forme de frustration se traduisant par la prise de distance avec la pratique électorale ou par des votes extrémistes (Peugny, 2009).

Clément, fils de parents cadres supérieurs, fait partie de ceux qui votent de manière intermittente, ne participant pas aux scrutins présidentiels et législatifs. Son parcours est marqué par une série d'échecs et de réorientations, redoublant sa seconde puis sa terminale scientifique, et ne validant ni sa première année de médecine, ni la Licence 1 de physique à l'Université qu'il intègre ensuite. Originaire de la région parisienne, il entre en 2008 en STS Gestion et protection de la nature dans une petite ville des Deux-Sèvres, visant alors un niveau licence, sans formuler de projet de métier. L'année suivante, il n'est déjà plus dans la formation car, selon lui, elle ne correspondait pas à ses attentes. Il est alors de retour dans les Yvelines, où il exerce comme cariste intérimaire. Dix ans plus tard, après avoir été pendant plusieurs années intermittent du spectacle dans la réalisation audiovisuelle, il est actuellement en reprise d'études au CNAM, en vue d'obtenir une licence professionnelle Responsable de projets urbains, environnementaux et territoriaux. Ayant notamment passé plus de quatre années au chômage depuis l'arrêt de son BTS, il porte, dans son commentaire au questionnaire, un regard relativement amer sur la société et l'école, qui semble pouvoir expliquer pour partie son détachement vis-à-vis de la politique institutionnalisée :

« Situations politique, économique très instables et fragiles. Des cadres politico-juridiques trop peu adaptés aux besoins professionnels actuels. Des formations qui n'arrivent pas à sortir des cadres théoriques, trop éloignées des besoins professionnels. Ascenseur social complètement bloqué voire commençant à être descendant… »

Ce sentiment que l'école et le marché du travail ne jouent pas le jeu, alors même que ces anciens étudiants de STS ont le sentiment de l'avoir joué de leur côté, en répondant à la norme des études prolongées, conduit à diverses pratiques de retrait vis-à-vis du vote. Pour autant, cette attitude est souvent argumentée et adossée à des prises de position politiques bien présentes. Le cas de Romain, conducteur de ligne dans l'industrie automobile, après un échec au BTS comptabilité et gestion des organisations, permet de rendre compte de l'erreur que constituerait l'amalgame entre abstention et absence de conscience politique. Surtout, il donne à voir tout l'effet du temps long de la scolarisation sur la compréhension des enjeux économiques et sociaux, la capacité à développer un avis propre et la possibilité de déployer de réelles compétences argumentatives.

Si Romain souhaitait « sortir un peu de ce carcan ouvrier où en fait les enfants reproduisent un peu les schémas des parents » comme on l'a vu précédemment, il a, d'une certaine manière, réussi à le faire, comme en témoigne le rapport éclairé qu'il développe à la politique et qui lui permet à son tour d'informer ses parents, au moment des élections présidentielles de 2017 :

> Et à cette époque Mélenchon faisait vraiment une super campagne et pour moi j'étais convaincu. Pour moi Mélenchon aurait pu faire quelque chose. Bon. Ça a donné ce que ça a donné mais on en a beaucoup parlé et j'ai fini par leur démontrer que les gens de droite ce n'était pas des gens pour eux, ce n'était pas des gens qui les comprennent, qui savent ce qu'ils vivent. Je leur ai fait : « oui vous êtes des ouvriers, vous gagnez bon plus que le SMIC mais je veux dire, vous avez quand même des horaires… » Mon père, il a travaillé… ce n'étaient pas des horaires de fou, c'étaient des horaires de journée, mais il faisait un travail pas évident. Ma mère, elle est agent mais c'est catégorie C donc c'est la plus basse catégorie. Donc je leur disais : « ces mecs de droite qui vont peut-être vous dire qu'ils vont diminuer les impôts, c'est pas vous qui allez en bénéficier de la baisse d'impôt, ça va être ceux qui gagnent dix fois ce que vous gagnez ». Il ne faut pas se prendre pour ce qu'on n'est pas. On sait qu'on n'est pas des gens riches et toutes les baisses d'impôt, comme le bouclier fiscal de Sarkozy en 2007, ça a profité à qui ? Ça a profité aux gens

> qui avaient un patrimoine de fou. Donc ce n'est pas aux petites gens. Ça ne sert à rien de voter pour ces gens-là.

Le passage prolongé par l'école laisse ainsi des traces, comme le rappelle Delphine Serre : « les effets de la scolarisation peuvent être durables et modifier l'habitus primaire, de sorte qu'il est pertinent aujourd'hui de parler de capital scolaire, y compris s'il n'est pas certifié sous la forme d'un diplôme et n'existe qu'à l'état incorporé. » (2012 : 10) L'esprit critique et la réflexivité sont des dispositions constitutives de ce capital, qui s'actualisent dans le rapport de Romain à l'actualité, lui permettant de hiérarchiser les sources et les croiser. De même, la lucidité avec laquelle Romain contribue au propre désenchantement de sa trajectoire scolaire témoigne encore de ce capital culturel non certifié acquis par les études longues. Romain résume ainsi de manière presque sociologique sa trajectoire d'électeur : « je suis en train de devenir dans la moyenne des ouvriers qui [ne] votent plus ». Pour ceux qui présentent une certaine défiance à l'égard de « la politique » ou « des politiques », cela ne signifie pas, loin s'en faut, un désintérêt ou une méconnaissance des problèmes publics (Lechien, Siblot, 2020).

Ainsi, pour Christophe, chef d'agence d'un site de production industrielle, si le vote ne fait pas sens, ce n'est pas par indifférence ou absence d'opinion mais parce que les responsables politiques, selon lui, ont un pouvoir de décision ou d'action beaucoup trop limité, face au poids des grandes puissances financières et des lobbyistes :

> Non parce qu'en fait je ne sais pas si je suis trop pessimiste ou aigri par ça, mais je pense qu'au final nos présidents c'est un peu… c'est un peu comme moi en fait : moi mon chef s'il me dit noir je vais devoir faire noir même si je pense blanc. Et les politiciens au final ils n'ont pas trop le choix. Bon ils prennent ce qu'ils ont à prendre, mais derrière en vrai ce n'est pas eux qui ont les rênes du tout. Et ça se voit dans les sujets de tous les jours. Quand on voit qu'il y a des pesticides qui sont interdits et c'est avéré qu'ils sont nocifs, ne serait-ce que pour la faune et nous derrière en tant que consommateurs, c'est retiré un an, deux ans et puis après ça repasse en Commission européenne et c'est revalidé, alors que c'est avéré, il y a les études. C'est que là-bas c'est le QG des lobbyistes. Et ce n'est pas une hérésie de dire ça, c'est vrai.

Plus largement, les trentenaires rencontrés sont dans l'ensemble plutôt bien informés, par des biais variés, des grands enjeux sociaux et disposent de références pour étayer leur point de vue ou pour relever certains paradoxes. S'il ne s'agit pas de juger de la pertinence des avis recueillis, les discussions menées donnent à voir un esprit critique relativement armé et des pratiques ou des non-pratiques – dans le cas de l'abstention – qui reposent sur des principes de justification bien construits. Romain, abstentionniste donc, s'insurge contre la suppression des lits d'hôpitaux, tandis que Benjamin, gérant d'un garage automobile de 29 salariés et se sentant proche de *La République en marche*, plaide pour la renationalisation des grandes entreprises publiques :

> Je ne saurais pas trop me situer, si ce n'est je dirais que je suis un socio-libéral peut-être. J'aime les gens et j'aime quand ça se passe bien. Quand on vit dans un monde capitaliste, on ne peut pas faire sans. Clairement je suis pour certaines nationalisations, enfin du moins pour les secteurs régaliens, tout ce qui va être la Poste, les transports, les hôpitaux. Par exemple je ne comprends pas en fait comment il peut exister des polycliniques en France. Il y a un moment où c'est la Sécu qui paie. Comment on peut avoir des sociétés qui s'engraissent sur… en plus sur un secteur d'activité comme la santé. On aura la même problématique avec l'éducation.

Au-delà des critiques sur le fond que peuvent opposer certains trentenaires à l'égard des politiques menées, ils peuvent aussi manifester une forme de méfiance vis-à-vis des stratégies médiatiques déployées par les hommes et femmes en responsabilité, ainsi qu'un questionnement sur les lignes éditoriales des médias. Là encore, les discussions longues montrent un rapport critique et relativement étayé à la façon dont le politique se présente à eux. Christophe, sensibilisé aux techniques de communication et aux relations humaines dans le cadre des formations internes offertes par son entreprise, transpose ses connaissances professionnelles dans son rapport à l'actualité :

> Du coup j'écoute quand même un peu la radio, j'écoute France Inter, bon déjà on sent que des fois le parti est pris. Quand ça parle de Mélenchon, c'est rapidement le guignol qui vient derrière. Pareil pour Le Pen. Enfin bref pour tout ce qui est opposé un peu au pouvoir ou trop opposé en tout cas. Et donc j'écoute la radio et je vois bien qu'on nous introduit les informations sans que ce soit confirmé pour nous préparer. Ça ça date même pas que du Covid. C'est des méthodes… Ça ressort de plus en plus parce que là eux aussi mine de rien, ils ont quelque chose à gérer qui n'est pas forcément évident, mais c'est des méthodes qui sont de plus en plus poussées. Ça existait déjà avant mais maintenant on est tous profilés, peut-être pas de façon nominative mais on appartient tous à un secteur, un segment.

De même, Romain, s'insurge de la surexposition dont bénéficie le Rassemblement National sur les chaînes d'information en continu ; cet effet d'offre contribuant selon lui à produire une demande, et justifiant pour partie son abstention récente :

> Et je votais pourtant à tout. Je votais aux municipales, aux européennes, à toutes les élections, mais là c'est vraiment en train de devenir n'importe quoi. En fait c'est toujours les mêmes qui se battent entre eux et qu'on entend parler aux informations. C'est toujours les mêmes qui reviennent. Au bout d'un moment aussi ça ne m'étonne pas que les Français se mettent à vouloir voter que pour ces deux-là puisqu'on n'entend que ces deux-là parler. Y a un moment… Il y a des gens qui passent leur journée devant BFM ou CNews donc forcément au bout d'un moment ils finissent par enregistrer ce qu'on leur dit de penser. Après il ne faut pas s'étonner que Marine Le Pen a des scores pas possibles. Et ensuite quand on voit que la priorité du gouvernement c'est, j'en sais rien, les migrants ou je ne sais quoi… Il y a peut-être d'autres choses à faire. Il y a des étudiants qui crèvent de faim. Les universités, c'est la merde pas possible et on a la ministre de l'Enseignement supérieur qui vient nous parler de l'islamo-gauchisme.

Le délaissement par les responsables politiques de la cause des précaires au sens large (comme ici les étudiants dans le discours de Romain) constitue une autre raison de la prise de distance à l'égard du vote ou de la formulation d'un vote d'extrême-droite. Ce dernier n'est pas le plus souvent l'expression d'un attachement partisan au Rassemblement national (seulement 4,3 % des répondants en 2020 se sentent proches du RN[2]), mais la conséquence du sentiment que les autres formations politiques sont déconnectées de la réalité vécue par les franges les plus modestes de la population, auxquelles une partie des enquêtés se sent encore appartenir. Angélique, mère au foyer, qui n'avait jusqu'en 2017 jamais voté Front ou Rassemblement national, a voté pour la première fois Marine Le Pen au second tour de l'élection présidentielle, refusant de voir Emmanuel Macron, un « banquier », devenir le « président des riches », car « le petit peuple, c'est pas ce qui l'intéresse ». Jonathan, titulaire d'un BTS Électrotechnique, conducteur de machine à commandes

2 En 2010, dans le cadre du questionnaire n° 3, sur les 511 répondants ayant accepté de se positionner sur une échelle politique en sept positions allant de l'extrême gauche à l'extrême droite, seulement 2,9 % ont coché la case la plus à droite. Une majorité des répondants se positionnaient alors plutôt à gauche : extrême-gauche : 2,9 %, gauche : 15,5 %, centre-gauche : 24,9 %, centre : 34,1 %, centre-droit : 14,5 %, droite : 5,9 %.

numériques, a également voté Rassemblement national, parce que « ça a l'air un peu plus pour le populaire. Ça a l'air d'être plus pour le gars de la campagne ».

Ce sentiment d'un oubli ou d'un mépris des politiques à l'égard des citoyens de base a aussi été alimenté par le traitement qui a pu être fait par les pouvoirs publics de récentes formes moins traditionnelles de participation politique, comme le mouvement des Gilets jaunes ou encore la Convention citoyenne.

Angélique, mère au foyer, critique vertement le traitement médiatique du mouvement des Gilets jaunes de l'hiver 2018-2019, et va chercher dans d'autres médias, notamment sur internet, des points de vue qu'elle estime plus à même de refléter la réalité, où l'« on voit vraiment ce qu'il se passe », comme le média en ligne « Brut » :

> On arrive à s'informer quoi qu'il arrive. Mais c'est vrai que BFM, CNEWS et compagnies c'est… La période des gilets jaunes ça a bien montré à quel point ils montrent ce qu'ils veulent. Non parce quand ils arrivaient à nous dire que le mouvement s'étouffait, que ça se calmait alors que sur les vidéos privés, prises en amateurs, on voyait bien que c'était loin de se calmer. C'est pas du vrai journalisme. Ils essaient juste de nous endormir pour que les gens se calment et restent chez eux. Mais ça a pas marché. […] Mais ce qui est sûr c'est que pour moi dans du vrai journalisme, pur et dur, on montre ce qu'il se passe. Effectivement les petits journalistes, par internet, via la chaîne Brut, là c'est du vrai journalisme. Ils sont dans la rue, ils filment en direct avec leurs téléphones. Et on voit bien qu'il n'y a pas de retouche. Que c'est vraiment du live. Il peut arriver 10 minutes où il se passe rien. Parce que le temps qu'ils se déplacent à un endroit, qu'il y ait quelque chose à filmer. Mais là c'est du vrai journalisme, là on voit vraiment ce qu'il se passe.
>
> *Oui donc vous vous fiez plus à, vous faites plus confiance à ça que ?*
>
> Clairement oui. Plutôt que leurs reportages pré-enregistrés. On coupe ce qu'on veut au montage. C'est un peu facile ce genre d'information. Le nombre de scènes où on a vu les gilets jaunes taper et au final quand on retrouve les vidéos amateurs de la même scène, c'est les CRS qui commencent. C'est les CRS qui commencent mais on montre que la partie où les gilets jaunes arrivent.

Les enquêtés rencontrés s'accordent dans l'ensemble sur l'intérêt et la légitimité de ces nouvelles modalités d'engagement, même s'ils n'en partagent pas forcément toujours l'ensemble des revendications (Dormagen, Michel, Reungoat, 2021). Mais l'issue décevante de ces deux évènements – mouvement des gilets jaunes et convention citoyenne – contribue à alimenter le sentiment d'inefficacité de ces entreprises politiques collectives, et suscite une forme de repli sur soi, qui demeure malgré tout souvent très citoyen, c'est-à-dire politique.

DE LA QUESTION SOCIALE À LA QUESTION CLIMATIQUE

Face à la défiance que peuvent éprouver un certain nombre d'enquêtés à l'égard de la politique institutionnalisée (représentants politiques, partis, élections, etc.) mais aussi d'autres formes d'engagement collectif dans la cité, ils peuvent déployer une pratique politique à « petite échelle », dans des actions du quotidien sur lesquelles ils semblent sûrs d'avoir prise. Surtout, ce changement de focale s'appuie fortement sur les nouvelles normes et les connaissances acquises au cours des études. Il convient aussi de rappeler que le temps scolaire, au-delà de la transmission des savoirs et des sociabilités induits, est aussi producteur de « disponibilité biographique » (MacAdam, 2012). En cela, il a été, pour certains, l'occasion d'expériences associatives diverses. Ce sont ainsi 34,3 % des enquêtés qui étaient membres d'une association en première année de STS en 2008 (14,2 % faisaient partie de cette association depuis leur entrée dans l'enseignement supérieur). En 2020, ce sont encore 35,2 % des enquêtés qui font partie d'une association sportive, 9,3 % d'une association culturelle ou musicale, 5 % d'une association humanitaire ou encore 7,5 % d'une association de parents d'élèves. Si l'engagement associatif n'a pas forcément été durable, il a pu néanmoins marquer le rapport citoyen des enquêtés.

La question climatique et la protection de la planète constituent ainsi des enjeux importants pour une grande partie de cette génération, semblant remplacer la question sociale qui pouvait se présenter comme un axe majeur du débat public pour les cohortes plus âgées. En 2010, lorsque les étudiants, alors en fin de 2e année de STS, étaient interrogés sur leur intérêt pour un certain nombre de thématiques ou d'évènements proposés, le réchauffement climatique agrégeait le plus de répondants « très » intéressés, à savoir 38,6 %, derrière « l'actualité » (48,7 %). Le chômage arrivait derrière (31,4 %) puis la réforme des retraites (22,4 %), dont la contestation était en cours au moment de l'administration du questionnaire[3]. La « crise économique » n'intéressait alors que 15,4 % des enquêtés.

Dix ans plus tard, en 2020, l'écologie continue d'être un thème particulièrement peu clivant pour les enquêtés. Ils sont ainsi 88,6 % à ne pas être d'accord avec le fait qu'on parlerait trop d'écologie en France.

Si Europe Écologie les Verts est le parti qui réunit le plus de sympathisants parmi les répondants (11,1 %)[4], les commentaires écrits comme les discours oraux des enquêtés donnent à voir un écologisme pratique plutôt qu'une « morale écologiste » (Comby, 2015a & 2015b). En effet, ils reprochent à la forme partisane de l'écologie son appréhension trop théorique, c'est-à-dire à la fois pensée indépendamment des contraintes propres des individus et des familles les plus précaires, mais aussi qui ne s'actualise pas nécessairement dans des actes voire même qui se trouve en contradiction avec les pratiques suivies par ceux-là mêmes qui la portent. En cela, la question climatique telle qu'elle est formulée par ces trentenaires est pleinement imbriquée dans la question sociale.

Par ailleurs, dire de cet écologisme qu'il est pratique ne signifie pas pour autant qu'il ne fait pas l'objet d'une forme de rationalisation ou qu'il ne répond pas à des principes normatifs établis. Les trentenaires rencontrés donnent au contraire à voir une réflexivité certaine sur leurs propres logiques de consommation, marquée par un souci de cohérence entre les discours et les actes, tout en admettant un nécessaire principe de réalité.

Les enquêtés témoignent de bonnes pratiques qu'ils essaient de mettre en œuvre au quotidien. Leur engagement se joue dès lors « à mon échelle » ou « à mon niveau » comme ils le disent très souvent. Anthony, technicien planning, fait ses achats avec ses propres contenants et demande aux commerçants et aux maraîchers de ne pas lui fournir de sac ou de sachet. Il affiche ce qu'il appelle ses « mini-engagements » : il ne mange pas de viande et évite d'acheter sur Amazon. Coralie, technicienne de laboratoire, a cessé d'acheter des protections hygiéniques jetables. Mais l'un comme

3 Réforme des retraites de 2010, dont une des principales mesures a consisté au report de deux ans de l'âge minimum de départ à la retraite sans décote, et porté à l'époque par Éric Woerth, ministre du Travail, de la Solidarité et de la Fonction publique.

4 Devant la République en Marche (7,1 %), la France Insoumise (5,9 %), le Parti Socialiste et les Républicains (4,9 % chacun), puis le Rassemblement national (4,3 %). Ces pourcentages sont à interpréter avec prudence étant donné les faibles effectifs qu'ils représentent.

l'autre admettent des pratiques irréductibles, comme la possession de deux voitures lorsque l'on habite à la campagne ou l'achat de jouets en plastique quand on a des enfants. Une tendance partagée est le refus de répondre aux injonctions exclusives au « tout recyclable » ou au « tout bio » mais de faire au mieux selon les ressources qui sont les leurs. Surtout, si les classes moyennes et supérieures se sont emparées récemment de la norme du « naturel » dans les pratiques de consommation comme dans les styles de vie ou encore la question sanitaire, les principes du « fait-maison » ou de l'autoconsommation sont présents depuis longtemps dans les milieux populaires ruraux. Coralie encore, ne souscrit pas à la règle de l'alimentation biologique, mais privilégie les produits de saison, locaux et, dans la mesure du possible, de son potager :

> Ça m'arrive d'acheter des produits bio mais ce n'est pas forcément parce que c'est bio, c'est parce que ça m'intéresse. Non… Après moi tout ce qui est bio, ça me… Enfin j'ai lu des choses et d'autres sur le biologique et je me dis que ce n'est peut-être pas forcément meilleur qu'autre chose. Là l'hiver on tourne… Je fais des tomates l'été. À la fin de l'été je ramasse tout et j'en fais des sauces et je les congèle et comme ça on en a tout l'hiver. Si je fais une bolognaise, je n'achète pas le pot de bolognaise. J'achète ma viande, mes légumes. J'ai de la sauce tomate qui sort du jardin. C'est des choses que je fais, que d'autres ne font pas.

Delphine, chargée de partenariat, dispose d'un potager mais profite aussi de la viande que ses parents, qui vivent dans le même village, produisent. Son attention à ce qu'elle consomme est moins une conversion aux normes alimentaires légitimes que la continuité de pratiques populaires où les circuits-courts sont depuis longtemps privilégiés :

> On a toujours fait attention. Alors on ne mange pas forcément bio, tout ça. Ce n'est pas forcément ce que j'aime, mais je mange assez local. Par exemple on a un jardin. On fait le jardin. Moi mes parents font des lapins, des poules. C'est des trucs que je mange déjà depuis petite.

Leur système normatif consiste là encore, à « en prendre et en laisser » (Hoggart, 1970), et procède souvent d'un syncrétisme de dispositions familiales héritées (par exemple, dans la famille d'Angélique, on « jardine avec la lune ») et de dispositions acquises scolairement, leur permettant de se saisir de ressources médiatiques ou scientifiques, dans les journaux, les sites spécialisés ou les réseaux sociaux, voire même par le biais de leurs entreprises. Coralie travaille ainsi dans une centrale de vente par correspondance qui valorise le « made in France », le local et qui a supprimé depuis longtemps les gobelets en plastique et les touillettes jetables. Par « déformation professionnelle » comme elle dit, Coralie a arrêté de commander des produits chez Amazon et n'achète plus de Nutella.

Si les enquêtés adhèrent largement à la norme écologiste et l'appliquent dans leur quotidien, dans ce domaine comme dans d'autres domaines publics, certains supportent difficilement la posture prescriptive voire culpabilisante des responsables politiques et leur reprochent de ne pas assumer le problème, en se dédouanant sur les individus. Mickaël, ingénieur du BTP résidant dans le Sud-Ouest de la France avec sa femme et sa petite fille, fustige la politique écologiste du gouvernement, qui fait porter l'effort et la responsabilité sur les acheteurs :

> Justement on va culpabiliser le consommateur par exemple en disant : « c'est pas bien, vous achetez votre paquet de Pepito, il y a du suremballage », je me dis qu'une vraie politique pour le coup avec un peu de courage ce serait, plutôt que de taper sur le consommateur qui va acheter toujours moins cher parce qu'il n'a pas les moyens, c'est de dire plutôt aux industriels que c'est interdit de faire du suremballage. Moi je prends cet exemple-là parce que je me dis qu'une vraie politique courageuse aujourd'hui en termes d'écologie, plutôt que de dire à un smicard que ce n'est pas bien d'acheter son paquet de Pepito parce qu'il y a trois paquets en plastique avec un paquet en carton et comme c'est une promotion il y a encore un plastique dessus, c'est plutôt d'aller voir les industriels et de leur dire : « à partir de, vous ne mettez plus de plastique dans vos emballages ». Par exemple. Après c'est des enjeux qui nous dépassent.

Les propos de Mickaël donnent à voir deux niveaux de réalité politique : la politique par le haut, « qui nous dépasse », assez éloignée des préoccupations du terrain ; et la politique par le bas, constituée de toutes les petites actions citoyennes menées individuellement. Mickaël reproche aux partis politiques écologistes de ne pas savoir hiérarchiser les priorités et de ne pas mettre en œuvre des pratiques de bon sens (« ce n'est pas que parce qu'on a l'étiquette qu'on a de bons trucs »). Il ne comprend ainsi pas l'interdiction radicale de manger de la viande dans les cantines de Lyon, qui a fait l'objet d'une actualité récente, et propose plutôt d'accorder une attention accrue à la provenance des animaux et à la qualité des élevages :

> Après ce que j'essaie, c'est à petite échelle de me dire bon ben quand j'achète du cochon, pour le coup je l'achète à lui. Il est fait ici, il n'est pas loin, c'est à vingt kilomètres, je connais sa ferme et je sais que c'est… Par exemple son jambon blanc est gris, il n'y a pas de nitrites dont on a parlé y a pas longtemps. Je suis sensible à tout ça mais voilà à petite échelle.

Le contexte libéral, en encourageant l'entrepreneuriat de tous ordres et en accordant moins de poids aux corps intermédiaires (partis, syndicats, administrations publiques, associations, etc.), participe au développement de ces engagements personnels et isolés, et accroît ce faisant la distance à la politique institutionnalisée. En 2010, près d'un quart des étudiants de STS interrogés envisageaient d'adhérer un jour à un syndicat (23,1 %), et seulement moins d'un sur dix envisageaient l'éventualité de prendre sa carte dans un parti politique (9,1 %). Dix ans plus tard, ils sont seulement 7 à être adhérents d'un syndicat (2,2 %) et 23 à être membres d'un parti politique (0,9 %).

DES FORMES NOUVELLES D'ENGAGEMENT

Les réponses, écrites comme orales, des enquêtés, permettent encore d'enrichir la compréhension du rapport au politique des jeunes en donnant à voir, aux côtés des formes institutionnalisées (élections, militantisme, etc.) et moins institutionnalisées (actes du quotidien), la manière dont les engagements peuvent prendre place dans des espaces moins attendus, qu'il s'agisse de la sphère du travail ou celle des loisirs. Les discussions avec les trentenaires ont ainsi fait apparaître la volonté chez certains de mettre en adéquation leur pratique professionnelle avec leur système de valeurs. Christophe, chef d'agence d'un site de production industrielle, très préoccupé par les questions écologiques, regrette que la nouvelle entreprise dont il va prochainement avoir la responsabilité, produise encore du béton : « Après, rester dans le béton, ce n'est pas ce que je voulais à la base. Parce que je ne trouve pas ça très 2.0. Ça ne correspond pas au virage que j'aimerais prendre et qu'en plus on tend de plus en plus à prendre. On va dire que je vais prendre ça comme une sorte de tremplin pour pouvoir aller faire un peu plus ce que je veux après. » Il aspire en effet à aligner progressivement les principes qu'il met en œuvre dans son quotidien avec ceux de son entreprise. Il vise ainsi à terme à s'investir dans des usines de production de « matériaux biosourcés ou avec des empreintes carbone faibles ». Fanny, nouvellement reconvertie dans la maroquinerie après une formation dans l'économie de la construction, envisage aussi son engagement professionnel en affinité avec ses propres engagements personnels : « Donc forcément il y a des questions qui se mettent en place et savoir vers quoi je veux aller parce que moi aussi ça m'intéresse, l'écologie. Et la sauvegarde de la planète, même si je travaille le cuir. Donc il y a plein de choses comme ça qui entrent en jeu, mais ça fait partie de la réflexion du concept entre guillemets de ce que j'ai envie. » Elle souhaite ainsi travailler avec des tanneries françaises, soucieuses à la fois des conditions d'élevage des animaux mais aussi de l'impact carbone du transport. Elle réfléchit aussi à utiliser des nouveaux matériaux « issus des végétaux » pour teindre les peaux et éviter le recours aux produits chimiques. Elle pense enfin aux possibilités offertes par le recyclage et la récupération de matière, comme les bâches de camion qu'elle pense pouvoir réutiliser pour ses productions.

L'affiliation au travail tient ainsi, pour beaucoup, à leur possibilité d'y trouver du sens et une cohérence avec leurs principes de vie. Romain, conducteur de ligne dans l'industrie automobile, a été sensibilisé récemment à la cause animale. Il cherche à diminuer sa consommation de viande et apprécie, dans le même temps, de ne plus travailler dans une usine agro-alimentaire de transformation d'animaux, mais chez Michelin, qui utilise de la sève d'arbre pour fabriquer les pneus (« au moins je me dis que je ne fais pas de mal aux animaux. Enfin normalement j'espère, parce qu'indirectement j'espère que les forêts ça va. »). Romain pousse même plus loin la mise en cohérence des principes appliqués dans ses différentes sphères de vie en ayant une approche sociale de son loisir de prédilection, les jeux-vidéo :

> C'est vrai que le jeu vidéo est un passe-temps que j'aime énormément. C'est un passe-temps que… pas que j'étudie mais que j'aime apprécier un peu au sens noble du jeu vidéo parce que pour moi ce n'est pas juste pour faire « boum boum ». Le jeu vidéo, ça peut vraiment être des œuvres d'art numériques. Il y a des jeux vraiment magnifiques, qui racontent des supers histoires visuellement, faits par deux ou trois personnes. Enfin c'est ce côté-là

> du jeu vidéo que j'aime beaucoup. Tout en aimant aussi faire des jeux vidéo faits par des équipes de cinq cents personnes. Mais encore une fois, là, pour ceux qui suivent les jeux vidéo, on sait qu'il y a plusieurs articles qui sont sortis récemment sur les conditions de travail dans le jeu vidéo et on se rend compte que là aussi en fait, le jeu vidéo ce n'est pas tout rose. Que les gens sont pas mal exploités en fait, et par des gens tyranniques et des gens sans scrupule. Et donc même maintenant quand j'achète un jeu vidéo, comme on dit, un achat c'est un vote, ben j'essaie de voir d'abord s'il mérite qu'on vote, de voir s'ils n'ont pas fait travailler leur personnel à outrance. Parce qu'on a vu par exemple pour un jeu des gens qui faisaient des semaines de cent heures.

Avant chaque achat, Romain s'informe auprès de sites internet spécialisés mais aussi grâce aux comptes twitter d'experts dans le domaine pour connaître les conditions de production du jeu. Cette prise d'information préalable peut le conduire à renoncer à acquérir un jeu ou bien d'y jouer, comme dans le cas d'un produit édité à la fin de l'année 2020 :

> C'est le dernier gros jeu qui est sorti au mois de décembre. C'est fait par un studio polonais qui avait fait un super jeu auparavant, il y a cinq ans de ça. Et ce jeu-là était attendu, comme on pensait que ça allait révolutionner un peu le genre, et en fait on a appris que les gens ont fait des heures sup[plémentaires] pas possible, qu'ils ont été traités un peu comme de la merde. Il y a eu un *turn-over* aussi assez immonde. Apparemment ils ont pressé les équipes comme un citron pour absolument sortir le jeu, parce qu'il fallait le sortir. J'avoue que ça m'a cassé un peu le truc. Le jeu, je l'avais commandé, et me dire qu'il y a des gens qui ont souffert pour faire ce jeu, franchement ce n'est pas pour ça que je joue aux jeux vidéo. Moi je joue aux jeux vidéo à la base un peu pour m'aérer. Si je sais que je joue à un jeu que je sais qu'il y a des gens qui ont sué sang et larmes pour le sortir, ça casse un peu le truc. De toute façon le studio s'est fait rattraper. Toute la presse en a parlé.

Le rapport au politique de ces trentenaires, compris au sens plus large, vient ainsi s'inscrire dans toutes les sphères de la vie et participe pour partie à orienter les conduites de carrière professionnelle, de consommation, ou encore de loisirs.

Ces formes de politisation alternatives, qui ne s'incarnent pas dans des espaces, des lieux ou des instances classiques, sont à comprendre en lien avec les positions occupées par ces trentenaires dans l'espace social. Les limitations économiques et sociales éprouvées par ces trentenaires aux trajectoires professionnelles ressenties comme instables et plafonnées contribuent à la réorientation ou au renforcement de pratiques de consommation qui permettent de résoudre la contradiction entre des aspirations de classes moyennes et des moyens financiers proches des classes populaires. Consommer moins, acheter moins de viande, favoriser le « fait maison » est une manière pour certains de satisfaire des valeurs et des styles de vie valorisés par les classes moyennes stabilisées et les classes supérieures, tout en protégeant le budget familial. Par ailleurs, la rhétorique de la responsabilisation individuelle, portée par un certain nombre d'institutions (école, travailleurs sociaux, entreprises, etc.) participe au développement d'une conception du politique en dehors des instances ou des collectifs, et pensé « à [s]on échelle ».

CONCLUSION

Les trajectoires scolaires, professionnelles et plus largement sociales de ces trentenaires passés par les classes de Sections de techniciens supérieurs et caractérisés pour beaucoup d'entre eux par leur origine populaire et rurale, se traduisent par des mobilités notables. Plus diplômés que leurs parents, souvent les premiers de leur famille à obtenir leur baccalauréat, à entrer dans l'enseignement supérieur et à en ressortir diplômés, ils parviennent en majorité à accéder à des emplois de cadres intermédiaires. Le suivi de leurs parcours permet de confirmer l'élévation des aspirations et des positions, scolaires et sociales, rendue possible par ce « petit enseignement supérieur ». La proximité institutionnelle comme spatiale avec l'enseignement secondaire contribue pour partie à inclure le bac+2 dans l'espace des pensables et des possibles de ces jeunes, voire à produire des vocations pour les études longues, en licence puis en master. Dix ans après, se rappelle tout le travail de ces institutions scolaires dans la production et la transformation des aspirations, faisant du projet professionnel un résultat plutôt qu'un déterminant du choix du BTS. Toutefois, si l'expérience en STS a contribué à accroître fortement le capital culturel de cette cohorte, au regard de la génération précédente, les évolutions de la structure socioprofessionnelle française et le ralentissement de la croissance à partir de la fin des années 2000, ont grevé pour partie l'élévation du niveau de vie des diplômés de STS en comparaison avec leurs parents. Leurs trajectoires sont en effet marquées par un certain nombre de contraintes ou restrictions, productrices de désajustements entre les aspirations et les réalisations.

La première décennie dans l'emploi de cette cohorte laisse d'abord apparaître des problématiques de reconnaissance scolaire, statutaire ou encore salariale pour une majorité des enquêtés dans les métiers exercés. Si les contrats à durée indéterminée constituent la norme, les emplois occupés sont souvent marqués par un décalage entre d'une part le contenu de l'activité et les missions réalisées et d'autre part le statut atteint et la rémunération reçue. Cela contribue à alimenter un sentiment de ne pas être véritablement à sa place. Beaucoup présentent des niveaux de responsabilité et une complexité des tâches qui les rapprochent des cadres moyens ou supérieurs, quand leurs fiches de poste et de paie les rabaissent plutôt du côté des employés ou des ouvriers. Cette situation est plus marquée pour les professions administratives (et donc les femmes) où les frontières entre employés et professions intermédiaires sont très ténues et moins cadrées par les conventions collectives. Le manque de perspectives d'évolutions objectives dans la hiérarchie contraint alors parfois à chercher dans un engagement toujours plus important au travail et dans la diversification des tâches ou la multiplication des activités, une possibilité d'évolution subjective. Mais l'absence de rétribution monétaire, statutaire comme symbolique, de ces montées en compétences peut finalement venir nourrir une insatisfaction dans l'emploi et renforcer le sentiment de désajustement. L'absence de projection vient alors parfois produire des trajectoires de rupture professionnelle, choisies ou subies, qui viennent encore renforcer le sentiment d'instabilité. L'inégale distribution des ressources économiques, culturelles et sociales agit sur les conditions de possibilité mais aussi la pente des parcours de bifurcation. Quand les plus dotés parviennent à se repositionner sur des emplois, des entreprises ou des statuts plus attractifs, s'appuyant sur leur conjoint ou leur parentèle, d'autres peuvent se trouver marginalisés ou exclus du marché du travail, en lien avec des accidents du travail ou des déséquilibres familiaux (conjoint au chômage, parents éloignés, etc.).

La rhétorique de l'esprit d'entreprendre, de plus en présente dans le monde du travail mais aussi au sein de la sphère éducative (Chambard, 2020), constitue un cadre interprétatif fort des premières années dans l'emploi de ces diplômés d'un BTS. Ce référentiel émaille tout autant les entretiens d'embauche que les discours des employeurs en cours de carrière relatés par les jeunes travailleurs, leur renvoyant la responsabilité de prendre en charge leur évolution professionnelle. Dans cette conception, le diplôme semble perdre sa valeur de marqueur des positions statutaires. Les anciens de BTS comprennent ainsi parfois difficilement qu'ils aient été poussés à prolonger leur scolarité au-delà du baccalauréat pour se confronter ensuite à un discours d'euphémisation des titres scolaires une fois arrivés en entreprise. Pour autant, les trajectoires d'emploi objectivées rappellent combien le diplôme demeure un déterminant important des postes occupés, freinant l'accès aux emplois qualifiés à ceux qui ont échoué au BTS ou qui ont abandonné avant la fin de la formation.

La thèse d'un rapport différencié au travail des nouvelles générations, qui serait caractérisé par un moindre engagement de leur part, est à réinscrire dans ces modalités particulières d'entrée et de progression dans la carrière du début du XXIe siècle. Les freins rencontrés par les jeunes travailleurs viennent questionner le modèle de la carrière linéaire qui prévalait pour les générations précédentes. Les parcours discontinus sont ainsi moins le fait d'une instabilité caractéristique des nouveaux profils de salariés que de la faible rentabilité financière et statutaire de l'engagement durable pour un même employeur. Dès lors, une partie des trentenaires rencontrés admet un intérêt privilégié pour la qualité des postes occupés plutôt que pour leur stabilité (renoncement à des emplois à durée indéterminée au profit de l'indépendance, changement d'entreprise, reprise d'études). Dans une posture relevant sans doute pour partie de la nécessité faite vertu, ces anciens étudiants de BTS « font avec » les possibles professionnels.

Le manque de reconnaissance objective mais aussi subjective – notamment salariale – dans l'emploi a aussi des répercussions sur les autres sphères de la vie, où la limitation du pouvoir d'achat contraint les enquêtés à faire preuve d'un hédonisme contrôlé. Les modes de consommation et les styles de vie des classes moyennes auxquels les trentenaires ont été familiarisés par la scolarisation prolongée et les nouvelles aspirations qu'ils ont pu développer par leur mobilité sociale ascendante, viennent parfois se heurter à un budget qui n'en permet pas toujours la pleine réalisation.

Pour une partie d'entre eux, l'installation à proximité de la famille d'origine et le recours aux ressources financières et matérielles des parents, résidant beaucoup en zone rurale, permettent de satisfaire un certain nombre d'aspirations : accès à la propriété, conciliation emploi et maternité, octroi d'un temps pour les loisirs et la vie de couple, etc. Vivre ou retourner vivre dans son village d'origine ou dans les environs permet alors de soutenir l'accès à l'indépendance (maison, mise en couple, travail, enfants, loisirs) des jeunes autant que cela les maintient sous le contrôle des parents mais aussi des réseaux de voisinage. La sédentarité géographique constitue ainsi pour certains la condition de possibilité de leur sortie effective des milieux populaires et de leur prétention aux pratiques immobilières, professionnelles, conjugales, éducatives, amicales, politiques ou encore de loisirs des classes moyennes, tout en soumettant ces nouvelles pratiques au jugement local, dans ces espaces où l'interconnaissance est forte. Autrement dit, cette sédentarité rend visible et sensible une petite mobilité qui serait demeurée invisible voire inexistante dans un contexte plus urbain. Une étude concernant les sortants de STS situées dans des grandes agglomérations montrerait quant à elle sans doute des pentes sociales plus fortement érodées, du fait d'un coût de la vie supérieur et de contraintes immobilières plus difficilement réductibles.

C'est encore en recourant à des pratiques de consommation caractéristiques des classes populaires (fait-maison, autoconsommation, autosubsistance, auto-rénovation ou encore autoréparation)[1], mais qui font depuis plusieurs années l'objet d'un réappropriation et d'une revalorisation de la part des classes moyennes et supérieures, que les enquêtés peuvent participer à résoudre certaines équations normatives dans lesquelles ils sont pris, entre socialisation primaire et socialisation secondaire. C'est ainsi que leur écologisme de conviction vient rencontrer de manière heureuse un écologisme de nécessité, lié à la limitation de leur pouvoir d'achat. Les économies qu'ils peuvent réaliser sur certains biens reçus en dons, produits par eux-mêmes ou elles-mêmes, ou encore dont ils et elles se passent, leur permet par ailleurs de « se faire plaisir » sur d'autres dépenses.

Dans leur rapport à l'école et à la scolarité de leurs enfants, leur bonne volonté éducative ne fait pas toujours l'objet d'une reconnaissance. Impliqués dans l'accompagnement scolaire de leur progéniture, ils et surtout elles (les mères) doivent souvent s'acquitter des coûts financiers et temporels de l'externalisation de la gestion de l'échec scolaire. Elles sont encouragées à solliciter des psychologues, des orthophonistes ou encore des ergothérapeutes afin de prendre en charge certaines difficultés d'intégration ou d'apprentissage. Le repli protecteur sur soi et sur sa famille, qui permet d'abord de résoudre certaines instabilités statutaires comme certaines tensions dispositionnelles, trouve à s'ajuster pleinement à la rhétorique actuelle de la responsabilité individuelle et de l'entreprise de soi qui s'étend des parcours professionnels aux parcours résidentiels,

1 Ce qui n'est pas sans rappeler le travail à côté des ouvriers enquêtés par Florence Weber dans les années 1980 (Weber, 1989).

en passant par les parcours scolaires. Dès lors, les nouvelles formes de participation citoyenne mais aussi politique de ces trentenaires, « à [leur] échelle », sont aussi à comprendre à l'aune de ce contexte. La délégation qu'ils reçoivent, de la part des institutions politiques, professionnelles ou encore scolaires, d'un certain nombre de problématiques (bonnes pratiques attendues de citoyen, de travailleur ou de parents), contribue dans le même temps à les maintenir à distance de formes de participation plus formalisées ou plus distantes spatialement (comme le vote aux élections nationales et européennes, ou le syndicalisme).

Le suivi des anciens étudiants de STS sur plus de dix années permet de tenir ensemble les conditions de production des aspirations scolaires et professionnelles et les modalités de leurs expressions et potentielles réalisations. Replacer les trajectoires d'études et d'insertion des élèves, étudiants puis diplômés dans les cadres institutionnels qu'ils traversent et qui les traversent, permet de rendre compte de leurs rapports à l'école et au travail sans céder aux cadres explicatifs de la motivation individuelle ou de la culture générationnelle. Outre l'intérêt de prêter attention à une part de la jeunesse et des filières professionnelles peu visibles tant dans les médias que dans les travaux de recherche, l'enjeu est ici de montrer le rôle des contextes sociaux et institutionnels dans la gestion des parcours de vie et la mécanique du vieillissement social.

L'approche longitudinale apporte la possibilité d'une analyse des mobilités sociales en actes, qui vient s'ajouter aux analyses des mobilités objectives et subjectives, et qui permet de suivre l'évolution simultanée des aspirations et des orientations, les variations plus ou moins concomitantes de l'espace des pensables et de l'espace des possibles. Cette démarche méthodologique rappelle par ailleurs toutes les précautions à observer dans l'analyse des discours recueillis, marqués aussi bien par des effets de reconstruction et la transformation dans le temps des « cadres sociaux de la mémoire » (Halbwachs, 2013 [1925]) (dans les entretiens a posteriori) que par des effets d'imposition de problématique (dans les questionnaires sur les projets scolaires ou professionnels par exemple). C'est encore toute l'importance d'une appréhension configurationnelle des parcours de vie qui se donne à voir, c'est-à-dire la prise en compte des différents réseaux (amicaux, conjugaux, familiaux, etc.) dans lesquels sont pris les individus, pour donner sens à leurs pratiques et à leurs perceptions.

BIBLIOGRAPHIE

ABDELNOUR, Sarah, « Moi, petite entreprise. Impacts individuels et collectifs de la diffusion de l'auto-entrepreneuriat », *Regards croisés sur l'économie*, Vol. 19, n° 2, 2016, p. 192-203.

ABDELNOUR, Sarah, LAMBERT, Anne, « "L'entreprise de soi", un nouveau mode de gestion politique des classes populaires ? Analyse croisée de l'accession à la propriété et de l'auto-emploi (1977-2012) », *Genèses*, n° 95, 2014, p. 27-48.

ALONZO, Philippe, ANGELOFF, Tania, MARUANI, Margaret, « Travail, famille et genre : une relation à double sens », *in* Maruani Margaret, *Femmes, genre et sociétés. L'état des savoirs*, Paris, La découverte, 2005, p. 372-380.

AMOSSÉ, Thomas, « Professions au féminin », *Travail, genre et sociétés*, n° 11, 2004, p. 31-46.

AMOSSÉ, Thomas, CHARDON, Olivier, « Une nomenclature socioprofessionnelle rénovée pour mieux décrire la société actuelle », *Insee Références*, Juillet 2020.

AMOSSÉ, Thomas, GOLLAC, Michel, « Intensité du travail et mobilité professionnelle », *Travail et emploi*, n° 113, 2008, p. 59-73.

AMSELLEM-MAINGUY, Yaëlle, « Enjeux de la consultation pour la première contraception. Jeunes femmes face aux professionnels de santé », *Santé publique*, Vol. 23, 2011, p. 77-87.

ARBORIO, Anne-Marie, LECHIEN, Marie-Hélène, « La bonne volonté sanitaire des classes populaires. Les ménages employés et ouvriers stables face aux médecins et aux normes de santé », *Sociologie*, Vol. 10, 2019, p. 91-110.

ATTIAS-DONFUT, Claudine, SEGALEN, Martine, *Avoir 20 ans en 2020 : Le nouveau fossé des générations*, Paris, Odile Jacob, 2020.

AVRIL, Christelle, « Les compétences féminines des aides à domicile », *in* Weber Florence, Gojard Séverine, Gramain Agnès, *Charges de famille. Dépendance et parenté dans la France contemporaine*, Paris, La découverte, 2003, p. 187-207

BAILLET, Julie, CROUTTE, Patricia, PRIEUR, Victor, *Baromètre du numérique 2019*, CREDOC, Novembre 2019.

BARBIER, Pascal, SEILLER, Pauline, « Rapport au travail et carrière des jeunes salariés d'exécution des grandes entreprises du privé », *Agora débats/jeunesses*, Vol. 69, n° 1, 2015, p. 37-50.

BARCZAK, Aleksandra, HILAL, Mohamed, « L'accès aux commerces et services dans les territoires de vie du quotidien », *in* Blancard, Stéphane, Détang-Dessendre, Cécile, Renahy, Nicolas, *Campagnes contemporaines. Enjeux économiques et sociaux des espaces ruraux français*, Paris, Éditions Quæ, 2016, p. 97-116.

Barrault-Stella, Lorenzo, Bongrand, Philippe, Hugrée, Cédric, Siblot, Yasmine, « Les rapport à l'école comme rapports à l'État », *Politix*, Vol. 2, n° 130, 2020, p. 7-22.

Barret, Christophe, Dzikowski, Christophe, Mazari, Zora, Rouaud, Pascale, Ryk, Florence, Volle, Noémie, « Enquête Génération 2010. Bilan méthodologique. 1re interrogation printemps 2013 », *Céreq Études*, n° 25, 2019.

Battagliola, Françoise, « Les modes sexués d'entrée dans la vie adulte », *in* Blöss, Thierry (dir.), *La dialectiques des rapports hommes femmes*, Paris, PUF, 2001, p. 177-195.

Baudelot, Christian, Serre, Delphine, « Les paradoxes d'une satisfaction. Ou comment les femmes jugent leur salaire », *Travail genre et sociétés*, n° 15, 2006, p. 121-138.

Baudelot, Christian, *Les étudiants, l'emploi, la crise*, Paris, François Maspero, 1981.

Baudelot, Christian, *Confiance dans l'avenir et vie réussie, Mélanges économiques, Essais en l'honneur d'Edmond Malinvaud*, Paris, Economica, EHESS, 1988.

Baudelot, Christian, Establet, Roger, *Avoir 30 ans en 1968 et en 1998*, Paris, Seuil, 2000.

Baudelot, Christian, Gollac, Michel, Bessière, Céline, Coutant, Isabelle, Godechot, Olivier, Serre, Delphine, Viguier, Frédéric, *Travailler pour être heureux ? Le bonheur et le travail en France*, Paris, Fayard, 2003.

Baudelot, Christian, Mauger, Gérard (dir.), *Jeunesses populaires : les générations de la crise*, Paris, L'Harmattan, 1994.

Bautier, Élisabeth, Charlot, Bernard, Rochex, Jean-Yves, *École et savoir dans les banlieues… et ailleurs*, Paris, Armand Colin, 1992.

Beaud, Stéphane, *80 % au bac… et après ? Les enfants de la démocratisation scolaire*, Paris, La découverte, 2002.

Beaud, Stéphane, Mauger, Gérard, *Une génération sacrifiée ? Jeunes des classes populaires dans la France désindustrialisée*, Paris, Éditions Rue d'Ulm, 2017.

Beaud, Stéphane, Pialoux, Michel, *Violences urbaines, violence sociale. Genèse des nouvelles classes dangereuses*, Paris, Hachette littératures, 2005.

Becquet, Valérie, « Le service civique : un choix d'engagement inscrit dans les parcours juvéniles », *Informations sociales*, Vol. 195, n° 4, 2016, p. 95-104.

Becquet, Valérie, Bidart, Claire, « Parcours de vie, réorientations et évolutions des normes sociales », *Agora Débats/Jeunesses*, Vol. 3., n° 65, 2013, p. 51-60.

Béduwé, Catherine, Fourcade, Bernard, « Secrétaire : profession durable ou emploi de passage ? », *in* ARLIAUD, Michel, ECKERT, Henri, *Quand les jeunes entrent dans l'emploi*, Paris, La Dispute, 2002, p. 225-245.

BENE, Julie, *Saisir la diversité de la jeunesse à travers ses rapports au travail. Exploitation de l'enquête Génération 2013*, INJEP Notes & rapports / Rapport d'étude, 2019.

BENOIST, Pierre, *Une histoire des instituts universitaires de technologie (IUT)*, Paris, Classiques Garnier, 2016.

BERNARD, Lise, « Le capital culturel non certifié comme mode d'accès aux classes moyennes », *Actes de la recherche en sciences sociales*, n° 191-192, 2012, p. 68-85.

BERNARD, Lise, « Des ascensions sociales par un métier commercial. Le cas des agents immobiliers », *Politix*, n° 114, 2016, p. 73-98.

BERNARD, Lise, « Au-delà de la nomenclature des PCS. Un milieu professionnel à l'épreuve de la statistique publique », *Genèses*, n° 122, 2021, p. 152-170.

BERNARD, Pierre-Yves, TROGER, Vincent, « La réforme du baccalauréat professionnel en trois ans ou l'appropriation d'une politique éducative par les familles populaires ? », *Éducation et sociétés*, n° 30, 2012, p. 131-143.

BERNARD, Sophie, *Le nouvel esprit du salariat*, Paris, PUF, 2020.

BERNSTEIN, Basil, *Langage et classes sociales*, Paris, Minuit, 1975.

BERTHELOT, Jean-Michel, *École, orientation, société*, Paris, PUF, 1993.

BESSIÈRE, Céline, GOLLAC, Sibylle, *Le genre du capital. Comment la famille reproduit les inégalités*, Paris, La découverte, 2019.

BESSIÈRE, Céline, HOUSEAUX, Frédérique, « Suivre des enquêteurs », *Genèses*, n° 29, 1997, p. 100-114.

BIDART, Claire, « Dynamiques des réseaux personnels et processus de socialisation : évolutions et influences des entourages lors des transitions vers la vie adulte », *Revue française de sociologie*, Vol. 49, n° 3, 2008, p. 559-583.

BIDART, Claire, LAVENU, Daniel, « Se dire adulte en France : le poids des origines sociales », *in* Bidart Claire (dir.), *Devenir adulte aujourd'hui. Perspectives internationales*, Paris, L'Harmattan, 2006, p. 163-180.

BIGOT, Régis, CROUTTE, Patricia, *La diffusion des technologies de l'information et de la communication dans la société française*, Rapport réalisé à la demande du Conseil Général des Technologies de l'Information (Ministère de l'Économie, des Finances et de l'Emploi) et de l'Autorité de Régulation des Communications Électroniques et des Postes, CREDOC, Novembre 2008.

BLÖSS, Thierry, ERLICH, Valérie, « Les nouveaux "acteurs" de la sélection universitaire : les bacheliers technologiques en question », *Revue française de sociologie*, Vol. 41, n° 4, 2000, p. 747-775.

BODIN, Romuald, *L'institution du handicap. Esquisse pour une théorie sociologique du handicap*, Paris, La Dispute, 2018.

BODIN, Romuald, ORANGE, Sophie, *L'université n'est pas en crise. Les transformations de l'enseignement supérieur : enjeux et idées reçues*, Bellecombe-en-bauges, Le Croquant, 2013.

BOLTANSKI, Luc, *Les cadres. La formation d'un groupe social*, Paris, Minuit, 1982.

BONNET, Estelle, MAZARI, Zora, VERLEY, Élise, « De la "qualité de l'emploi" au "rapport au travail" des jeunes : des évolutions paradoxales », *in* COUPPIÉ, Thomas, DUPRAY, Arnaud, EPIPHANE, Dominique, MORA, Virginie (dir.), *20 ans d'insertion professionnelle des jeunes : entre permanences et évolutions*, Céreq, 2018, p. 85-93.

BONNÉRY, Stéphane, DOUAT, Étienne (dir.), *L'éducation aux temps du coronavirus*, Paris, La Dispute, 2020.

BOUFFARTIGUE, Paul, « La socialisation professionnelle de jeunes BTS-DUT. Entre diplôme et statut, des identités incertaines », *Formation Emploi*, n° 45, 1994, p. 3-23.

BOUFFARTIGUE, Paul, GADÉA, Charles, « Les ingénieurs français : Spécificités nationales et dynamiques récentes d'un groupe professionnel », *Revue française de sociologie*, Vol 38, n° 2, 1997, p. 301-326.

BOULET, Elsa, « "C'est pour le bébé". Moralisation des femmes, individualisation de la responsabilité et disparités de classe dans le travail de soins pendant la grossesse », *Terrains/Théories*, n° 16, 2022.

BOURDIEU, Pierre, *Algérie 60. Structures économiques et structures temporelles*, Paris, Minuit, 1977.

BOURDIEU, Pierre, *La distinction. Critique sociale du jugement*, Paris, Minuit, 1979.

BOURDIEU, Pierre, « L'illusion biographique », *Actes de la recherche en sciences sociales*, Vol. 62, n° 1, 1986, p. 69-72.

BOURDIEU, Pierre, BOLTANSKI, Luc, « Le titre et le poste : rapports entre le système de production et le système de reproduction », *Actes de la recherche en sciences sociales*, Vol. 1, n° 2, 1975, p. 95-107.

BOURDIEU, Pierre, BOUHEDJA, Salah, CHRISTIN, Rosine, GIVRY, Claire, « Un placement de père de famille », *Actes de la recherche en sciences sociales*, n° 81-82, 1990, p. 6-33.

BOUYX, Benoît, « La négociation et la construction des diplômes professionnels en France, à travers les commissions professionnelles consultatives », *Administration & Éducation*, Vol. 141, n° 1, 2014, p. 37-41.

BOZON, Michel, « 3/ Les femmes et l'écart d'âge entre conjoints : une domination consentie », *in* BOZON, Michel, HÉRAN, François (dir.), *La formation du couple. Textes essentiels pour la sociologie de la famille*, Paris, La Découverte, 2006, p. 123-170.

BRIAND, Jean-Pierre, « Sur quelques conséquences des différents emplois du code des catégories socioprofessionnelles », *Économie et statistique*, n° 168, 1984, p. 45-58.

Briand, Jean-Pierre, Chapoulie, Jean-Michel, *Les collèges du peuple. L'enseignement primaire supérieur et le développement de la scolarisation prolongée sous la IIIe République*, Paris, CNRS / INRP / ENS éditions, 1992.

Brugeilles, Carole, Sebille, Pascal, « Le partage des tâches parentales : les pères, acteurs secondaires », *Informations sociales*, n° 176, 2013, p. 24-30.

Brint, Steven G., Karabel, Jerome, *The diverted dream : Community colleges and the promise of educational opportunity in America, 1900-1985*, Oxford, Oxford University Press, 1989.

Brucy, Guy, *Histoire des diplômes de l'enseignement technique et professionnel (1880-1965). L'État, l'École, les Entreprises et la certification des compétences*, Belin, Paris, 1998, p. 151.

Burnod, Guillaume, Chenu, Alain, « Employés qualifiés et non qualifiés : une proposition d'aménagement de la nomenclature des catégories socio-professionnelles », *Travail et emploi*, Vol. 86, 2001, p. 87-105.

Buton, François, Lehingue, Patrick, Mariot, Nicolas, Rozier, Sabine (dir.), *L'ordinaire du politique. Enquêtes sur les rapports profanes au politique*, Lille, Presses universitaires du Septentrion, 2016.

Calmand, Julien, Epiphane, Dominique, « L'insertion professionnelle après des études supérieures : des diplômés plus égaux que d'autres… », *Formation Emploi*, n° 117, 2012, p. 11-28.

Cartier, Marie, Lechien, Marie-Hélène, « Vous avez dit "relationnel" ? Comparer des métiers de service peu qualifiés féminins et masculins », *Nouvelles questions féministes*, Vol. 31, n° 2, 2012, p. 32-48.

Caveng, Rémy, Darbus, Fanny, « Unfit for interpretation ? A second look at Research Residuals », *Bulletin de méthodologie sociologique*, n° 131, 2016, p. 5-14.

Caveng, Rémy, Darbus, Fanny, Denord, François, Serre, Delphine, Thine, Sylvain, « Des morales de classe : Dispositions éthiques et positions sociales dans la France contemporaine », *Actes de la recherche en sciences sociales*, n° 224, 2018, p. 76-101.

Cayouette-Remblière, Joanie, Geay, Bertrand, Lehingue, Patrick, *Comprendre le social dans la durée. Les études longitudinales en sciences sociales*, Rennes, PUR, 2018.

Chambard, Olivia, « "Faire quelque chose de sa vie". Une situation professionnelle aux frontières de l'entrepreneuriat », *in* Offerlé, Michel (dir.), *Patrons en France*, Paris, La Découverte, 2017, p. 232-244.

Chambard, Olivia, *Business Model. L'Université, nouveau laboratoire de l'idéologie entrepreneuriale*, Paris, La Découverte, 2020.

Chamboredon, Jean-Claude, Prévot, Jean, « Le "métier d'enfant" : Définition sociale de la prime enfance et fonctions différentielles de l'école maternelle », *Revue française de sociologie*, XIV, 1973, p. 295-335.

CHAUVEL, Louis, « La seconde explosion scolaire : diffusion des diplômes, structure sociale et valeur des titres », *Revue de l'OFCE*, n° 66, 1998. p. 5-36.

CHAUVEL, Louis, *Le destin des générations. Structure sociale et cohortes en France du XX*e *siècle aux années 2010*, Paris, PUF, 2010.

CHAUVEL, Séverine, « Auto-sélections et orientation en fin de 3e : réflexions issues d'une enquête de terrain », *Revue française de pédagogie*, n° 175, 2011, p. 85-88.

CHENU, Alain, *L'archipel des employés*, Paris, INSEE, 1990.

CHENU, Alain, « La descriptibilité statistique des professions », *Sociétés contemporaines*, n° 26, 1997, p. 109-137.

CHEVALIER, Tom, *La jeunesse dans tous ses États*, Paris, PUF, 2018.

CISSE, Mady, *Enquête Génération 2010 – Note sur l'attrition et la déformation de l'échantillon des enquêtes*, Céreq Études, n° 28, 2019.

CLARK, Burton R. « The "Cooling-Out" Function in Higher Education », *American Journal of Sociology*, Vol. 65, n° 6, 1960, p. 569-576.

CLOT, Yves, BONNEFOND, Jean-Yves, BONNEMAIN, Antoine, ZITTOUN, Mylène, *Le prix du travail bien fait. La coopération conflictuelle dans les organisations*, Paris, La Découverte, 2021.

COQUARD, Benoît, « "Déjà nous". Un sentiment d'appartenance sélectif en milieu populaire », *Politix*, n° 122, 2018, p. 57-78.

COQUARD, Benoît, *Ceux qui restent. Faire sa vie dans les campagnes en déclin*, Paris La découverte, 2019.

COINTET, Jean-Philippe, PARASIE, Sylvain, « Enquêter à partir des traces textuelles du web », *Réseaux*, 2019, n° 214-215, p. 9-24.

COLLOVALD, Annie, SCHWARTZ, Olivier, « Haut, bas, fragile : sociologies du populaire », *Vacarme*, n° 37, 2006, p. 50-55.

COMBY, Jean-Baptiste, *La question climatique : genèse et dépolitisation d'un problème public*, Paris, Raisons d'agir, 2015a.

COMBY, Jean-Baptiste, « À propos de la dépossession écologique des classes populaires », *Savoir/Agir*, Vol. 33, n° 3, 2015, p. 23-30.

CONVERT, Bernard, « Des hiérarchies maintenues », *Actes de la recherche en sciences sociales*, n° 149, 2003, p. 61-73.

COTTIN-MARX, Simon, *C'est pour la bonne cause ! Les désillusions du travail associatif*, Ivry-sur-Seine, Éditions de l'Atelier, 2021.

CUCHE, Denys, « La fabrication du "Gadz'arts" : Esprit de corps et inculcation culturelle chez les ingénieurs Arts et Métiers », *Ethnologie française*, Tome 18, n° 1, 1988, p. 42-54.

CUSIN, François, « Le logement, facteur de sécurisation pour des classes moyennes fragilisées ? », *Espaces et sociétés*, n° 148-149, 2012, p. 17-36.

DAGUET, Fabienne, « De plus en plus de couples dans lesquels l'homme est plus jeune que la femme », *Insee Première*, n° 1613, septembre 2016.

DALOUS, Jean-Pierre, DAUPHIN, Laurence, JELJOUL, Martine, LAÏB, Nadine, LE RHUN, Béatrice, PERRIN-HAYNES, Jacqueline, ROBERT-BOBÉE, Isabelle, POULET-COULIBANDO, Pascale, Dossier « scolarisation et origines sociales depuis les années 1980, progrès et limites », *Insee références, trente ans de vie économique et sociale*, 2014, p. 43-53.

DARMON, Muriel, « La socialisation, entre famille et école. Observation d'une classe de première année de maternelle », *Sociétés & Représentations*, n° 11, 2001, p. 515-538.

DARMON, Muriel, *Classes préparatoires. La fabrique d'une jeunesse dominante*, Paris, La Découverte, 2013.

DELÈS, Romain, « Le projet professionnel des étudiants : outil de professionnalisation ou injonction ? », *Éducation et sociétés*, n° 1, 2017, p. 169-183.

DELÈS, Romain, *Quand on n'a « que » le diplôme… Les jeunes diplômés et l'insertion professionnelle*, Paris, PUF, 2018.

DENAVE, Sophie, « Les conditions individuelles et collectives des ruptures professionnelles », *Cahiers internationaux de sociologie*, n° 120, 2006, p. 85-110.

DENAVE, Sophie, *Reconstruire sa vie professionnelle. Sociologie des bifurcations biographiques*, Paris, PUF, 2015.

DENIS, Jérôme, PONTILLE, David, *Le soin des choses. Politiques de la maintenance*, Paris, La découverte, 2022.

DESROSIÈRES, Alain, *Pour une sociologie historique de la quantification. L'argument statistique I*, Paris, Presses de l'École des Mines, 2008.

DONNAT, Olivier, *Les Pratiques culturelles des Français à l'ère numérique. Enquête 2008*, Paris, La Découverte, 2009.

DORMAGEN, Jean-Yves, MICHEL, Laura, REUNGOAT, Emmanuelle, « Quand le vert divise le jaune. Comment les clivages sur l'écologie opèrent au sein des Gilets jaunes », *Écologie & Politique*, n° 62, 2021, p. 25-47.

DUBAR, Claude, « La construction sociale de l'insertion professionnelle », *Éducation et sociétés*, n° 7, 2001, p. 23-36.

DUBERNET, Anne-Chantal, « La sélection des qualités dans l'embauche. Une mise en scène de la valeur sociale », *Formation Emploi*, n° 54, 1996, p. 3-14.

DUBOST, Claire-Lise, TRANCHANT, Lucas, « Changer d'emploi, est-ce changer de position sociale ? La structure des classes populaires au prisme des mobilités professionnelles des ouvriers et des employés », *Sociétés contemporaines*, n° 114, 2019, p. 59-88.

DUMARTIN, Sylvie, « Formation-emploi : quelle adéquation ? », *Économie et statistique*, n° 303, 1997, p. 59-80.

DURU-BELLAT, Marie, FOURNIER-MEARELLI, Irène, KIEFFER, Annick, « Le diplôme, l'âge et le niveau : sens et usages dans les comparaisons de systèmes éducatifs », *Sociétés contemporaines*, Vol. 26, n° 1, 1997, p. 45-72.

ECKERT, Henri, *Avoir 20 ans à l'usine*, Paris, La dispute, 2006.

ÉPIPHANE, Dominique, MAZARI, Zora, OLARIA, Manon, SULZER, Emmanuel, « Des débuts de carrière plus chaotiques pour une génération plus diplômée. Les premiers apports du suivi sur 7 ans de la Génération 2010 », *BREF*, Céreq, n° 382, 2019.

ERLICH, Valérie, *Les nouveaux étudiants : un groupe social en mutation*, Paris, Armand Colin, 1998.

FAGUER, Jean-Pierre, « Le baccalauréat "E" et le mythe du technicien », *Actes de la recherche en sciences sociales*, n° 50, 1983, p. 85-96.

FORTÉ, Michèle, MONCHATRE, Sylvie, « Recruter dans l'hôtellerie-restauration : quelle sélectivité sur un marché du travail en tension ? », *La Revue de l'Ires*, Vol. 76, n° 1, 2013, p. 127-150.

FOURNIER, Christine, LAMBERT, Marion, MARION-VERNOUX, Isabelle, « À quoi rêvent les jeunes salariés ? Qualité du travail, aspirations professionnelles et souhaits de mobilité des moins de 30 ans », *Économie et Statistique*, n° 514-416, 2020, p. 113-131.

GALLAND, Olivier, « L'allongement de la jeunesse en Europe », *Revue de l'OFCE*, Vol. 72, n° 1, p. 187-191, 2000.

GALLAND, Olivier, *Sociologie de la jeunesse*, Paris, Armand Colin, 2011.

GARCIA, Sandrine, *À l'école des dyslexiques : naturaliser ou combattre l'échec scolaire ?*, Paris, La Découverte, 2013.

GARCIA, Sandrine, *Le goût de l'effort. La construction familiale des dispositions scolaires*, Paris, PUF, 2018.

GARCIA, Sandrine, OLLER, Anne-Claudine, *Réapprendre à lire. De la querelle des méthodes à l'action pédagogique*, Paris, Seuil, 2015.

GEAY, Bertrand (dir.), *La Protestation étudiante. Le mouvement du printemps 2006*, Paris, Raisons d'Agir, 2009.

GEAY, Bertrand, HUMEAU, Pierig, « Devenir parents. Les appropriations différenciées de l'impératif de procréation », *Actes de la recherche en sciences sociales*, n° 214, 2016, p. 4-29.

GÉNÉRATION PRÉCAIRE, *Sois stage et tais-toi !*, Paris, La Découverte, 2006.

GIRARD, Violaine, « L'accession à la propriété : facteur de division des classes populaires ? », *Savoir/Agir*, n° 34, 2015, p. 39-44.

GIRARD, Violaine, LAMBERT, Anne, STEINMETZ, Hélène, « Propriété et classes populaires : des politiques aux trajectoires », *Politix*, Vol. 26, n° 1, 2013, p. 7-20.

GIRET, Jean-François, « Les mesures de la relation formation-emploi », *Revue française de pédagogie*, n° 192, 2015, p. 23-36

GOUX, Dominique, MAURIN, Éric, « Démocratisation de l'école et persistance des inégalités », *Économie et statistique*, Vol. 306, n° 1, 1997, p. 27-39.

GRIGNON, Claude, PASSERON, Jean-Claude, *Le savant et le populaire. Misérabilisme et populisme en sociologie et en littérature*, Paris, Gallimard / Le Seuil, 1989.

GROSSETTI, Michel, « L'imprévisibilité dans les parcours sociaux », *Cahiers internationaux de sociologie*, Vol. 120, n° 1, 2006, p. 5-28.

GUÉRAUT, Élie, « Mobiliser ses capitaux d'un espace à l'autre. Le retour qualifié dans les villes moyennes », *Espaces et sociétés*, n° 168-169, 2017, p. 51-68.

GUÉRAUT, Élie, « Retour à Lergnes. Les mobilités professionnelles contrariées de jeunes diplômées des Beaux-Arts », *Genèses*, n° 122, 2021, p. 107-126.

GUICHARD-CLAUDIC, Yvonne, TESTENOIRE, Armelle, « Ce que les couples à hypogamie féminine nous disent du genre », *Chemins de formation*, n° 18, 2014.

HAICAULT, Monique, « La gestion ordinaire de la vie en deux », *Sociologie du travail*, Vol. 26, n° 3, 1984, p. 268-277.

HALBWACHS, Maurice, *Les cadres sociaux de la mémoire*, Paris, Albin Michel, 2013 [1925].

HAMEL, Jacques, PUGEAULT-CICCHELLI Catherine, GALLAND Olivier, *La jeunesse n'est plus ce qu'elle était*, Rennes, PUR, 2010.

HÉLY, Matthieu, SIMONET, Maud, *Monde associatif et néolibéralisme*, Paris, PUF, 2023.

HENROTIN, Jean-Bernard, VAISSIÈRE, Monique, ETAIX, Maryline, MALARD, Stéphane, DZIURLA, Mathieu, LAFON, Dominique, « Codage d'emplois (PCS 2003) : retour d'expérience d'une étude menée en service de santé au travail », *Santé Publique*, Vol. 28, n° 4, 2016, p. 471-480.

HERTZOG, Irène-Lucile, « Les coûts de l'assistance médicale à la procréation pour les femmes salariées », *Cahiers du genre*, n° 56, 2014, p. 87-104.

HOGGART, Richard, *La culture du pauvre*, Paris, Minuit, 1970.

HUGRÉE, Cédric, « Les sciences sociales face à la mobilité sociale. Les enjeux d'une démesure statistique des déplacements sociaux entre générations », *Politix*, Vol. 114, n° 2, 2016, p. 47-72.

HUGRÉE, Cédric, DE VERDALLE, Laure, « Les mots pour (ne pas) le dire. L'expression des hiérarchies et des différences sociales », *L'Année sociologique*, Vol. 69, n° 2, 2019, p. 479-509.

JAGGERS, Christophe, « Les bacheliers 2008 entrés dans l'enseignement supérieur : où en sont-ils la cinquième année ? », *Note d'information*, n° 15.04, 2015.

JOBERT, Annette, TALLARD, Michèle, « Diplômes et certifications de branche dans les conventions collectives », *Formation Emploi*, n° 52, 1995, p. 133-149.

KAVKA, Josef, *L'exigence de professionnalisation à l'université. Émergence, réceptions et effets en Europe, en France et en République tchèque*, Thèse de doctorat de Sciences politiques, université de Strasbourg, 2021.

LAFARGE, Géraud, *Les diplômés du journalisme. Sociologie générale de destins singuliers*, Rennes, PUR, 2019.

LAINÉ, Frédéric, « De la spécialité de formation au métier : cas du bâtiment, de l'hôtellerie-restauration-alimentation et du commerce », *Économie et statistique*, n° 388-389, 2005, p. 145-169.

LAMBERT, Anne, *« Tous propriétaires ! ». L'envers du décor pavillonnaire*, Paris, Seuil, 2015.

LAMBERT, Anne, Cayouette-Remblière Joanie (dir.), *L'explosion des inégalités. Classes, genre et générations face à la crise sanitaire*, La Tour d'Aigues, Éditions de l'Aube, 2021.

LAURENT, Corinne, LEMAIRE, Sylvie, « Parcours de formation et projets professionnels », *in* GIRET, Jean-François (dir.), *Parcours étudiants, de l'enseignement supérieur au marché du travail*, Relief, Échanges du Cereq, novembre 2003, p. 27-41.

LEBART, Ludovic, SALEM, André, *Statistique textuelle*, Paris, Dunod, 1994.

LECHIEN, Marie-Hélène, SIBLOT, Yasmine, « "Eux/nous/ils" ? Sociabilités et contacts sociaux en milieu populaire », *Sociologie*, Vol. 10, n° 1, 2019.

LECHIEN, Marie-Hélène, SIBLOT, Yasmine, « Conscience sociale triangulaire et "bonne volonté" institutionnelle. La recomposition des relations aux autres groupes sociaux », *in* MASCLET, Olivier, AMOSSÉ, Thomas, BERNARD, Lise, CARTIER, Marie, LECHIEN, Marie-Hélène, SCHWARTZ, Olivier, SIBLOT, Yasmine, *Être comme tout le monde. Employées et ouvriers dans la France contemporaine*, Paris, Raisons d'agir, 2020, p. 305-317.

LE FEUVRE, Nicky, BENELLI, Natalie, REY, Séverine, « Relationnels, les métiers de service ? », *Nouvelles Questions Féministes*, Vol. 31, n° 2, 2012, p. 4-12.

LEGOUX, Yves, « Le concept de technicien et la sociologie », *Revue française de sociologie*, n° 1, 1960, p. 286-297.

LEMÊTRE, Claire, ORANGE, Sophie, « Le rapport à la certification des élèves de lycée professionnel », *Spirale*, n° 1, 2017, p. 41-51.

LEMÊTRE, Claire, ORANGE, Sophie, « Des élèves sans histoire ? Effets de sélection, principes d'essentialisation et avenir du probable », *Formation Emploi*, n° 150, 2020, p. 189-196.

LEMIEUX, Cyril, « Problématiser », *in* PAUGAM, Serge, *L'enquête sociologique*, Paris, PUF, 2010, p. 27-51.

LE PAPE, Marie-Clémence, « Être parent dans les milieux populaires : entre valeurs familiales traditionnelles et nouvelles normes éducatives », *Informations sociales*, n° 154, 2009, p. 88-95.

LIMA, Léa, « Le temps de la prime insertion professionnelle : un nouvel âge de la vie », *in* GUILLEMARD, Anne-Marie (dir.), *Où va la protection sociale ?*, Paris, PUF, 2008, p. 49-67.

LORIOL, Marc, *Le(s) rapport(s) des jeunes au travail. Revue de littérature (2006-2016)*, INJEP, Rapport d'étude, février 2017.

MAGRO, Raymond, « Les définitions des diplômes du tertiaire », *Sociétés contemporaines*, n° 16, 1993, p. 27-40.

MANNHEIM, Karl, *Le problème des générations*, Paris, Armand Colin, 2011 [1928].

MARIOT, Nicolas, MERCKLÉ, Pierre, PERDONCIN, Anton (dir.), *Personne ne bouge : Une enquête sur le confinement du printemps 2020*, Grenoble, UGA Éditions, 2021.

MARTIN, Olivier, « L'Internet des 10-20 ans. Une ressource pour une communication autonome », *Réseaux*, Vol. 123, n° 1, 2004, p. 25-58.

MAUGER, Gérard, « Jeunesse : l'âge des classements. Essai de définition sociologique d'un âge de la vie », *Recherches et Prévisions*, n° 40, 1995, p. 19-36.

MAUNAYE, Emmanuelle, MUNIGLIA, Virginie, POTIN, Émilie, ROTHÉ, Céline, « Le domicile familial comme ressource ? Expériences de recohabitation dans les transitions vers l'âge adulte », *Revue française des affaires sociales*, n° 2, 2019, p. 143-166.

MASCLET, Olivier, AMOSSÉ, Thomas, BERNARD, Lise, CARTIER, Marie, LECHIEN, Marie-Hélène, SCHWARTZ, Olivier, SIBLOT, Yasmine, *Être comme tout le monde. Employées et ouvriers dans la France contemporaine*, Paris, Raisons d'agir, 2020.

MASSON, Luc, « Le niveau d'études selon le milieu social », *in L'État de l'Enseignement supérieur, de la Recherche et de l'Innovation en France*, n° 13, 2020.

MAUGER, Gérard, *Âges et générations*, Paris, La découverte, 2015.

MCADAM, Doug, *Freedom Summer. Luttes pour les droits civiques. Mississippi 1964*, Marseille, Agone, 2012.

MÉDA, Dominique, « Quelques notes pour en finir (vraiment) avec la "fin du travail" », *Revue du MAUSS*, n° 18, 2001, p. 71-78.

MÉDA, Dominique, VENDRAMIN, Patricia, « Les générations entretiennent-elles un rapport différent au travail ? », *SociologieS*, 2010.

MÉDA, Dominique, VENDRAMIN, Patricia, *Réinventer le travail*, Paris, PUF, 2013.

MERCKLÉ, Pierre, OCTOBRE, Sylvie, « Les enquêtés mentent-ils ? Incohérences de réponse et illusion biographique dans une enquête longitudinale sur les loisirs des adolescents », *Revue française de sociologie*, Vol. 56, n° 3, 2015, p. 561-591.

MERLIN, Fanette, « Sortir sans diplôme de STS : l'autre échec de l'enseignement supérieur », *Formation Emploi*, Vol. 149, n° 1, 2020, p. 7-37.

MERON, Monique, OMALEK, Laure, ULRICH, Valérie, « Métiers et parcours professionnels des hommes et des femmes », *France, portrait social*, INSEE, Paris, 2009.

MILLET, Mathias, CROIZET, Jean-Claude, *L'école des incapables ? La maternelle, un apprentissage de la domination*, Paris, La Dispute, 2016.

MILLET, Mathias, MOREAU, Gilles (dir.), *La société des diplômes*, Paris, La dispute, 2011.

MINNI, Claude, POMMIER, Patrick, « Emploi et chômage des 15-29 ans en 2011 », *Dares Analyses*, n° 090, 2012.

MISSET, Séverine, « Une nouvelle "élite des réprouvés" ? Les bacheliers professionnels industriels devenus ouvriers qualifiés », *Formation Emploi*, n° 131, 2015, p. 121-140.

MISSET, Séverine, NOÛS, Camille, « Des mobilités discrètes en milieu populaire. Les trajectoires professionnelles entre arrangements conjugaux et quête de respectabilité », *Genèses*, Vol. 122, n° 1, 2021, p. 79-106.

MOHAMMED, Marwan, TALPIN, Julien, *Communautarisme ?*, Paris, PUF, 2018.

MONCHATRE, Sylvie, « Des carrières aux parcours… en passant par la compétence », *Sociologie du travail*, Vol. 49, n° 4, 2007, p. 514-530.

MONCHATRE, Sylvie, « Déconstruire la compétence pour comprendre la production des qualifications », *Interrogations*, n° 10, 2010, p. 20-40.

MONTMASSON-MICHEL, Fabienne, « La dépréciation scolaire du scolaire : l'exemple de familles populaires face à l'écrit », *in* Depoilly Séverine, Kakpo Séverine, *La différenciation sociale des enfants. Enquêter sur et dans les familles*, Saint-Denis, Presses universitaires de Vincennes, 2019a, p. 273-297.

MONTMASSON-MICHEL, Fabienne, « Contraindre sans contraindre : du "client idéal" de l'école maternelle aux difficultés professionnelles enseignantes », *Éducation et socialisation*, [En ligne], n° 54, 2019b.

MORA, Virginie, « Reprise d'études et insertion », *in L'état de l'Enseignement supérieur et de la Recherche en France*, n° 8, juin 2015, p. 56-57.

MORA, Virginie, « Comment les conditions d'insertion des jeunes se sont-elles transformées en 20 ans ? », *in* COUPPIÉ, Thomas, DUPRAY, Arnaud, ÉPIPHANE, Dominique, MORA, Virginie, *20 ans d'insertion professionnelle des jeunes : entre permanences et évolutions*, Céreq, 2018, p. 51-59.

MORA, Virginie, ROBERT, Alexie, « Retours précoces sur la voie des diplômes : vers une formation "tout au long du début de la vie" ? », *Céreq Bref*, n° 360, 2017.

MOREL, Stanislas, « Troubles dans les apprentissages : neurosciences cognitives et difficultés scolaires », *Revue européenne des sciences sociales*, Vol. 54, n° 1, 2016, p. 221-247.

MUXEL, Anne, « Les choix politiques des jeunes à l'épreuve du temps : une enquête longitudinale », *Revue française de science politique*, Vol. 51, n° 3, 2001, p. 409-430.

ORANGE, Sophie, « Le choix du BTS. Entre construction et encadrement des aspirations des bacheliers d'origine populaire », *Actes de la recherche en sciences sociales*, n° 183, 2010, p. 32-47.

ORANGE, Sophie, *L'autre supérieur : aspirations et sens des limites des étudiants de BTS*, Thèse de doctorat en sociologie, Université de Poitiers, 2011a.

ORANGE, Sophie, « Le BTS, genèse d'un seuil scolaire », *in* MILLET, Mathias, MOREAU, Gilles, *La société des diplômes*, Paris, La Dispute, 2011b, p. 161-176.

ORANGE, Sophie, « Saisir les vicissitudes des parcours scolaires. Le suivi d'une cohorte d'étudiants de Sections de technicien supérieur », *in* CHANTEGROS, Stéphane, ORANGE, Sophie, PÉGOURDIE, Adrien, ROUGIER, Cyrille (dir.), *La fabrique biographique*, Limoges, PULIM, 2012a, p. 77-90.

ORANGE, Sophie, « Interroger le choix des études supérieures. Les leçons d'un "raté" d'enquête », *Genèses*, n° 89, 2012b, p. 112-127.

ORANGE, Sophie, *L'autre enseignement supérieur. Les BTS et la gestion des aspirations*, Paris, PUF, 2013.

ORANGE, Sophie, « Stagiaires en BTS : le sens différencié de la qualification », *Diversité*, n° 180, 2015, p. 87-91.

ORANGE, Sophie, « "Celles qui restent". La fausse inertie des jeunes diplômées du coin », *in* BEAUD, Stéphane, MAUGER, Gérard (dir.), *Une génération sacrifiée ?*, Paris, Éd. Rue d'Ulm, 2017, p. 113-124.

ORANGE, Sophie, « Des ambitions raisonnables et raisonnées. Accéder à l'enseignement supérieur par les IUT et les STS », *Cahiers de la recherche sur l'éducation et les savoirs*, HS n° 6, 2018a, p. 113-132.

ORANGE, Sophie, « Le risque de la réduction linéaire des parcours dans les études longitudinales », *in* CAYOUETTE-REMBLIÈRE Joanie, GEAY Bertrand, LEHINGUE Patrick, *Comprendre le social dans la durée. Les études longitudinales en sciences sociales*, Rennes, PUR, 2018b, p. 201-213.

ORANGE, Sophie, RENARD, Fanny, *Des femmes qui tiennent la campagne*, Paris, La dispute, 2022.

PAILHÉ, Ariane, SOLAZ, Anne, « Concilier, organiser, renoncer : quel genre d'arrangements ? », *Travail, genre et sociétés*, n° 24, 2010, p. 29-46.

PALHETA, Ugo, « Le collège divise. Appartenance de classe, trajectoires scolaires et enseignement professionnel », *Sociologie*, Vol. 2, n° 4, 2011, p. 363-386.

PALHETA, Ugo, *La domination scolaire. Sociologie de l'enseignement professionnel et de son public*, Paris, PUF, 2015.

PAPAGIORGIOU, Hery, PONCEAU, Juliette, « Parcours dans l'enseignement supérieur : devenir des bacheliers 2008 », *Note d'information du SIES*, n° 18.06, 2018.

PAPUCHON, Adrien, « Les opinions des jeunes adultes sur le rôle social de l'État ont-elles changé depuis la crise de 2008 ? », *Économie et statistique*, n° 541-515-516, 2020, p. 177-201.

PARAIRE, Xavier, « Plus d'un tiers des CDI sont rompus avant un an », *Dares Analyses*, n° 5, Janvier 2015.

PASQUALI, Paul, « Deux sociologues en banlieue. L'enquête sur les grands ensembles de Jean-Claude Chamboredon et Madeleine Lemaire (1966-1970) », *Genèses*, n° 87, 2012, p. 113-135.

PASQUALI, Paul, *Passer les frontières sociales*, Paris, Fayard, 2014.

PASQUALI, Paul, LAFERTÉ, Gilles, RÉNAHY, Nicolas (dir.), *Le Laboratoire des sciences sociales. Histoires d'enquêtes et revisites*, Paris, Raisons d'Agir, 2018.

PASQUIER, Dominique, *Cultures lycéennes. La tyrannie de la majorité*, Paris, Autrement, « Mutations », n° 235, 2005.

PASQUIER, Dominique, *L'Internet des familles modestes. Enquête dans la France rurale*, Paris, Presses des Mines, 2018.

PÉLAGE, Agnès, POULLAOUEC, Tristan, « Le haut du panier de la France d'en bas » ? Le sentiment d'appartenir à une classe sociale chez les membres des professions intermédiaires, *Revue française des affaires sociales*, n° 2, 2007, p. 27-56.

PÉNISSAT, Étienne, PERDONCIN, Anton, BODIER, Marceline, « La PCS et ses usages. États des lieux et défis », *Rapport du CNIS*, 2018.

PEREZ, Coralie, « La déstabilisation des stables. Restructuration financière et travail insoutenable », *Travail et emploi*, n° 138, 2014, p. 37-52.

PEUGNY, Camille, *Le déclassement*, Paris, Grasset, 2009.

PEUGNY, Camille, « Les jeunesses européennes, leurs difficultés et leur perception de l'avenir : une tentative de comparaison », *Informations sociales*, n° 165-166, 2011, p. 50-59.

PEUGNY, Camille, « Générations, jeunesses et classes sociales. Un quart de siècle d'analyse des inégalités », *Agora Débats/Jeunesses*, n° 86, 2020, p. 11-24.

PINTO, Josiane, « Une relation enchantée. La secrétaire et son patron », *Actes de la recherche en sciences sociales*, Vol. 84, n° 4, 1990, p. 32-48.

PINTO, Vanessa, « "Démocratisation" et "professionnalisation" de l'enseignement supérieur », *Mouvements*, n° 3, 2008, p. 12-23.

POULLAOUEC, Tristan « Les familles ouvrières face au devenir de leurs enfants », *Économie et Statistique*, n° 371, 2004, p. 3-22.

POULLAOUEC, Tristan, *Le diplôme, arme des faibles*, Paris, La dispute, 2010.

POULLAOUEC, Tristan, LEMÊTRE, Claire, « Retours sur la seconde explosion scolaire », *Revue française de pédagogie*, n° 167, 2009, p. 5-11.

PUDAL, Romain, « Du "Pioupiou" au "Vieux Sarce" ou comment en être : ethnographie d'une socialisation chez les pompiers », *Politix*, Vol. 93, n° 1, 2011, p. 167-194.

RECOTILLET, Isabelle, ROUAUD, Pascale, RYK, Florence, « Regards sur les dix premières années de vie active d'une génération. Premiers résultats de l'enquête 2008 auprès de la génération 98 », *Nef*, n° 45, 2011.

RÉGNIER-LOILIER, Arnaud, PERRON, Zoé, « Intentions de fécondité et arrivée du premier enfant. Éléments de cadrage statistique dans la France contemporaine », *Actes de la recherche en sciences sociales*, n° 214, 2016, p. 81-93.

RENARD, Fanny, « Reproduction des habitudes et déclinaisons de l'héritage.

Les loisirs culturels d'élèves de troisième », *Sociologie*, Vol. 4, n° 4, 2013, p. 413-430.

RENARD, Fanny, « Entre revanche scolaire et subordination salariale. Les appropriations ambivalentes du statut d'apprenti chez des coiffeurs en CAP », *L'orientation scolaire et professionnelle*, Vol. 44, n° 2, 2015.

RENARD, Léa, ZIMMERMANN, Bénédicte, « Gute Arbeit et qualité de vie au travail. Catégoriser la qualité du travail en France et en Allemagne », *Sociologie*, Vol. 11, n° 4, 2020, p. 367-384.

ROCHE, Agnès, *Des vies de pauvres. Les classes populaires dans le monde rural*, Rennes, Presses universitaires de Rennes, 2016.

ROUDET, Bernard, « La démocratie est-elle un idéal commun aux jeunes Européens ? », *Agora débats/jeunesses*, Vol. 67, n° 2, 2014, p. 79-96.

SANCHEZ GONZALEZ, Joan, SUEUR, Éléonore, « En 2018, le salaire net moyen dans le secteur privé augmente de 0,4 % en euros constants », *Insee Première*, n° 1828, Décembre 2020.

SCHWARTZ, Olivier, « La pénétration de la "culture psychologique de masse" dans un groupe populaire : paroles de conducteurs de bus », *Sociologie*, Vol. 4, n° 2, 2011, p. 345-361.

SERRE, Delphine, *Les coulisses de l'État social. Enquête sur les signalements d'enfant en danger*, Paris, Raisons d'agir, 2009.

SERRE, Delphine. « Le capital culturel dans tous ses états », *Actes de la recherche en sciences sociales*, n° 191-192, 2012, p. 4-13.

SERRE, Delphine, « Être doctorant·e. Socialisations, contextes, trajectoires », *Socio-logos* [En ligne], n° 10, 2015.

SIBLOT, Yasmine, *Faire valoir ses droits au quotidien. Les services publics dans les quartiers populaires*, Paris, Presses de Sciences Po, 2006.

SIBLOT, Yasmine, « En bas à gauche ? Les effets différenciés de la socialisation institutionnelle d'agentes subalternes du public », *Politix*, n° 130, 2020, p. 47-75.

SINTHON, Rémi, *Repenser la mobilité sociale*, Paris, EHESS, 2018.

SPIRE, Alexis, *Résistances à l'impôt, attachement à l'État. Enquête sur les contribuables français*, Paris, Seuil, 2018.

STEVENS, Hélène, « Quand le psychologique prend le pas sur le social pour comprendre et conduire des changements professionnels », *Sociologies pratiques*, Vol. 17, n° 2, 2008, p. 1-11.

TANGUY, Lucie, « La recherche de liens entre la formation et l'emploi : une institution et sa revue. Un point de vue », *Formation Emploi*, n° 101, 2008, p. 23-40.

TANGUY, Lucie, *Enseigner l'esprit d'entreprise à l'école. Le tournant politique des années 1980-2000 en France*, Paris, La Dispute, 2016.

TESTENOIRE, Armelle, « Les carrières féminines : contingence ou projet ? », *Travail, genre et sociétés*, n° 5, 2001, p. 117-133.

THIBAULT, Martin, *Ouvriers malgré tout*, Paris, Raisons d'agir, 2013.

TIBERJ, Vincent, « Les temps changent, renouvellement générationnel et évolutions politiques en France », *Revue française de sociologie*, Vol. 54, n° 4, 2013, p. 741-776.

TIBERJ, Vincent, *Les citoyens qui viennent. Comment le renouvellement générationnel transforme la politique en France*, Paris, PUF, 2017.

TRUONG, Fabien, *Jeunesses françaises : Bac+ 5 made in banlieue*, Paris, La Découverte, 2015.

VAN DE VELDE, Cécile, *Devenir adulte : sociologie comparée de la jeunesse en Europe*, Paris, PUF, 2008.

VAN ZANTEN, Agnès, « Le choix des autres », *Actes de la recherche en sciences sociales*, n° 180, 2009, p. 24-34.

WEBER, Florence, *Le travail à côté. Étude d'ethnographie ouvrière*, Paris, EMESS/INRA, 1989.

WEBER, Florence, « Relation anonyme et formulaire d'enquête », *Genèses*, n° 29, 1997, p. 118-120.

ZIMMERMANN, Bénédicte, « Entre valorisation de soi et mise à l'épreuve de soi : les dynamiques paradoxales de l'autonomie », *Formation Emploi*, n° 139, 2017, p. 91-104.

ZUNIGO, Xavier, « L'apprentissage des possibles professionnels. Logiques et effets sociaux (des missions locales pour l'emploi des jeunes) », *Sociétés contemporaines*, Vol. 70, n° 2, 2008, p. 115-131.

ZUNIGO, Xavier, « Le deuil des grands métiers. Projet professionnel et renforcement du sens des limites dans les institutions d'insertion », *Actes de la recherche en sciences sociales*, vol. 184, n° 4, 2010, p. 58-71.

INDEX DES NOTIONS

TABLE DES FIGURES

TABLE DES MATIÈRES

DEUXIÈME PARTIE

ÊTRE (OU NE PAS ÊTRE) UN TECHNICIEN SUPÉRIEUR

TROISIÈME PARTIE

DES CARRIÈRES CONTRARIÉES

QUATRIÈME PARTIE

AVOIR 30 ANS EN 2020

COLLECTION
« HISTOIRE DES TECHNIQUES »

La collection « Histoire des techniques » s'intéresse à toutes les formes historiques de conception et d'insertion de la technique dans les sociétés humaines. Croisant les approches, depuis l'anthropologie jusqu'à la philosophie, en passant par l'archéologie, l'ethnologie et la sociologie, elle offre au public des sources et textes de références, anciens et actuels, des travaux de recherches contemporains, des portraits des grands acteurs de la technique. Son ambition : rendre palpable l'histoire de pratiques et d'actions propres aux humains, et celle des cultures qui nécessairement accompagnent cette histoire.

Retrouvez tous les titres de la collection en scannant ce code QR :

Et pour recevoir nos dernières actualités, abonnez-vous ici :

Achevé d'imprimer par Corlet,
Condé-en-Normandie (Calvados),
en Novembre 2024
N° d'impression : 186338 - dépôt légal : Novembre 2024
Imprimé en France